故宫博物院八十七华诞定窑学术研讨会论文集

故宫博物院古陶瓷研究中心　编

故宫出版社

中国国家博物馆藏定窑瓷器及相关问题探讨

胡朝辉　中国国家博物馆

内容提要：定窑是我国五大名窑之一，是继唐代邢窑之后兴起的一大瓷窑体系。它创烧于晚唐，盛于北宋及金，终于元，历时700余年。它初为民窑，在北宋中期以后开始烧造宫廷用瓷。中国国家博物馆藏有不少定窑瓷器精品，为了方便大家了解，笔者在这里选取几件有代表性的宋、金时期定窑瓷器予以介绍，并就中国国家博物馆藏白釉刻花龙纹盘看金代定窑供御瓷器的生产和工艺特征以及从中国国家博物馆藏“皇统三年”白地剔忍冬纹枕看金代早期磁州窑对定窑的影响等相关问题进行探讨。

关键词：中国国家博物馆　定窑瓷器　金代　御供　磁州窑　影响

一　中国国家博物馆藏定窑瓷器

定窑是我国五大名窑之一，是继唐代邢窑之后兴起的一大瓷窑体系。它创烧于晚唐，盛于北宋及金，终于元，历时700余年。它初为民窑，在北宋中期以后开始烧造宫廷用瓷。中国国家博物馆藏有不少定窑瓷器精品，为了方便大家了解，笔者在这里选取几件有代表性的宋、金时期定窑瓷器，予以介绍。

（一）北宋·白釉刻花龙纹花口碗

碗高5.1厘米、口径20.8厘米。六出花口，斜壁，浅底，圈足。内壁有与花口相对的

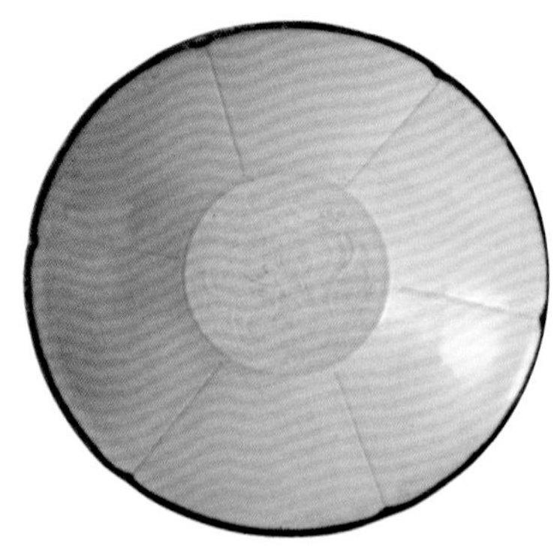

图 1. 北宋　白釉刻花龙纹花口碗

图 2. 北宋　白釉刻花龙纹盘局部

六条凸棱，整个碗形犹如绽开的六瓣形花朵，内底刻云龙纹。龙身弯曲，张口吐舌，纹饰清晰生动。除口沿外，通体施白釉，釉色柔和，白中微泛浅黄，包镶铜口。此碗为 1960 年周德蕴先生捐赠（图 1）。

尽管宋代陆游在《老学庵笔记》里提到：“故都时定窑不入禁中，惟用汝器，以定器有芒也。”[1] 另外，宋代叶寘《坦斋笔衡》也说：“本朝以定州白磁器有芒不堪用，遂命汝州烧青窑器……”[2] 但从各地出土的器物和窑址调查发掘情况看，北宋后期定窑正处于盛烧时期。宿白先生在《定州工艺与静志、净众两塔地宫文物》一文中指出定窑在北宋后期盛烧的情况与定州地区手工业发展的总体情况一致，同时还指出：“故宫所藏定瓷有‘奉华’、‘凤华’、‘慈福’、‘德寿’、‘聚秀’、‘北苑’、‘禁苑’等入宫以后再在器底刻出的文字，更说明定窑在宫廷中并未因有芒而绝迹。”[3] 冯先铭先生《中国陶瓷·定窑》一书也谈到：“北宋后期涌现了汝、官、定、耀、钧等名窑，这些名窑都因独具一格而被官府选中，为宫廷大量烧制瓷器，一部分为生活用瓷，一部分陈设观赏瓷。定窑宫廷用瓷与民间用瓷有明显不同，除了精选原料与细致加工之外，主要在纹样上有严格区分，突出的是龙凤纹的大量使用。”[4] 由此可见，北宋后期定窑不仅处于盛烧时期，同时还为宫廷大量烧造瓷器，在定窑宫廷用瓷上大量使用了代表皇权的龙凤纹饰。

1　（宋）陆游：《老学庵笔记》，明津逮秘书本二卷十二页。

2　（宋）叶寘：《坦斋笔衡》，《说郛》卷十八。

3　宿白：《定州工艺与静志、净众两塔地宫文物》，《文物》1997 年第 10 期。

4　《中国陶瓷·定窑》，上海人民美术出版社，1983 年。

中国国家博物馆收藏的这件刻花龙纹花口碗，与民间用瓷明显不同，其胎质细腻，釉色柔和，呈象牙白色；造型优美，做工考究；所刻龙纹，线条流畅生动。这件刻花龙纹花口碗可能是定窑为宫廷烧造的瓷器。

图 3. 北宋　白釉刻花螭纹瓶

定窑瓷器上的龙纹有刻花与印花两种不同装饰方法，刻花龙纹多饰于瓶腹和碗、盘的里面。《中国陶瓷·定窑》扉页上的图片为刻花龙纹盘残片，系 1959 年窑址出土，“龙张口吐舌，双眼圆睁，顶有二长角，颈上有鬃，颌下有须，龙身蟠卷，通体刻麟纹，形象矫捷生动”（图 2）；故宫博物院所藏白釉刻花螭纹瓶，在球形腹上刻两条蜷曲的螭纹，形象矫捷生动，底刻“尚食局”三个字[1]（图 3）。北宋后期刻龙纹的定窑瓷器还有故宫博物院藏白釉刻花团螭莲花纹碗[2]（图 4）、台北故宫博物院藏白釉刻花云龙纹大盘等[3]。

出筋花口碗、盘是北宋定窑瓷器常见造型。在河北省曲阳县涧磁村定窑遗址北宋地层出土的 III 式白釉刻花双鱼纹花口碗，造型便与中国国家博物馆所藏的这件白釉花口碗相似，内底刻划双鱼纹[4]（图 5）；台北故宫博物院收藏的白釉刻花莲纹花口碗和白釉刻花双鱼纹花口盘也与之相似，不同的是台北故宫博物院藏品的内底刻划莲纹或双鱼纹[5]。

综上所述，中国国家博物馆所藏的这件白釉刻花龙纹花口碗应为北宋晚期定窑为宫廷烧造的御用瓷。

1 《中国陶瓷·定窑》，上海人民美术出版社，1983 年。
2 《中国陶瓷·定窑》，上海人民美术出版社，1983 年。
3 《台北故宫博物院宝物——故宫宋瓷图录·定窑·定窑型》，台北故宫博物院，1973 年。
4 河北省文物局文物工作队：《河北曲阳县涧磁村定窑遗址调查与试掘》，《文物》1965 年第 8 期。
5 《台北故宫博物院宝物——故宫宋瓷图录·定窑·定窑型》，台北故宫博物院，1973 年。

图 4. 北宋　白釉刻花团螭莲花纹碗

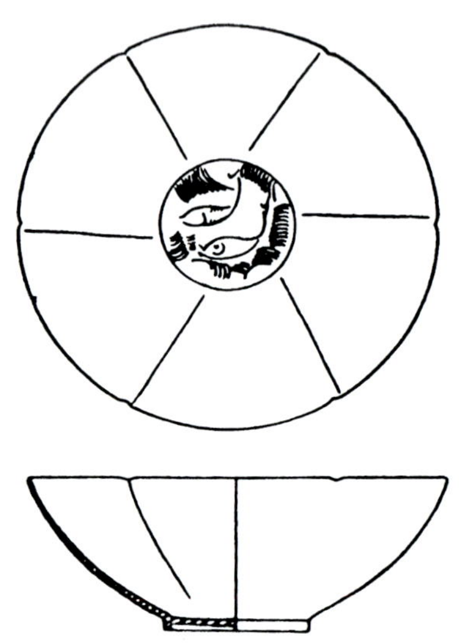

图 5. 北宋　III 式白釉刻花双鱼纹花口碗

（二）北宋·刻划花萱草纹葵瓣口碗

此碗高 6.1 厘米、口径 21.4 厘米、足径 6.6 厘米。口为六出葵瓣形，芒口，斜弧腹，浅底，圈足。胎质细腻洁白，釉色白中泛黄。内壁以粗细两种刀锋刻划出折枝萱草纹样，主纹饰有细线条相伴，线条流畅，纹饰富有立体感（图 6）。

北宋后期，定窑刻划花装饰达到成熟地步，在盘碗里面刻萱草纹的较多，线条极为流利。首都博物馆藏白釉刻划花萱草纹折沿洗[1]（图 7）和台北故宫博物院所藏

1 《中国出土陶瓷全集》，第 1 集，科学出版社，2008 年。

图 6. 北宋　白釉刻划花萱草纹葵瓣口碗

图 7. 北宋　白釉定窑刻划花萱草纹折沿洗

白釉刻划花萱草纹盒[1]（图 8）都有刻划的萱草纹装饰。

北宋后期，覆烧方法被定窑广泛使用，盘、碗等圆器都用覆烧法，烧一窑用同样时间、同样燃料，产量可提高四至五倍。这是中国陶瓷历史发展中具有划时代意义的一件重大技术改革，对南北瓷窑都产生了深远影响。但是覆烧方法的使用也带来一定缺陷，即器物口沿都无釉，不得不用金属包镶的方法来弥补缺陷。

中国国家博物馆所藏这件刻划花萱草纹葵瓣口碗，从刻划纹饰的技法和装烧方法看，应为北宋后期定窑产品。

图 8. 北宋　白釉刻划花萱草纹盒

（三）金・白釉刻花龙纹大盘

此盘高 6.8 厘米、口径 29.8 厘米、足径 9.8 厘米。1985 年吉林省农安县城北金代窖藏出土。此窖藏共出土白釉刻划花龙纹大盘 9 件，此盘为其中之一。此盘造型大气，侈口，斜弧腹，底近平，圈足。芒口。釉面光润，釉色白中微泛灰。内壁刻一周弦纹，内底刻一龙，细颈，长尾，四肢，三爪，身披鳞甲，昂首张口[2]（图 9、图 10）。

农安，辽时名黄龙府，是辽东北边防重镇，设有兵马都部署司，主持东北五国、女真等部军政事务，至今那里还保留着辽圣宗时期（983 ~ 1030 年）所建的古塔（图 11）和黄龙府遗址[3]（图 12）。女真人攻下黄龙府后，天辅二年（1118 年），合诸路谋克，以娄室为万户，守黄龙府[4]。金建国后，天眷三年（1140 年），改为济州。因水路交通便利，天德

---

1 《台北故宫博物院宝物——故宫宋瓷图录・定窑・定窑型》，台北故宫博物院，1973 年。

2 吉林省博物馆、农安县文管所：《吉林农安金代窖藏文物》，《文物》1988 年第 7 期。

3 2011 年秋笔者在吉林省农安县文管所所长吴铁军先生的陪同下，实地考察了位于农安县城郊的辽代黄龙府遗址。

4 李桂芝：《辽金简史》，福建人民出版社，1989 年。

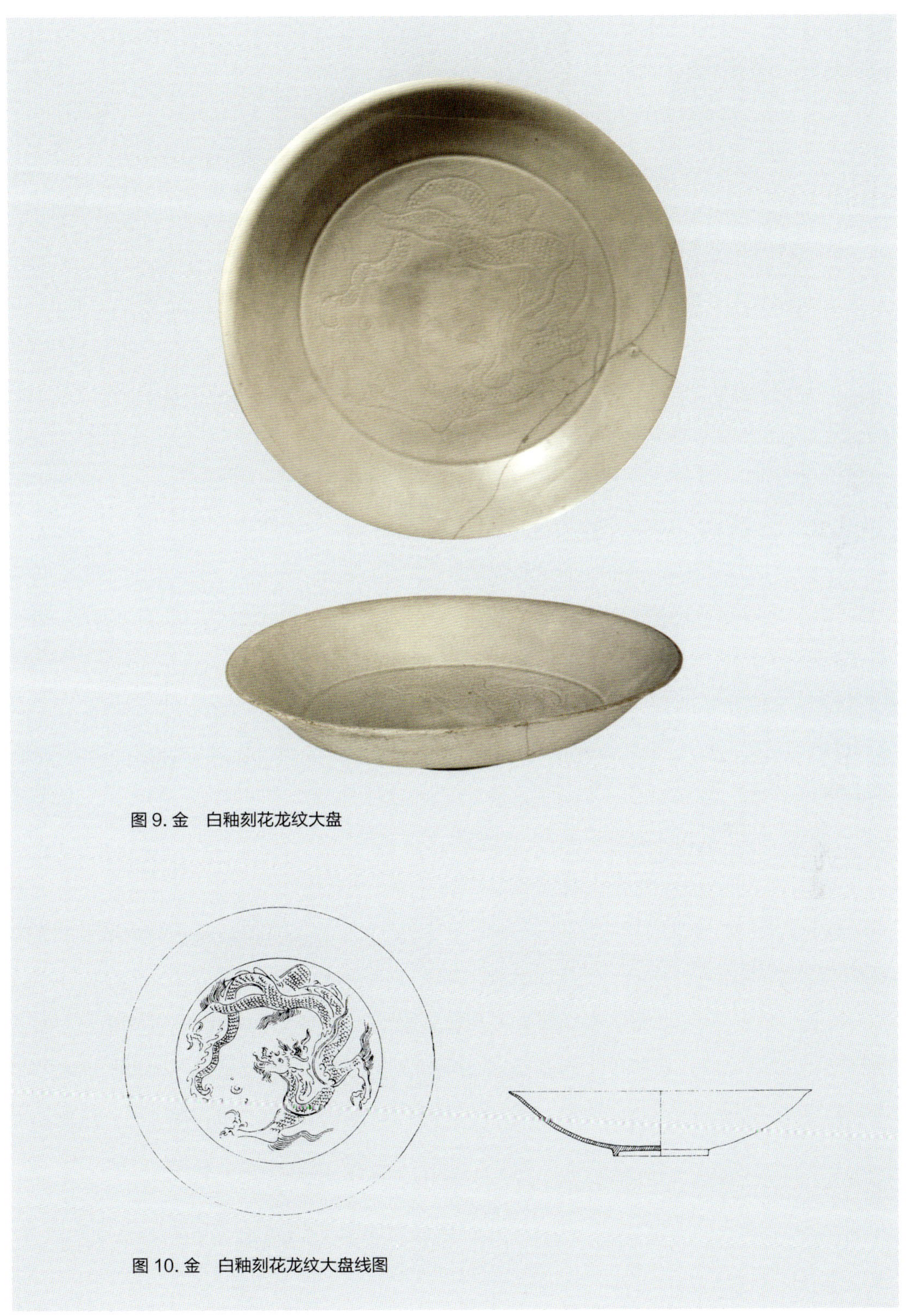

图 9. 金　白釉刻花龙纹大盘

图 10. 金　白釉刻花龙纹大盘线图

图 11. 辽代农安古塔

图 12. 辽代黄龙府遗址

三年（1151 年）于此地置上京路都转运司，掌中原通金故地上京谷物财货的转运和出纳[1]，可见农安在金代军事和经济上有着十分重要的地位。

金朝在对黄河以北地区的武力征服中，杀掠现象严重，给中原地区带来极大破坏，以致“自京师至黄河数百里间，井邑萧然，无复烟爨，尸骸之属，不可胜数”[2]。金世宗即位后，致力于安定秩序，发展生产，北方制瓷业得到了恢复和发展，原北宋境内的定窑仍是金朝主要的瓷器产地。从考古出土资料看，金代定窑瓷器不仅行销北方地区，浙江、江苏、湖南、四川等南宋墓葬中也都出土有定窑瓷器[3]。

1985 年吉林农安县发现的这批 37 件金代定窑白釉瓷器，其烧造技术继续沿用了北宋定窑的工艺传统，但在装饰花纹和技法上与北宋时期有所区别。装饰题材趋于多样化，以鱼、龙、荷花、牡丹、萱草、缠枝花卉为多。尤其是鱼纹、龙纹颇具特色，不仅数量多，而且形态各异，生动自然。在装饰技法上分为刻花和印花两种，以刻花居多。刻花用于大型器物如钵、盘、碗等，虽然刀法简单，却显得粗犷不羁、自由奔放。该窖藏年代，基本同属

1 （元）脱脱等撰：《金史》第二册，卷一四至二六（纪志），中华书局，1975 年。
2 （宋）徐梦莘：《三朝北盟会编》卷一九七，上海古籍出版社，1987 年。
3 《中国陶瓷·定窑》附录二《各地出土定窑瓷器》，上海人民美术出版社，1983 年。

图 13. 金　磁州窑白地黑花龙纹盆

图 14. 金　龙纹瓦当

金世宗至金章宗时期[1]。

金世宗在位的 27 年以及金章宗统治的前期是金代的全盛时期。中国国家博等物馆收藏的这件白釉刻花龙纹大盘，制作精美，龙纹刻划生动，有叱咤风云之势，表现出龙的威猛和腾挪，可能是当时金代皇室定制的产品。以农安在金代军事和经济上的重要地位，这样的产品在这里出现也不足为奇。

与这件白釉刻花龙纹大盘相似的龙纹式样，在 1987 年磁州观台窑址金代地层出土的白地黑花龙纹盆里也有出现，其内底所绘的团龙，同样细颈，长尾，四肢，三爪，身披鳞甲，昂首张口，蹬踏有力（图 13）；黑龙江省博物馆所藏出土于哈尔滨市阿城区金上京皇城宫殿遗址的龙纹长方砖[2]，龙的纹样与此盘相似，只是龙为行龙而非团龙。此外，1993 年哈尔滨市阿城区出土的金代龙纹瓦当[3]（图 14）、镂空龙形铜配饰[4]（图 15）以及双龙纹铜镜[5]（图 16），其龙的纹样与中国国家博物馆所藏这件白釉龙纹大盘相似。

1　吉林省博物馆、农安县文管所 :《吉林农安金代窖藏文物》，《文物》1988 年第 7 期。

2　黑龙江省博物馆藏精品“每月一星”系列展览“龙行金源——龙纹长方形砖特展”。

3　鲍海春等 :《金源文物图集》，哈尔滨出版社，2001 年。

4　鲍海春等 :《金源文物图集》，哈尔滨出版社，2001 年。

5　鲍海春等 :《金源文物图集》，哈尔滨出版社，2001 年。

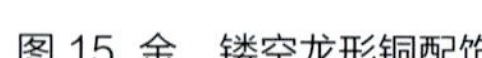
图 15. 金　镂空龙形铜配饰

图 16. 金　双龙纹镜

哈尔滨市阿城区是金上京皇城所在处，这里发现的这些建筑构件、铜配饰和铜镜，其上面的龙纹装饰也从侧面证明中国国家博物馆所藏刻花龙纹大盘很有可能是定窑为金代皇室所烧造的产品，也就是说，继北宋之后，金代定窑应该继续在为宫廷烧制御用产品。

（四）金·白釉刻花莲瓣纹钵

此钵侈口，外壁口沿下凹入一周，内壁相应凸起。弧腹，底近平，圈足，芒口。外壁刻三周莲瓣纹，莲瓣中心均凸起直棱。器内壁刻盛开的莲花。高 15.5 厘米、口径 31.8 厘米。胎质细腻，釉色白中泛黄（图 17）。

莲花纹装饰在北宋后期到金代较为流行。故宫博物院藏有一件白釉刻花莲瓣纹钵，钵内刻水草游鱼[1]（图 18），吉林农安金代窖藏出土定窑瓷器中，有白釉刻莲花纹钵四件[2]（图 19、图 20）。

受越窑影响，浮雕莲瓣纹装饰在定窑五代和北宋初比较流行。1969 年河北省定州市

1　《中国陶瓷·定窑》，上海人民美术出版社，1983 年。

2　吉林省博物馆、农安县文管所：《吉林农安金代窖藏文物》，《文物》1988 年第 7 期。

图 17. 金　白釉刻花莲纹钵

图 18. 北宋　白釉刻花游鱼莲瓣纹钵

城内北宋至道元年（995 年）净众院舍利塔塔基出土的白釉刻花莲瓣纹长颈瓶、白釉刻花莲瓣纹“官字款”盖罐（图 21）等，均在外壁刻莲瓣纹或仰、覆莲瓣纹，莲瓣中心均凸起直棱，均为高浮雕[1]；到了北宋末年以后，莲瓣纹逐渐简化，刻工日趋草率，缺乏立体浮雕感。台北故宫博物院所藏白釉刻花莲瓣纹温碗，洗外壁刻三层莲瓣纹，莲瓣的上部简单地刻划两条线用以表示莲瓣的瓣尖，说明浮雕技法在定窑已接近尾声[2]（图 22）。1985 年吉林农安金代窖藏出土四件刻花莲瓣纹钵，外壁刻莲瓣纹两周、三周不等，所刻莲瓣都缺乏立体感。

1 《中国出土陶瓷全集》，第 1 集，科学出版社，2008 年。

2 《台北故宫博物院宝物——故宫宋瓷图录・定窑・定窑型》，台北故宫博物院，1973 年。

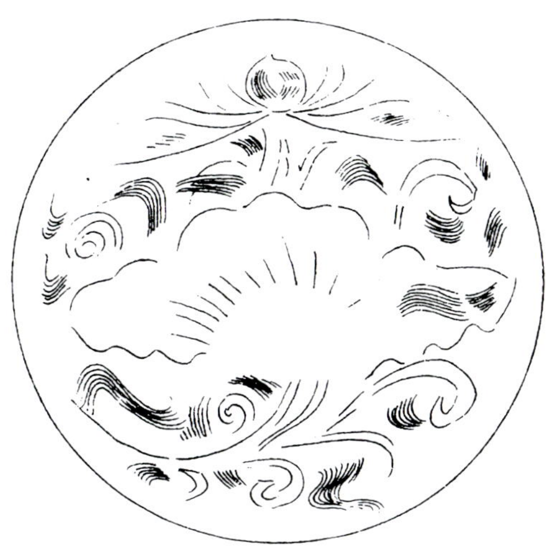

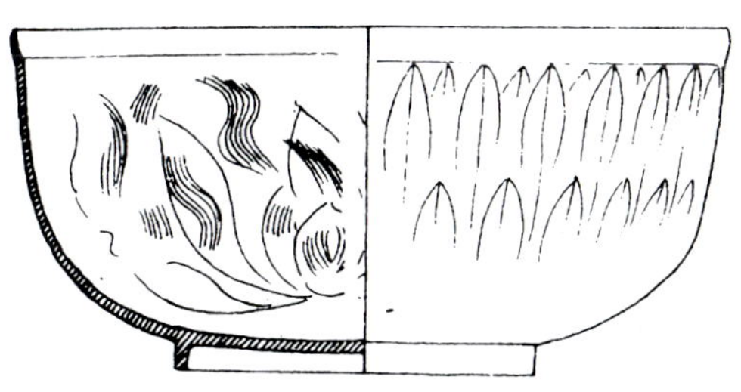

图 19. 金　白釉刻花莲瓣荷花纹钵

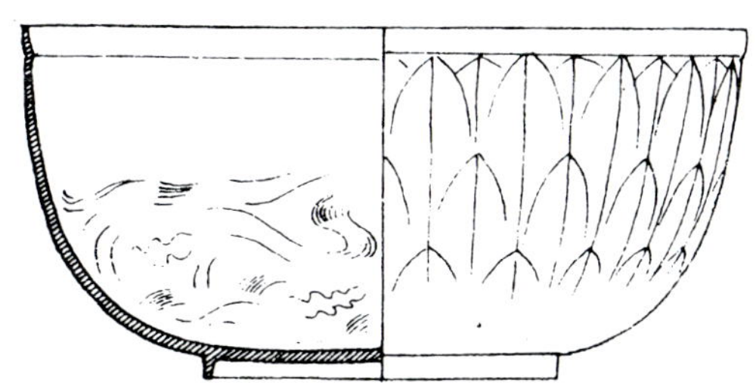

图 20. 金　白釉刻花莲瓣游鱼纹钵

图 21. 北宋　白釉刻花莲瓣纹“官”字款盖罐

图 22. 北宋　白釉刻花莲瓣纹温碗

中国国家博物馆所藏的这件刻花莲瓣纹钵，内刻莲花，外刻莲瓣纹，工艺精美。由于口径较大，这种大碗的烧成，在工艺上难度很大，故十分难得。

（五）金·白釉刻花鱼纹钵

1985 年吉林农安县城北金代窖藏出土。高 11 厘米、口径 26.2 厘米、足径 12 厘米。钵外壁口沿下凹入一圈，内壁相应凸起。外壁素面，内刻双鱼，周围篦划水波纹和水草纹，线条简洁，纹饰自然流畅（图 23）。

鱼纹为宋代定窑瓷器上最常见的纹饰之一，纹饰多见于器内壁和内底，上文所述河北曲阳县涧磁村定窑遗址北宋地层出土的 III 式白釉刻花双鱼纹花口碗和台北故宫博物院藏刻花双鱼花口盘，都在碗和盘的内底刻划双鱼纹，具有吉祥的寓意。

除定窑外，磁州窑、龙泉窑和景德镇窑瓷器上都有不同的鱼纹装饰。遂宁市金鱼村南宋窖藏出土的青白釉刻花双鱼纹碗，在碗内壁对称刻划两条游鱼，同时在旁边篦划水波纹，是宋代瓷器鱼纹装饰的又一范例[1]（图 24）。

古人将双鱼比作恩爱的夫妻，中国国家博物馆藏有一件金代双鱼纹铜镜[2]（图 25），黑龙江阿城出土，镜背有两条鲤鱼回游嬉戏。铜镜为闺房用品，阿城出土的这件铜镜表明当时人们对双鱼的喜爱，饱含人们对幸福美满生活的向往。

中国国家博物馆所藏的这件白釉刻花鱼纹钵，纹饰线条刻划流畅简练，游鱼活泼生动，具有很强的艺术感染力。

（六）金“皇统三年”白地剔刻忍冬纹枕

枕长 23.3 厘米、宽 20 厘米、高 12.8 厘米。枕面呈椭圆形，斜坡状，内空。白色为地，在枕面和枕壁剔刻忍冬纹。枕底无釉，有墨书“皇统三年置”等字（图 26）。

白地剔花枕，是金代定窑受磁州窑影响的产品。秦大树先生在《论磁州窑和定窑的互相联系和互相影响》一文提到：“定窑粗类的即指施化妆土的白瓷，与磁州窑产品的基本特色一致，因此装饰多仿效磁州窑。”[3] 大阪安宅收藏一件白地褐彩剔刻牡丹纹瓶，褐色瓶

---

1 中国国家博物馆：《宋韵——四川窖藏文物集萃》，中国社会科学出版社，2006 年。

2 中国历史博物馆：《华夏之路》第三册，朝华出版社，1997 年。

3 秦大树：《论磁州窑和定窑的互相联系和互相影响》，《故宫博物院院刊》1999 年第 4 期。

图 23. 金　白釉刻花鱼纹钵及局部

图 24. 北宋　青白釉刻花双鱼纹碗

图 25. 金　双鱼纹铜镜

身剔刻牡丹纹[1]（图 27），即是定窑仿磁州窑产品；此外，定州出土、现藏定州博物馆的金代白地剔刻折枝花枕，枕面剔折枝花纹[2]（图 28），亦为定窑仿磁州窑产品。

白地剔花枕，近年来发现不少。天津市文物管理所藏金代白地剔刻水波纹枕，枕面亦呈椭圆形，枕面及枕壁剔刻水波纹[3]（图 29）；杨永德先生所藏白地剔刻莲池水禽方枕，长方形枕面剔莲花和水禽[4]（图 30），白地剔刻牡丹纹枕，椭圆形枕面及枕身剔刻牡丹纹[5]（图 31）。杨永德先生收藏的这些瓷枕的年代被笼统地定在 12 世纪，中国国家博物馆收藏的这件"皇统三年"铭文枕，为鉴定金代早期定窑白地剔刻花装饰的瓷器提供了鉴定依据。

皇统三年（1143 年），为金熙宗完颜亶即位第三年，距金朝建立仅 16 年。以前出土的定窑纪年器物都属于金世宗和章宗时期，学术界普遍观点是：定窑生产在世宗以前有一段空隙时间，这与宋金对峙，北方连年战乱，定窑生产遭到一定破坏有关。大约到 12 世纪中期，定窑所烧瓷器再次达到了高度水平，恢复了以往声誉[6]。从中国国家博物馆所藏的

1 《世界陶瓷全集·12·宋》，小学馆，昭和 52 年。
2 《中国陶瓷·定窑》，上海人民美术出版社，1983 年。
3 《中国陶瓷·定窑》，上海人民美术出版社，1983 年。
4 大阪市立东洋陶磁美术馆：《杨永德先生收藏中国陶枕》，NCP，1984 年。
5 大阪市立东洋陶磁美术馆：《杨永德先生收藏中国陶枕》，NCP，1984 年。
6 《中国陶瓷·定窑》，上海人民美术出版社，1983 年。

图 26. 金 “皇统三年”白地剔刻忍冬纹枕及局部

这件白地剔刻忍冬纹枕来看，制作颇显规整，工艺水平并不亚于故宫博物院所藏金世宗大定八年款白地剔刻莲花纹枕[1]。这说明在金朝立国初期，虽经北方战乱，定窑还是很快恢复了生产，而且达到了很高水平。

以上介绍的中国国家博物馆所藏定窑瓷器，都是宋金时期精品，特别是“皇统三年”纪年瓷枕，给我们提供了金代初年定窑白地剔刻花瓷器的鉴定依据，具有较高的学术价值。

图 27. 11–12 世纪　白地褐彩剔刻牡丹纹瓶

图 28. 金　白地剔刻折枝花纹枕

1　叶佩兰：《故宫博物院藏铭文枕》，《故宫博物院院刊》1994 年第 1 期。

图 29. 金　白地剔刻水波纹枕

图 30. 金　白地剔刻水禽莲塘纹枕

图 31. 金　白地剔刻牡丹纹枕

二 相关问题探讨

（一）从中国国家博物馆藏白釉刻花龙纹盘看金代定窑供御瓷器的生产和工艺特征

中国国家博物馆藏白釉刻花龙纹盘，是1985年吉林省农安县城北金代窖藏出土的9件刻划花龙纹大盘之一。此盘制作精美，龙纹刻画生动，有叱咤风云之势，表现出龙的威猛和腾挪，应为当时金代皇室定制的产品。

在过去一段时间里，学术界对金代定窑瓷器的生产情况不是十分明确。因为考古资料的缺乏，大家把一些带“东宫”款和“尚食局”款的金代定窑瓷器定到北宋时期。随着考古遗址中金代定窑瓷器的大量发现，特别是随着2009年河北省文物研究所、北京大学考古文博学院、曲阳县定窑遗址文物保管所组成的联合考古队对定窑遗址考古发掘工作的开展以及金代地层大量定窑瓷器的出土，使我们对金代定窑瓷器的生产有了进一步了解；金代地层出土的“尚药局”款大盒、“尚食局”款印花摩羯纹碗（图32）、“东宫”款刻花龙纹盘（图33）的相继发现证实了金代定窑的确在为皇家生产供御瓷器，也为我们研究金代定窑供御瓷器的特征和历史提供了实物资料[1]。

实际上，关于金代定窑供御瓷器的生产，古代文献中就有记载。《大金集礼》贡九公主条载：“天眷二年（金熙宗1139年），奏定公主礼成，依惠妃公主例。外，成造衣袄器物等物……定器一千事。”[2] 金代宫廷将定窑瓷器作为金朝公主的礼物，说明继北宋之后，定窑继续在为金朝皇室烧造御用瓷器。

关于“尚食局”、“尚药局”，《金史·志第三十七·百官二》“掖庭局”一条中也有记载：“掖庭局。令，正九品……食官。尚食局兼。医官。尚药局、太医院兼。”[3] 证明金代掖庭局下设的“食官”和“医官”分别由“尚食局”、“尚药局、太医院”所兼。金代地层中出土的白釉“尚药局”款大盒、白釉“尚食局”款印花摩羯纹碗即是“尚食局”和“尚药局”在定窑定烧的瓷器。

关于“东宫”，《金史·本纪》“第六、第七、第八、第九，世宗上、中、下，章宗一”中分别记载有“世宗幸东宫”的情况[4]，《金史·本纪》“第十·章宗二”记载：“五年二月丁酉，

---

1 秦大树：《定窑的历史地位及考古工作》，北京艺术博物馆编：《中国古瓷窑大系·中国定窑》，中国华侨出版社，2012年。

2 （金）张暐：《大金集礼》，国家图书馆出版社，2010年。

3 《金史·志第三十七·百官二》，中华书局，1975年。

4 《金史·本纪》第六、第七、第八、第九，世宗上、中、下，章宗一，中华书局，1975年。

图 32. 金 “尚食局”款白釉印花摩羯纹碗

图 33. 金 “东宫”款白釉刻花龙纹盘

尚书省奏:‘礼官言孝懿皇太后祥除已久，宜易隆庆宫为东宫，慈训殿为承华殿。’从之。”[1] 可见金代地层中出土的白釉“东宫”款刻花龙纹盘系金代皇宫的“东宫”所订烧。

通过以上文献资料和考古发掘资料的相互印证，可知定窑为金朝皇室烧制造用瓷器这一事实确凿无疑。中国国家博物馆藏白釉刻花龙纹盘的烧造年代——金世宗至金章宗时期，正是金代定窑的大发展时期，吉林省农安县城北金代窖藏出土的 9 件白釉刻花龙纹大盘以

1 《金史·本纪》第十，章宗二，中华书局，1975 年。

及金代地层中出土的署“尚药局”、“尚食局”和“东宫”刻款的白釉盒、碗和盘代表了金代定窑生产的最高艺术水平。通过它们，我们得以了解金代定窑御用瓷器的面貌及其工艺特征。这些御用瓷器均采用覆烧工艺，芒口，底足满釉。胎质细白坚致，釉色光润，白中闪黄或泛青，有的存泪痕。制作精巧，多为碗、盘、盒等日常生活用品。装饰方法为刻花或印花，刻花装饰刀法娴熟，线条富于变化，风格自由奔放；印花装饰继承北宋晚期的风格，构图严谨、繁密，显得富丽堂皇。装饰题材多为龙纹或摩羯纹，龙的形象呈S形，龙头居中，龙尾向左上方扬起，细颈、长尾、身披鳞甲、昂首、张口、三爪。龙纹刻画生动，有叱咤风云之势。从整体情况看，瓷器的质量比北宋时期有所下降。

（二）从中国国家博物馆藏“皇统三年”白地剔刻忍冬纹枕看金代早期磁州窑对定窑的影响

中国国家博物馆藏“皇统三年”白地剔刻忍冬纹枕是定窑受磁州窑影响的产品。白釉剔花装饰是磁州窑首创的装饰方法，即利用化妆土和胎色之间的差别，剔去主题花纹外的化妆土，以达到烘托主题的目的。根据《观台磁州窑址》发掘报告对地层的分期，磁州窑剔花技法在观台窑第一期前段已经出现，第二期后段成为最重要的装饰手段，该技法的流行时间在北宋中后期和金代前期[1]。

定窑从北宋后期开始，借鉴磁州窑剔化妆土的工艺，生产出白地剔花和白地褐彩剔花两类产品。定窑白地剔花产品使用的是含铁量较高的低档瓷土，胎体颜色较深。施白色化妆土后先划刻出花纹轮廓，然后将花纹部分以外的化妆土剔掉。定窑产品胎体坚致细密，厚度相对较薄，剔刻手法也比磁州窑产品精细[2]。

中国国家博物馆藏“皇统三年”白地剔刻忍冬纹枕烧造于1143年，为金熙宗完颜亶即位第三年，据金朝建立仅16年。它制作规整，剔花精美，证明了定窑白地剔花技术到金代初年已经相当成熟。磁州窑和定窑之间有着相当广泛的相互影响，这也表现在北宋后期到金代磁州窑工艺对定窑的影响，这种影响，增强了定窑的市场竞争力，也成就了定窑在金代的繁荣和兴旺。

1　北京大学考古系、河北省文物研究所、邯郸地区文物保管所：《观台磁州窑址》，文物出版社，1997年。

2　穆青：《定窑白瓷装饰技法及鼎盛期的典型纹样》，北京艺术博物馆编：《中国古瓷窑大系·中国定窑》，中国华侨出版社，2012年。

鸿禧美术馆藏定窑瓷器

舒佩琦　鸿禧美术馆

内容提要：鸿禧美术馆建馆至今有20余年，主要藏品为创办人张添根先生的遗赠。张先生的收藏年资超过一甲子，其中以中国近现代水墨书画及历代陶瓷器为主，另包含小部分宜兴茶具、鎏金佛像、竹雕等。而对于历代陶瓷器的典藏与研究，定窑瓷器一直是重要的品类，全体馆员曾两度走访河北省曲阳县涧磁村窑址，实地了解定窑瓷器烧造的古往今来。此次，承蒙受邀并藉由“洁白恬静——故宫博物院定窑瓷器学术研讨会”的召开，介绍几件馆藏定瓷，包括北宋黑定双系执壶及塔式盖瓶；数件宋金时期刻印花白定碗、盘、枕；三件北宋及金代素面、印花紫（柿）定碗等，以及近年来浙江杭州出土的白定刻印花瓷片标本，敬请方家指正。

关键词：鸿禧美术馆　张添根　黑定　紫（柿）定　白定

前言

定窑为宋代五大名窑（汝、官、哥、定、钧）之一，早在20世纪初，叶麟趾先生首先调查发现了河北省曲阳县的定窑遗址[1]。1965年河北省文物工作队对遗址进行调查与初

1　叶麟趾：《古今中外陶磁汇编》，北平文奎堂书庄，1934年。

步试掘[1]。自80年代以来，对于定窑遗址已做过详细的考古发掘，惜完整的报告一直未曾发表。但在近年由河北省文物研究所及北京大学考古文博学院所做的大规模科学考古发掘[2]，不仅收获极为丰硕，同时结合先前未发表的出土遗物，其成果报告精彩可期。

河北省曲阳县地处太行山东麓，定窑遗址位于曲阳县城北的灵山盆地，其中著名的涧磁村及东、西燕川村窑址则分别坐落于盆地的东北及西南隅。涧磁村所属南镇乡原名龙泉镇，清道光时改称镇里墩，后分南北两村，北镇村因在龙泉之北，故称北镇。县志中记载的龙泉镇即现在的北镇和南镇。境内有通天河与三会河交汇，涧磁村窑址正处于两河交汇的三角地带。盆地西南角的东、西燕川村，距灵山镇仅4千米，传因村中有燕子洞，因此东侧称东燕川，西侧称西燕川，遗址主要分布于两村之间及村北侧。历年来对定窑遗址的调查研究，自叶麟趾先生发现窑址之后，陆续有陈万里、冯先铭、叶喆民及日本陶瓷学者小山富士夫等著名陶瓷学者，经由诸位前辈的详细考察确认定窑烧造的年限、制作工艺及产品种类等，为后辈留下了宝贵的文化资产。

图1.宋　定窑黑釉双系执壶

1　河北省文化局文物工作队：《河北省曲阳县涧磁村定窑遗址调查与试掘》，《考古》1964年第8期。

2　2009年9月河北省考古研究所及秦大树先生率领北京大学文博考古学院师生对曲阳县涧磁村定窑遗址进行考古发掘。

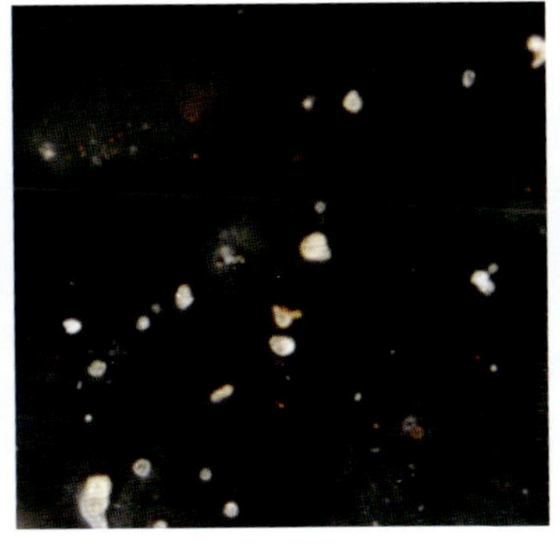

图 2. 定窑黑釉双系执壶釉面（放大图）

图 3. 涧磁村窑址出土黑定碗残件

一　馆藏定窑瓷器

以下拣选数件馆藏完整定窑瓷器，除了简述器物特征之外，并提供各个面向的摄像，以 200 倍的釉面放大图与窑址所出相类似的瓷片标本互相比较，以观其异同。

1. 宋　定窑黑釉双系执壶（图 1）

高 11.3 厘米、口径 7.4 厘米。口外撇，束颈，斜肩，短直流有多道直线修坯痕，小弧柄部也有多道直线修坯痕，流与柄之间对称贴附双系，鼓腹下敛，矮直圈足。全器内外施黑釉，釉薄光润，底部圈足露白胎，胎质坚致，做工讲究，放大 200 倍可见其釉面细部（图 2）。

涧磁村窑址所出黑定碗残件（长 6 厘米、宽 5.5 厘米，图 3），放大 200 倍后中可见漆黑的釉层中双轮光环的小气泡零星散布（图 4-1、图 4-2），外壁薄釉处呈浅褐色，只见釉层混浊不清，有极小的气泡（图 4-3），观断面，因釉层的波动产生不平整的接口（图 4-4）。

杭州出土的（花定）瓷片（长 5 厘米、宽 2.6 厘米，图 5 ）。胎厚仅 0.12 毫米，质地

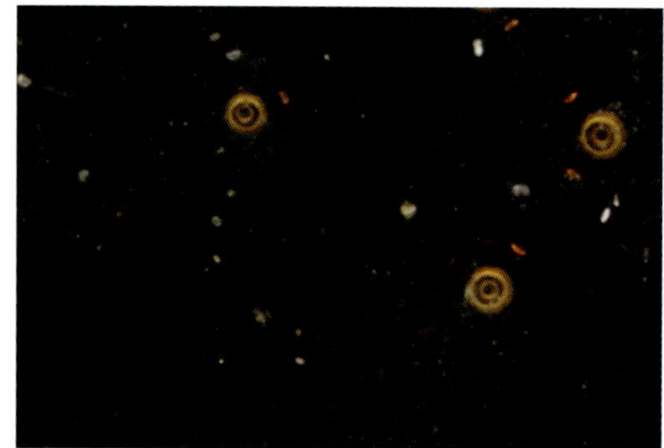

图 4-1. 窑址出土黑定碗残件釉面（放大图）

图 4-2. 窑址出土黑定碗残件釉面（放大图）

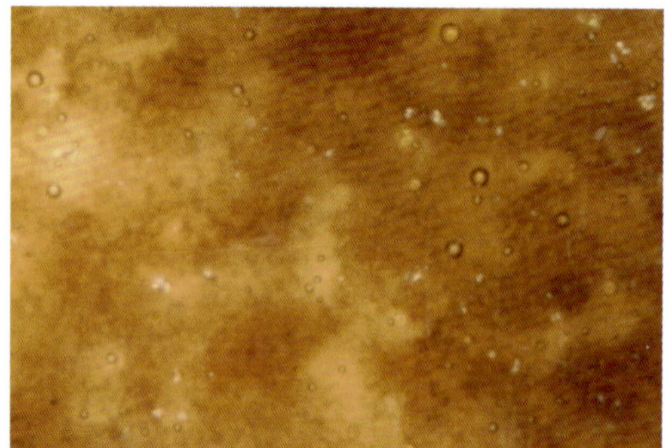

图 4-3. 窑址出土黑定碗残件外壁（放大图）

图 4-4. 窑址出土黑定碗残件断面（放大图）

图 5. 杭州出土的（花定）瓷片

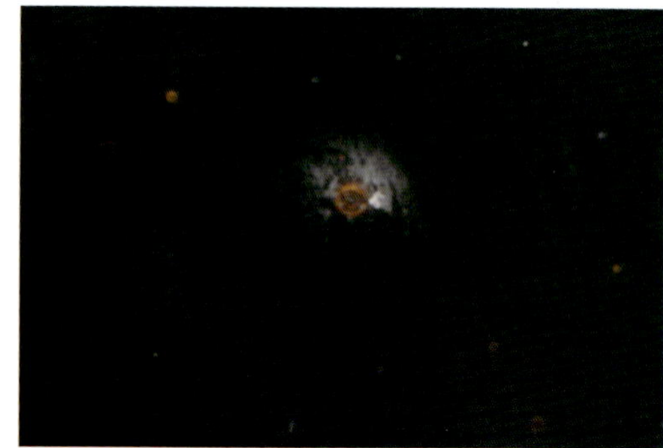

图 6-1. 杭州出土的（花定）瓷片釉面（放大图）

图 6-2. 杭州出土的（花定）瓷片釉面（放大图）

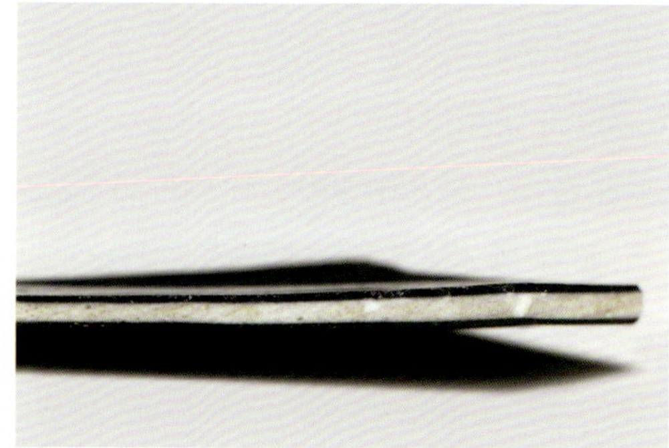

图 6-3. 杭州出土的（花定）瓷片断面

图 7. 河北各地出土的黑定瓷器

洁白坚致，在漆黑的釉层中点洒红褐色小斑点，釉面为黑色的釉层中仅见少许极小的气泡（图 6-1），褐点在烧熔时有流釉现象，小小的结晶有如张开羽翼的飞蝶（图 6-2），断面可见清纯的釉层及精洁的胎土（图 6-3）。

黑定面貌丰富，近几年来在河北寺庙或城市遗址，如正定县基建，以及定州开元寺塔也称定州塔周边，出土了质量可观的黑定瓷器，多为碗、盏、瓶、罐等饮茶器皿，除了盏底有“库”、“方丈”、“茶”等墨书之外，有些黑釉产生蓝色荧光的窑变；或是在漆黑的釉面以金彩绘工笔花鸟图等（图 7）。这些珍贵的遗物，为原本极为稀少的黑定增添了宝贵的实例[1]。

2. 宋　定窑黑釉塔式瓶（图 8）

通高 18.2 厘米。平沿圆盖，中部一圈三角形锯齿突起，钮部为一喇叭形花口，口内覆盖小圆孔的中空大乳丁，盖内矮墙及内沿露胎，质地细致洁白，其余部分满釉。瓶身圆口，

1　以上黑定标本由北京王波先生收藏，并感谢提供信息及图片。

图 8. 宋　定窑黑釉塔式瓶

短直颈，圆鼓腹下接波浪形折沿高撇足。全器内外满釉，盖内口沿及撇足内沿露胎。釉面放大图中漆黑的釉层仅见少许泛黄褐色光轮的气泡，间有不规则的闪白光小点，局部釉表散布白色的云雾（图 9），这些现象在窑址出土的标本中都可见到。

3. 北宋　定窑褐釉花口碗（图 10）

高 5.4 厘米、口径 17 厘米。五出花口，斜弧壁，小矮圈足。全器施褐釉，圈足露胎旋修工整。口沿一圈釉薄隐现白胎，外壁有不规则深褐色斑块。釉面放大 200 倍图取三处不同釉色（图 11），在纯褐色釉层中可见如小飞蝶般的析晶；黑褐交融的釉层有少许气泡；黑釉层除了极稀疏的小气泡外，有几个如水母般的大气泡。

在窑址出土的标本——柿定瓷片（长 6 厘米、宽 4.4 厘米，图 12-1、图 12-2）。放大图也见如小飞蝶般的析晶（图 12-3），断面图中胎质精洁，釉层清透，褐釉仅覆盖在表层（图 12-4）。

河南当阳峪窑柿定碗（图 13）。口径 19.8 厘米。深弧壁，全器施釉，足一圈露胎偏黄，圈足微外撇。放大 200 倍后看釉层同样有蝶状析晶，但深浅釉层交融较明显（图 14）。

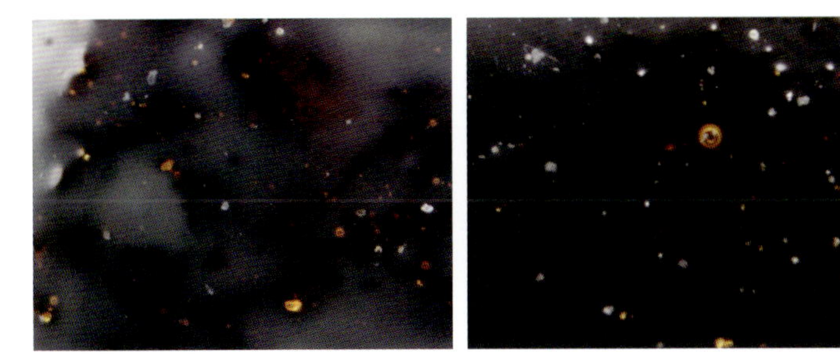
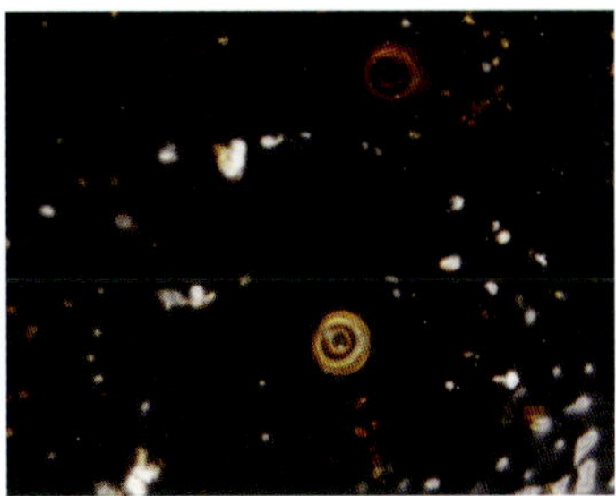

图 9. 宋　定窑黑釉塔式瓶釉面（放大图）

图 10. 北宋　定窑褐釉花口碗

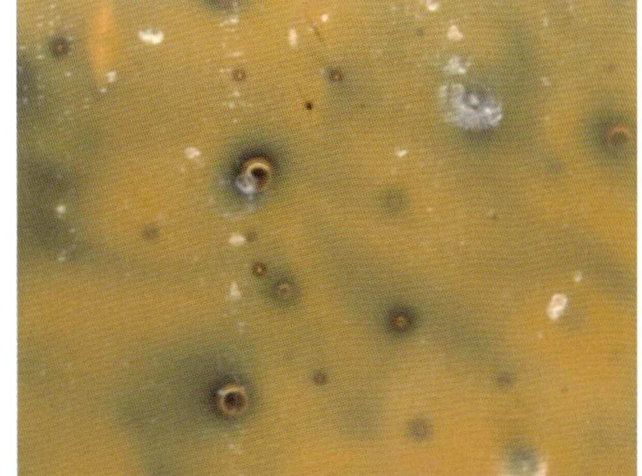

图 11. 北宋　定窑褐釉花口碗釉面（放大图）

图 12-1. 窑址出土柿定瓷片

图 12-2. 窑址出土柿定瓷片

图 12-3. 窑址出土柿定瓷片釉面（放大图）

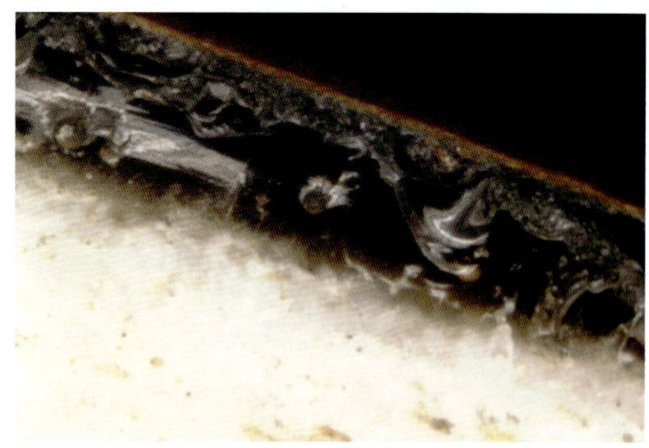

图 12-4. 窑址出土柿定瓷片断面（放大图）

图 13. 河南当阳峪窑柿定碗

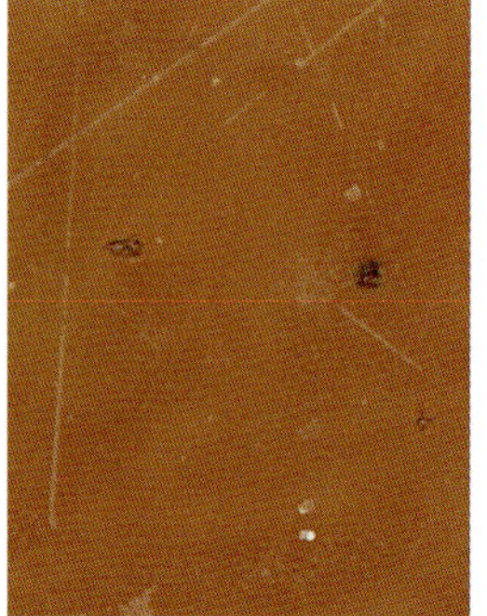

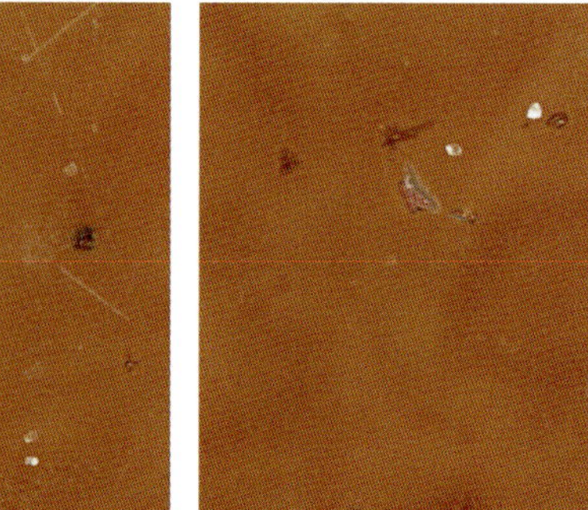

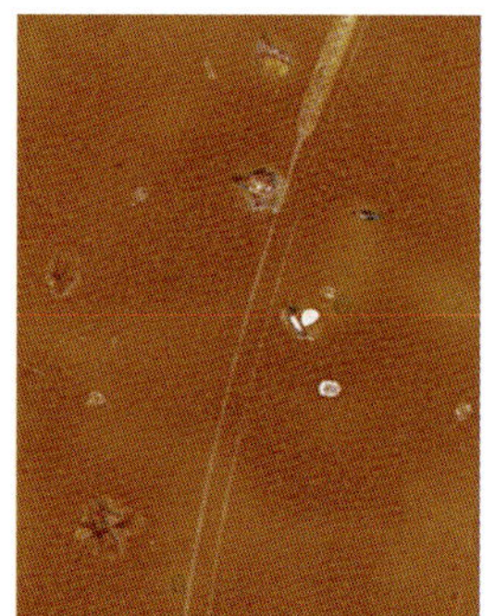

图 14. 河南当阳峪窑柿定碗釉面（放大图）

图 15. 金　定窑褐釉印折枝花纹碗

4. 金　定窑褐釉印折枝花纹碗（图 15）

高 4.5 厘米、口径 13.2 厘米。侈口，弧壁，矮圈足。内壁以出筋纹分为六等分，印六种折枝花卉，有莲、菊、牵牛花、芙蓉、梅、茨菰等，内底一圈内印折枝菊。外壁素面有明显的旋修痕。全器内外满施黑褐色薄釉，口沿一圈及碗底有一小块不规则露胎。

类似印花碗见有 1975 年吉林哲里木盟奈曼旗窖藏出土，现藏吉林省博物馆[1]。釉面放大图中可见深浅不一的釉色互为交融，小气泡散布均匀，也见些许蝶状析晶，在较深的釉层中另有网状浅褐色磁铁矿析晶（图 16）。

金代定窑褐釉印花碗，胎质不如北宋紫定坚实洁白，此类纹饰边线凸起的印花褐釉瓷，胎釉虽薄，但造型多不甚规整。定州城市遗址出土的褐釉印花碗标本[2]（图 17），此类印花碗除了上述吉林出土的完整器外，其他如定州市、保定市及北京金中都遗址及河北曲阳涧磁村窑址都有出土实例[3]。

5. 金　定窑褐釉印莲塘鱼禽纹碗（图 18）

高 5 厘米、口径 16.3 厘米。敞口，浅

1　刘燕萍：《窖藏“紫定”印花碗》，《文物》1985 年第 8 期；穆青：《燕赵文化系列——定瓷艺术》第 156 页，河北教育出版社，2002 年。

2　北京王波先生藏，并感谢提供信息及图片。

3　故宫博物院：《定瓷雅集——故宫博物院珍藏及出土定窑瓷器荟萃》第 282、283 页，故宫出版社，2012 年。

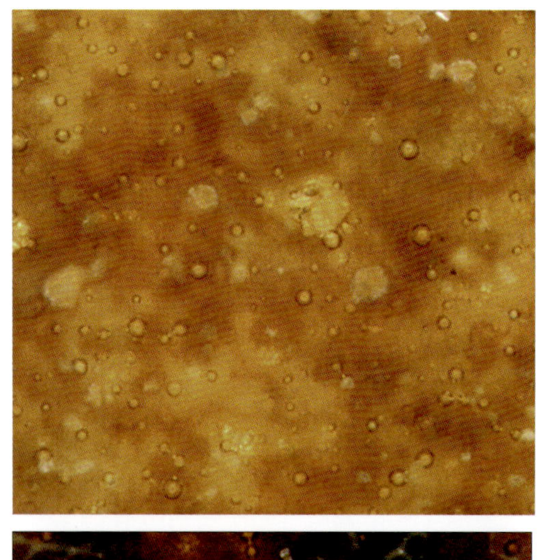

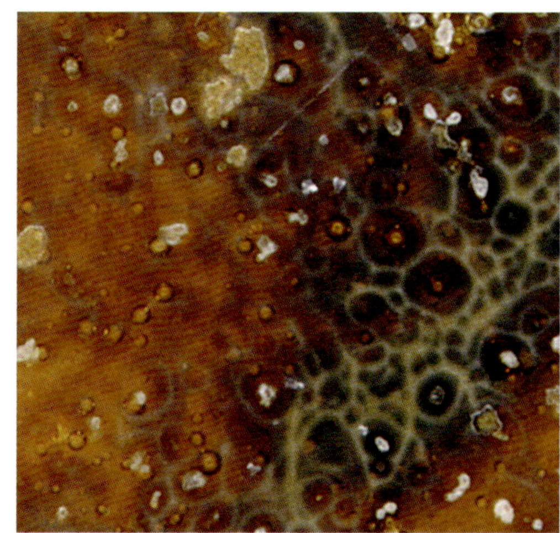

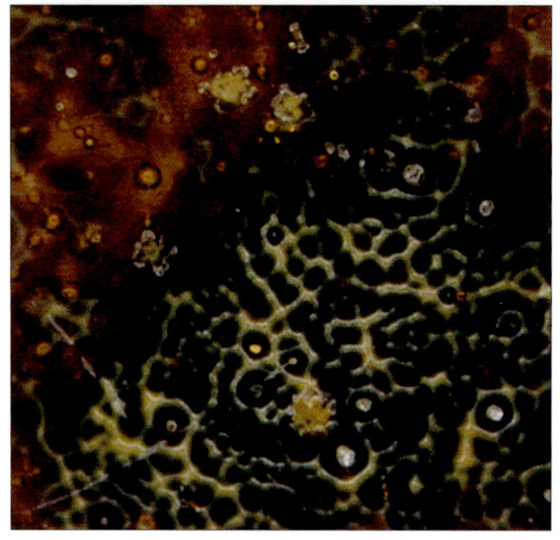

图 16. 定窑褐釉印折枝花纹碗釉面（放大图）

弧壁，矮圈足。内壁先在口沿下印一圈回纹，环绕盘壁为莲塘水波，对称有鸳鸯及双禽戏水，底部印双鱼一对。全器纹样工整细致，唯套印时器身未摆正，因此一圈回纹与口沿不平行。外壁素面有局部跳刀痕。全器满釉但色泽深浅不均匀。口沿一圈露胎。本件印纹较繁复精美，唯器身些许变形。放大图中釉层因纹路而有厚薄，釉色深浅不均，除了蝶状析晶之外，在较深釉层中也有网状析晶（图 19）。相似作品见有吉林窖藏出土[1]。

6. 北宋　定窑白釉“官”字铭花口托盏（图 20）

通高 6.5 厘米、杯口径 10.4 厘米、托盘口径 13.6 厘米。杯作六出花口微撇，弧壁，

1　刘燕萍：《窖藏“紫定”印花碗》，《文物》1985 年第 8 期；穆青：《燕赵文化系列—定瓷艺术》第 156 页，河北教育出版社，2002 年。

图 17. 定州城市遗址出土的褐釉印花碗标本

图 18. 金　定窑褐釉印莲塘鱼禽纹碗

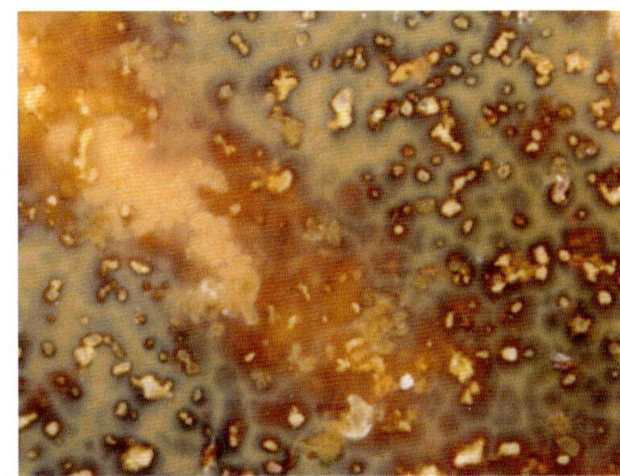

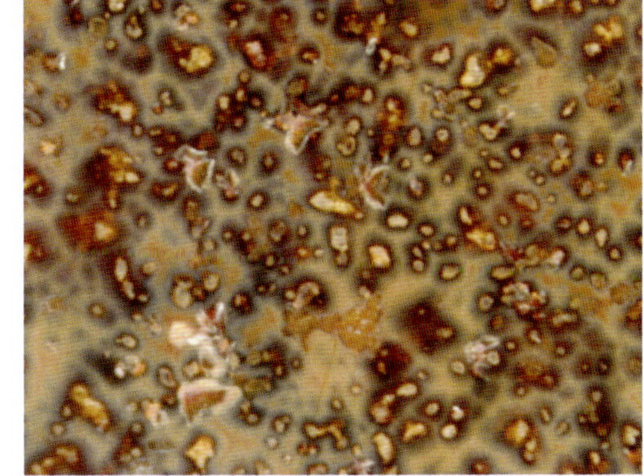

图 19. 金　定窑褐釉印莲塘鱼禽纹碗釉面（放大图）

图 20. 北宋　定窑白釉“官”字铭花口托盏

小矮圈足；托，六出花口微敛，浅弧壁，中间凸起高台，台壁刻仰莲瓣一周，圈足内挖空，在托台座底部刻“官”字铭。全器施透明釉，盏底圈足上有几点垫砂痕，杯托圈足露胎。

7. 宋　定窑白釉圆盖盒（图 21）

通高 3.1 厘米、口径 8.5 厘米。素面平圆盖，盖沿周边略凸起一圈，线条简练，盖面隐约可见牡丹纹描金痕；盒身子母口微内敛，器底小卧足。全器满釉，盖沿、盒身口沿及底足一圈露胎。

8. 宋　定窑白釉刻花莲花纹盏（一对，图 22）

高 4.1 厘米、口径 9.9 厘米。敞口，弧壁，小矮圈足。内壁刻划一折枝莲，花叶扶疏，姿态曼妙。全器满釉，口沿及底足一圈露胎。此类刻绘简练花卉的中型盏，传世颇多。

9. 宋　定窑白釉花口碟（一对，图 23）

高 1.8 厘米、口径 12.2 厘米。六出花口外撇，浅斜壁，平底。全器素面洁白无纹饰，内外满釉，仅口沿一圈露胎。

10. 宋　定窑白釉刻花莲纹平底小洗（一对，图 24）

图 21. 宋　定窑白釉圆盖盒

高 1.8 厘米、口径 11.7 厘米。敞口，浅弧壁，平底，底部浅卧足。内底刻一折枝朵莲，花叶摇曳，生动自然。全器满釉，口沿一圈涩胎。

11. 宋　定窑白釉刻花莲瓣纹盖碗（图 25）

通高 8.5 厘米、盖径 10.2 厘米、碗口径 9.3 厘米。覆荷叶形器盖，平板沿，盖面微拢起，

图 22. 宋　定窑白釉刻花莲花纹盏

图 23. 宋　定窑白釉花口碟

图 24. 宋　定窑白釉刻花莲纹平底小洗

图 25. 宋　定窑白釉刻花莲瓣纹盖碗

图 26. 宋　定窑白釉贴花提梁瓜棱壶

浅刻放射状叶脉，盖内矮墙，墙内施满釉；碗身为直口深腹，外壁浅浮雕一周仰莲瓣，直圈足。全器满釉，盖内口沿及盏沿、底足一圈露胎。

12. 宋　定窑白釉贴花提梁瓜棱壶（图 26）

高 14.8 厘米。器身呈六棱瓜形，注水口微内凹，中心一圆孔，器盖为模印花朵，盖内中心以一小段泥柱为档，提梁雕塑成藤编半裹的三叉模印花束，短曲流，矮圈足。全器外壁及盖面施透明釉，器内及盖底、足一圈涩胎。相似器物辽、宋、金墓皆有出土实例。

13. 宋　定窑白釉刻花莲瓣龙纹碗（图 27）

高 6.8 厘米、口径 16 厘米。敞口，弧壁，矮圈足。内壁刻对称的两朵莲花，花叶舒展环绕碗壁，内底刻云螭纹，外壁浅浮雕三层仰莲瓣。全器满釉，口沿一圈涩胎。

14. 宋　定窑白釉刻花折枝莲纹花口折腹盘（图 28）

高 6.8 厘米、口径 26.8 厘米。六出花口，斜折腹，矮圈足。盘内刻划一组花叶牵卷的折枝莲，刀工顺畅娴熟，纹样优雅，布局合宜。全器满釉，仅口沿一圈露胎。

图 27. 宋　定窑白釉刻花莲瓣龙纹碗

图 28. 宋　定窑白釉刻花折枝莲纹花口折腹盘

图 29. 宋　定窑白釉刻花折枝莲纹花口折腹盘

15. 宋　定窑白釉刻花折枝莲纹花口折腹盘（图 29）

高 3.8 厘米、口径 17.6 厘米。六出花口，浅斜壁，折腹，平底矮圈足。内部刻一折枝双莲花，枝叶环绕盘壁自然伸展，外壁近口沿凹下处浅刻一道弦线，圈足内有明显旋修痕。全器满釉，口沿一圈镶铜。

16. 宋　定窑白釉刻花折枝莲纹花口碗（图 30）

高 7.5 厘米、口径 20.5 厘米。六出花口，深弧壁，小平底，矮圈足。内壁自口沿凹处均有六道出筋纹至碗底，小圆底内刻划一折枝莲，花叶伸展，线条流畅简练。全器满釉，镶铜口。

17. 宋　定窑白釉刻花折枝莲纹花口碗（图 31）

高 5.8 厘米、口径 19.8 厘米。六出花口微外撇，斜弧壁，小平底，矮圈足。碗外壁近圈足周边有明显的不规则指掐痕。内部刻划一折枝莲，贯穿碗心，枝叶扶疏环绕碗壁，牵

图 30. 宋　定窑白釉刻花折枝莲纹花口碗

卷自如优雅生动。全器满釉，口沿一圈露胎。

18. 宋　定窑白釉素面曲壁花口碗（图 32）

高 6.3 厘米、口径 20 厘米。六出花口，六曲碗身，小平底，矮圈足。全器素面，满釉，钤铜口。

19. 宋　定窑白釉刻花莲花纹大碗（图 33）

高 15.9 厘米、口径 29.6 厘米。敞口，浅弧壁，矮圈足。盘内刻莲花纹，花叶牵卷布局优雅，刻工顺畅孰练。圈足内近左侧刻一“花”字铭。全器满釉，口沿一圈涩胎。

20. 宋　定窑白釉刻花莲花纹洗（图 34）

高 12.5 厘米、口径 26.6 厘米。直口微敞，深弧腹，平底，底部一圈减地凸起镶假足。

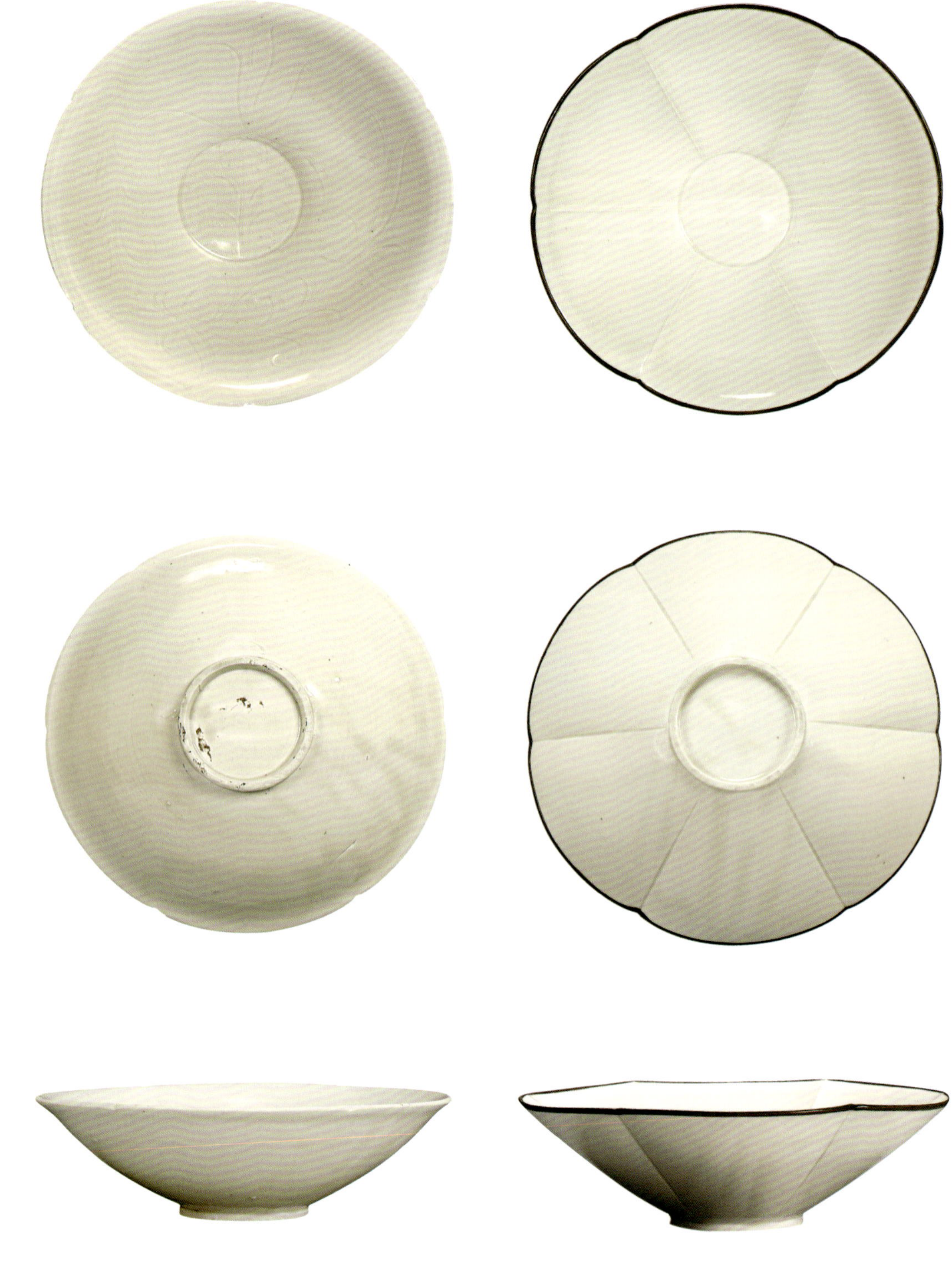

图 31. 宋　定窑白釉刻花折枝莲纹花口碗

图 32. 宋　定窑白釉素面曲壁花口碗

图 33. 宋　定窑白釉刻花莲花纹大碗

图 34. 宋　定窑白釉刻花莲花纹洗

内部刻一朵大莲，枝干及花叶环绕内壁，姿态曼妙，舒展自如。全器满釉，口沿一圈镶铜。

21．宋　定窑白釉弦纹三足炉（图 35）

口径 12.7 厘米。直口镶铜，铜口已锈蚀，筒形器身，外壁自上而下有一、三、一共五道凸起的弦纹，中间三道距离较近。简化的兽形三足，平底。全器满釉，口沿及三足底部露胎。

22. 宋 定窑褐釉剔刻麒麟纹枕（图 36）

长 27 厘米、宽 21.1 厘米、高 16.4 厘米。枕腰圆形，全器先施黄褐釉，再仔细剔刻出如剪纸般的纹样，枕面为麒麟戏球，间有杂宝，枕壁环绕缠枝牡丹，前枕侧面上方有 2 个小圆形出气孔，平底露白胎。

23. 宋　定窑白釉刻花牡丹纹如意头形枕（图 37）

长 28.3 厘米、宽 21.3 厘米、高 12.8

图 35. 宋　定窑弦纹三足炉

图 36. 宋　定窑褐釉剔刻麒麟纹枕

厘米。如意头形器身，枕面略弧凹，并形成上高下矮的斜面，如意头形开光内刻一朵大牡丹，两侧枝叶对称伸展。整体造型和纹饰隐喻富贵如意。全器满釉，平底露胎，中间有两个对称小圆出气孔。

24. 金　定窑白釉刻花折枝莲纹大盘（图 38）

高 5.2 厘米、口径 31.2 厘米。敞口，浅弧壁。平底，矮圈足。盘内刻一折枝莲，枝叶沿盘壁外侧顺势伸展，主茎贯穿盘心，顶部有一朵盛开莲花。

25. 金　定窑白釉印牡丹莲纹大盘（图 39）

高 5.2 厘米、口径 31.2 厘米。敞口，浅弧壁。平底，矮圈足。内部口沿下方印两道弦纹，盘壁印一周缠枝牡丹，底部一周回纹开光内印荷莲、红蓼、茨菰，中心五朵莲。整体纹饰精致繁复，花样典雅。全器满釉，口沿一圈镶铜。

图 37. 宋　定窑白釉刻花牡丹纹如意头形枕

图 38. 金　定窑白釉刻花折枝莲纹大盘

26. 辽金　山西浑源窑白釉小瓷偶（一组八件，图 40）

（1）倚坐男偶，高 5.7 厘米。发梳单髻，身着长袖衫，袒胸露肚脐，右手戴如意镯，左侧身倚靠隐囊，左手置囊上，左足盘于腹前，做休息状。

盘坐男偶，高 5.9 厘米。头戴氈帽，身着长袖衫，双手垂置身前。

图 39. 金　定窑白釉印花牡丹莲纹大盘

图 40. 辽金　山西浑源窑白釉小瓷偶

（3）侧坐男偶，高 6.5 厘米。金人装扮，斜侧身盘坐，右手握槌置左膝上，左手持钹。五官端正，头部微偏做聆听状。

（4）提篮女偶，高 9 厘米。顶梳单髻，肩垂双辫，眉目清秀，身着长衫束腰带，左臂自然下垂，右腕挂提篮，手握一折枝花。

图 41. 定窑黑、白棋子

图 42. 定窑印花模具

（5）执偶戏男俑，高 7.5 厘米。头戴披肩风帽，双腿盘坐，右手执戏偶置膝上，左手靠膝伸两指于胸前，似正随乐声打节拍。

（6）送子麒麟两件，高 5.5 及 6 厘米。小童子跨坐于麒麟背上，双手紧握坐骑头两侧。

（7）抱瓜童子，高 5 厘米。童子表情愉悦，双手抱瓜于胸前，服饰衣带刻划精致[1]。

27. 定窑黑、白棋子（图 41）

高 1.5 厘米、底径 2.5 厘米。半圆形黑白围棋子，顶部贴附一只模印乌龟，龟背细刻整齐的龟壳花纹，头部下垂，形象生动。底部露胎，质地细白。

28. 定窑印花模具（图 42）

高 6.4 厘米、腹径 6.8 厘米。小型模具，唇口内凹，外壁上方一组两朵对称的牡丹花叶，下方为双层仰牡丹花瓣。平底，底部浅刻“王且”字铭。涩胎无釉。

1 以上八件白釉小瓷偶，原按定窑产品购藏，此次会议报告中，经孟耀虎先生由瓷偶胎釉及造型分析，认为系山西浑源窑烧造。在此特别提出，并感谢孟先生指导。

二　浙江杭州出土定窑瓷器标本

近几年在杭州南宋皇城遗址、遗址周边及转运码头（密渡桥）等地，出土了质量极为可观的南北各地著名窑场生产的瓷器，如北方的耀州窑、磁州窑、钧窑、定窑瓷器，南方的越窑、建窑、吉州窑、景德镇窑瓷器等。其中尤以定窑白瓷，不仅数量颇多，而且质量也极高。以下挑选几件底部有刻铭的标本及带刻划或印花装饰的残器，这些绝美白定的大量出现，提供我们另一种思考——究竟是宋室避金南渡时辗转携来的，或是定都临安（杭州）后通过“榷场”购入的，抑或是两者皆有。

（一）定窑白釉刻铭文标本

瓷器上的后刻铭文，除了见于少数的北宋汝瓷、钧瓷之外，以定窑白瓷铭文种类及数量最多，也最为独特。尤其在杭州出土的刻铭标本中，包含了宋代宫殿铭或姓氏铭，不仅揭示了定窑瓷器在宋代宫廷中仍是主要的日常生活用瓷之一，同时也是贵族世家等的日常用瓷[1]。以下标本谨供参考，并感谢私人藏家杜先生、高小姐的热心提供。

（1）刻花莲纹折腹盘（图43）。底部圈足内残留刻“○华”字，推测应是“奉华”铭，字体工整，出自宫廷玉工之作。其他传世有“奉华”如北宋汝瓷、钧瓷等。

（2）刻花水波双鱼纹碗（图44）。碗内壁素面六道出筋，底刻水波双鱼，圈足内以砣具后刻“苑”字铭。

（3）印花鱼龙纹盘（图45）。盘内底印有精美少见的鱼龙纹（魔羯鱼），盘底圈足内左侧浅划“尚食局”，为宋代殿中省辖下六局之一，掌管皇室膳馐。

（4）印花卉纹盘（图46）。口沿下一周回纹外有“李翁”两字凸起的印文。

（5）印花斗笠形盏（图47）。底一朵如意祥云或火珠，内壁缠枝牡丹，底部小圈足内后刻“李”字铭。

（二）定窑白釉刻花标本

定窑瓷器刻花装饰在北宋中期大量出现，纹饰以花卉纹如莲、牡丹居多；其他如水波

1　胡云法、金志伟：《定窑白瓷铭文与南宋宫廷用瓷之我见》，上海博物馆：《中国古代白瓷国际学术研讨会论文集》，上海书画出版社，2005年。

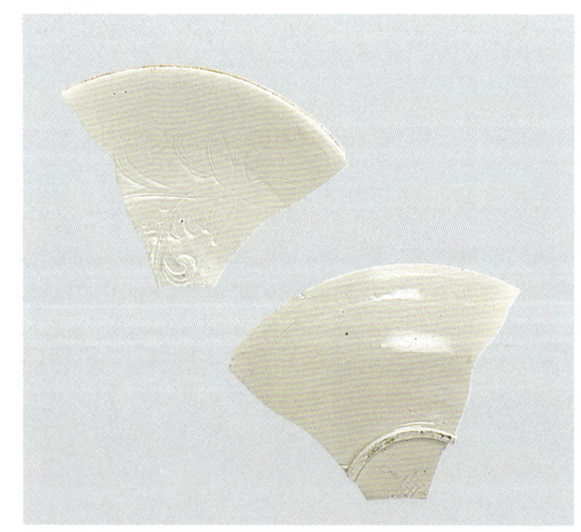

图 43. 定窑白釉刻花莲纹折腹盘铭文标本

图 45. 定窑白釉印花鱼龙纹盘铭文标本

图 44. 定窑白釉刻花水波双鱼纹碗铭文标本

图 46. 定窑白釉
印花花卉纹盘铭文标本

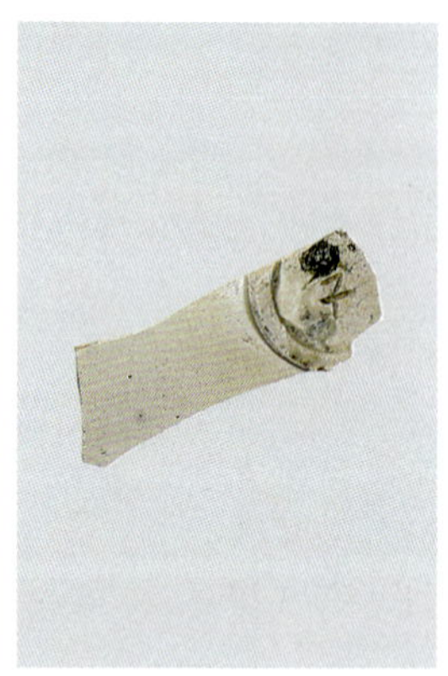

图 47. 定窑白釉
印花斗笠形盏铭文标本

双鱼、水草双禽及云龙纹等，都以娴熟流畅的刀工刻划简练优雅的纹样。

（1）花卉纹——莲花及牡丹是定窑瓷器刻花装饰中最常见的纹样，前者寓意清白廉洁，后者代表富贵，两者皆为日常生活中无论仕人或一般平民百姓所共同追求的目标。标本中大梅瓶残件（图 48 左），复原高度可达 45 厘米，瓶身以简练顺畅的刀工刻大朵缠枝牡丹，下腹部饰一周仰莲瓣；尺寸较小的两件瓶类残件（图 48 右），一件在腹部刻缠枝牡丹，底部一周仰莲瓣；另一件平底瓶腹部浅刻莲纹。敞口盘或花口深腹碗（图 49）常见以一折枝莲优雅的绽放在碗内，也有在碗、钵内外壁刻缠枝牡丹、莲，内底一轮花，或是在平底小洗内底部刻一朵花叶扶疏的牡丹（图 50），刀工顺畅熟练，纹样自然奔放。

（2）水波双鱼纹——此类有“如鱼得水”、“连年有余”吉祥意涵的纹样，是定窑瓷器刻、印花工艺中主要的装饰纹样之一。多见于平底小洗（图 51）、花口深腹碗或敞口盘内底部，以简笔刻奋力向前游的双鱼，周边则以篦纹刻划水波。

（3）螭纹——深腹碗（图 52）、平底小洗（图 53），常见在内底部刻螭纹，此类简化的螭纹，身躯及四肢、尾部牵卷如卷草。碗类常搭配莲纹，洗类则搭配回纹；垂肩瓶（图 54），肩部刻覆莲瓣，瓶身则满刻螭纹，较为少见。

（4）水草双禽纹——花口折腹盘（图 55），在盘内相对刻两组游鸭及水草，鸭背部伸出一朵莲花，并以篦状工具刻划水波纹。

（三）定窑白釉印花标本

定窑印花工艺在北宋晚期达到高峰，其装饰纹样主要受到定州传统缂丝工艺的影响，有繁复的缠枝花卉、莲池鱼禽、花鸟云凤、庭园小景等，纹样极尽华丽精美。同时出土的数量也较刻花者为多，少数碗盘饰以大朵花卉纹，图案印纹较凸起，纹样较简明，胎釉质地佳，有如白玉般润泽。其他数量较多的印花纹样瑰丽华美，但胎釉质地较差，色泽略偏灰色调，装饰虽繁复精致，但整体质感略逊于前者。

（1）三件浅弧壁矮圈足盘——盘内底印水波双鱼（头向右，图 56），内壁口沿下印一周回纹，壁面印对称双凤穿牡丹花；盘内底印水波双鱼（头向左，图 57），内壁口沿下印一周回纹，壁面为对称双牡丹与菊花缠枝；盘内底中间印一荷叶托铭碑（“太？记”，图 58），周边印缠枝菊，内壁口沿下印一周回纹，壁面印五朵缠枝牡丹，此件部分印纹较不清晰。

（2）平底折沿浅盘——花口平折沿印连枝叶纹，盘壁印凹凸有致整齐的菊瓣，内底印庭园小景，花草寿石之间一对雉鸟追逐嬉戏（图 59）。斜折沿印一周对称的三角形回纹，内壁印莲、红蓼、茨菰等，底部印双凤穿花（图 60）。此类折沿盘，除圆口或花口外还有菱花口，以在平底刻或印具有吉祥喜庆寓意的纹样，如台北故宫博物院藏刻划牡丹、双凤、螭纹等或印庭园婴戏、花卉卧鹿、犀牛望月、花卉孔雀纹等；曲阳县文物保管所藏有印花瑞狮戏球、寿石龟鹤、牡丹纹盘等[1]。

1　台北故宫博物院：《定窑白瓷特展图录》，1987 年；刘燕萍：《窖藏“紫定”印花碗》，《文物》1985 年第 8 期；穆青：《燕赵文化系列——定瓷艺术》第 156 页，河北教育出版社，2002 年。

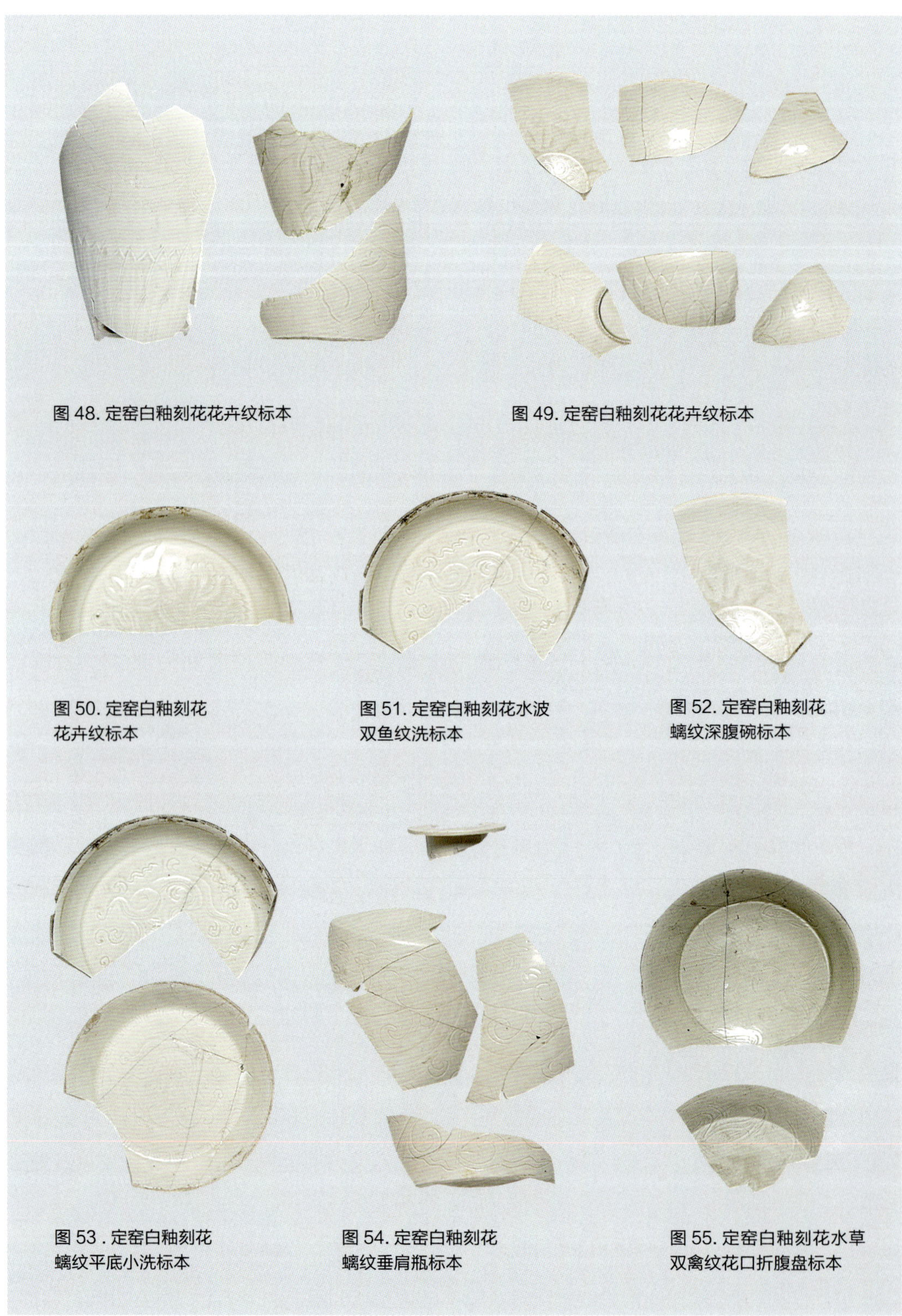

图 48. 定窑白釉刻花花卉纹标本

图 49. 定窑白釉刻花花卉纹标本

图 50. 定窑白釉刻花花卉纹标本

图 51. 定窑白釉刻花水波双鱼纹洗标本

图 52. 定窑白釉刻花螭纹深腹碗标本

图 53 . 定窑白釉刻花螭纹平底小洗标本

图 54. 定窑白釉刻花螭纹垂肩瓶标本

图 55. 定窑白釉刻花水草双禽纹花口折腹盘标本

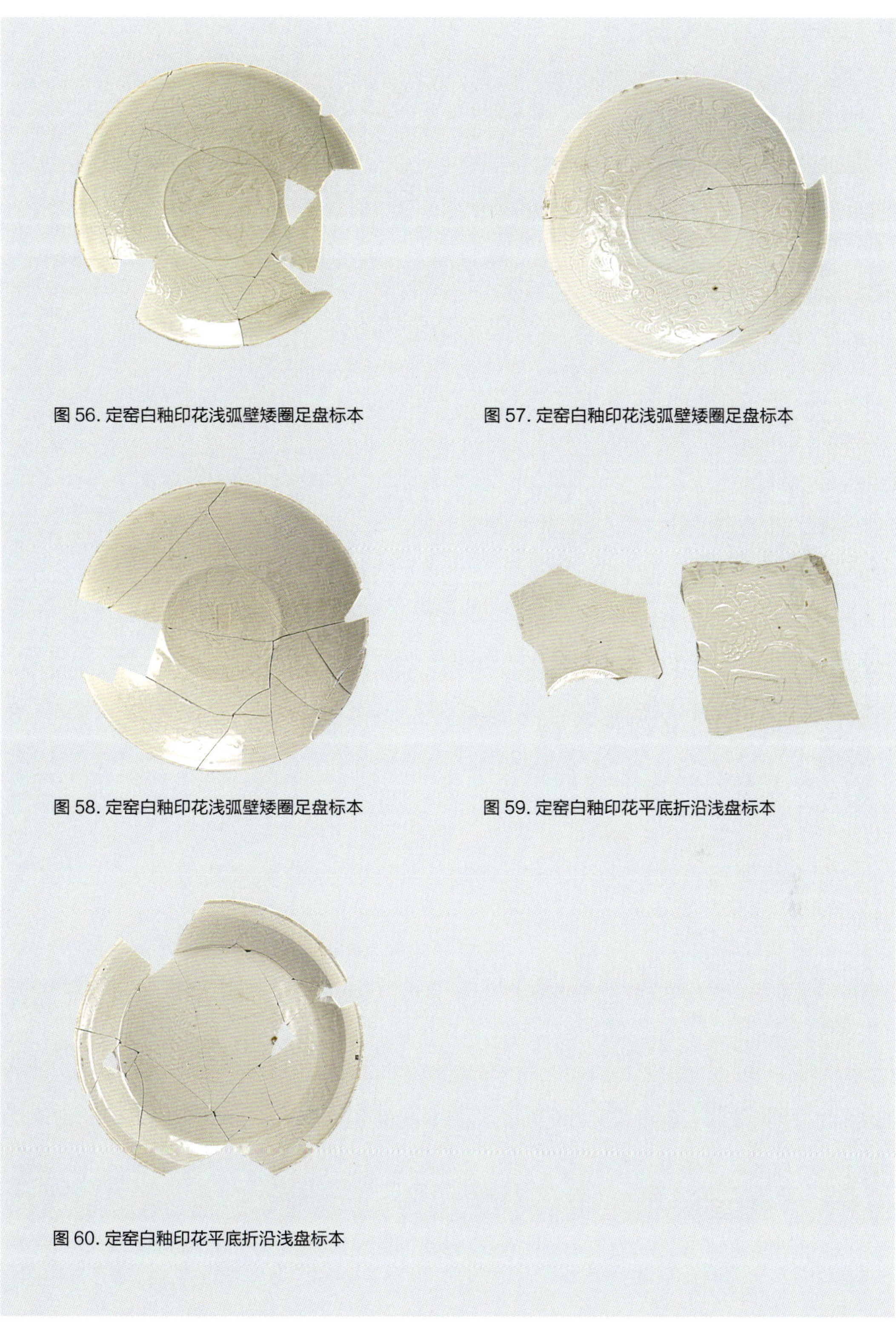

图 56. 定窑白釉印花浅弧壁矮圈足盘标本

图 57. 定窑白釉印花浅弧壁矮圈足盘标本

图 58. 定窑白釉印花浅弧壁矮圈足盘标本

图 59. 定窑白釉印花平底折沿浅盘标本

图 60. 定窑白釉印花平底折沿浅盘标本

三　小结

定窑烧造年代早自隋唐，在五代晚期至北宋早期，已经绽放耀眼的光芒，其洁净雪白的胎体及五彩缤纷的纯美釉色，同时应用传统工艺华丽的纹样为装饰，造就了独树一帜的特色，也因此为皇亲贵族青睐。而在器物的底部刻上各种殿阁或姓氏铭文，则是当时受宠的标记。由留存至今的诸多实物及出土标本，可以互为印证定窑在各时期丰富的装烧工艺，充分体现其洁白恬静、优美典雅的内涵。

从清宫档案看故宫旧藏定窑瓷器之来源

赵聪月　故宫博物院

内容提要：故宫博物院现藏有瓷器35万余件，其中旧藏33万余件，而这些旧藏瓷器的来源是怎样的呢？从目前来看这些文物的来源主要有三种：一是承继历代宫廷旧藏。二是清宫交由景德镇御窑厂烧造。三是来源于宫廷外部、官员的进贡及籍没官员财产。故宫现有旧藏定窑瓷器79件，而这79件文物主要来源于以上那种呢？清代官员进贡了哪些定窑器物呢？针对这些问题，笔者收录了所有乾隆时期官员进贡的贡单，通过将其与清代陈设档和故宫博物院现有旧藏品相对比，以期确定官员的进贡是宫中旧藏品的重要来源之一。

关键词：定窑　旧藏　贡单　贡品　档案

对于定窑的研究经过多年的窑址调查和若干次的考古发掘，基本上理出了头绪，研究文章也是不胜枚举。但是关于宫廷收藏定窑瓷器来龙去脉的研究目前尚属于空白。本文基于故宫博物院收藏的流传有序的定窑瓷器，通过查阅当时的贡单、《点查报告》及档案，初步进行了梳理和研究，希望能够还历史以本来面貌并解决一些问题。

一　定窑概述

定窑窑址位于今天的河北省曲阳县涧磁村[1]及东西燕川村，曲阳因宋属定州管辖，故

1　叶麟趾：《古今中外陶瓷汇编》，民国文奎堂印行，1934年。

称定窑。唐代后期，定窑受邢窑影响烧造白瓷，但产品略显粗糙，装饰简单，至北宋，定窑生产达到鼎盛时期，其制瓷技术有了许多创造和进步，逐步成为白瓷窑之首，是当时最著名的瓷窑之一。北宋末年“靖康之变”后，由于连年兵灾，定窑逐渐衰落和废弃，金、元时仍有少量烧造，至明代宣德年间终至落幕。从唐到北宋中期的近百年时间里，定窑曾经烧造出大量精美的白瓷，由于其造型、纹饰及覆烧技法对各地瓷窑影响较大，使北方以漳河、汾河两岸为中心形成了一个庞大的以定窑为主的白瓷窑系，其产品远销海外，在瓷器发展史上占有重要地位。

定窑产品以白瓷为主，也兼烧酱釉、黑釉、红釉、绿釉等瓷器，即紫定、黑定、红定、绿定等。其烧制是在白瓷胎上，罩高温色釉。明代曹昭对紫定、黑定推崇备至，认为“有紫定色紫，有黑定色黑如漆，土俱白，其价高于白定”[1]。宋代大诗人苏东坡知定州时，曾用“定州花瓷琢红玉”的诗句，来赞美定瓷的绚丽多彩。定窑的白瓷，胎薄质细，釉色洁白，元朝刘祁的《归潜志》说：“定州花瓷瓯，颜色天下白。”[2]

唐五代时，定窑产品粗细掺半，青白兼有。较粗的器物胎质粗而色灰，且较厚重，胎上一般施一层白色化妆土，器表施白釉或青黄、褐绿、黑色釉，有的瓷碗外表施青黄、褐绿、黑色釉，而碗内施白釉，施釉较厚，多不到底，常有流釉、积釉现象。细白瓷器胎质细而色白，胎质坚硬致密，胎上不施化妆土，釉色洁白而略泛青色。造型有碗、钵、盘、盏托、罐、壶、高足杯、三足炉、盖盒、枕、铃、瓷塑等。器物装饰比较简单，绝大多数为素面，少数用模印、划花装饰[3]。至北宋，白瓷均使用了优良瓷泥制胎，基本上不再生产需用化妆土的粗胎器皿，青黄、褐绿、黑釉瓷器明显减少，细白瓷器成为主流，此时的定窑产品质地洁白细腻，品种繁多，造型规整而纤巧，有盘、碗、灯、炉、盆、瓶、盒、海螺、乐器、玩具等，几乎应有尽有，其釉面已具有了“象牙白”釉、“蜡泪痕”和“竹丝刷痕”三大特征，其装饰吸取了邢窑白瓷和唐末、五代越窑的精华，逐渐形成了划花、刻花、印花三种装饰技法，图案文雅，层次分明，最外圈或中间常用回纹把图案隔开，总体布局线条清晰，繁而不乱，具有很高的艺术水平。划花是宋代定窑瓷器的主要装饰方法之一，通常以篦状工具划出简单花纹，线条刚劲流畅、富于动感。荷莲纹是定窑器上最常见的划花纹饰，有一

1 （明）曹昭：《格古要论》卷下，中华书局，2012 年。

2 （元）刘祁：《归潜志》，中华书局，1977 年。

3 申献友：《中国古代白瓷国际学术研讨会论文集·谈晚唐五代定窑白瓷》第 272 页，上海书画出版社，2005 年。

花独放、双花并开、莲花荷叶交错而出等，有的还配有鸭纹，纹饰简洁富于变化。立件器物的纹饰大都采用划花装饰。刻花系在划花装饰工艺基础上发展起来，有时与划花工艺一起运用。如在盘、碗中心部位刻出折枝或缠枝花卉轮廓线，然后在花叶轮廓线内以篦状工具划刻复线纹。纹饰中较常见的有双花图案，通常对称。定窑刻花器还常常在花果、莲、鸭、云龙等纹饰轮廓线一侧划以细线相衬，以增强纹饰立体感。而在其纹饰中最富表现力的是印花装饰。由于宋时，定州是缂丝织品的集散地，定窑的窑工自然会将缂丝的图案与瓷器的烧造技艺结合起来，因此其白瓷的印花技艺从一开始就显得比较成熟[1]。印花装饰题材以花卉纹最为常见，其次是动物纹饰。花卉纹以牡丹、莲花最常见，菊花次之，其布局多采用缠枝、折枝等方法，讲求对称。动物纹饰中主要有牛、鹿、麒麟和飞龙等。飞龙纹一般装饰在盘、碟、碗等卧件上，飞龙位于器物中心，祥云围绕，龙身形矫健，昂首腾飞于祥云之间，龙尾与后腿缠绕，龙嘴露齿，欲吞火球，背有鳍，身刻鱼鳞纹，龙须飘动，肘有毛，三爪尖利，栩栩如生。禽鸟纹饰中主要有凤凰、孔雀、鹭鸶、鸳鸯、雁、鸭等，做工精美的飞凤比较少见。定窑瓷器最精美的纹饰大都集中在盘、碟上，纹饰多者可达四层。每层纹饰富于变化，外圈纹饰多为几何纹或变形莲瓣纹，中心为动物、花卉结合纹饰，充满浮雕感。

由于北宋定窑在我国瓷器发展史上占有重要的地位，它所生产的瓷器在社会上有很大影响，因此其产品在宋时就有仿烧，特别是宋王室南迁之后，一部分定窑工匠也跟着南迁，于是在景德镇等窑口纷纷仿烧定窑器皿，因而出现了各种不同的名称，如北定、粉定、土定和南定等。北定是指北宋定窑生产的瓷器。粉定、土定和南定属仿烧品种，但这些仿烧品种由于地域和烧造条件的不同，在南方形成了自己各自不同的风格特征。《景德镇陶录》引《唐氏肆考》时加其语："古定器，以政和宣和间窑为最好，色有竹丝刷纹。其出南渡后者为南定。北贵于南，划花最佳，光素亦好。昌南窑仿定器，用青田石粉为骨，质粗理松，亦曰粉定。"[2] 南宋的景德镇窑，由仿定而创烧了这种粉定，特点是釉色白而滋润。景德镇的仿定釉色如粉，所以被称之为"粉定"。"土定"的胎土较粗，胎骨偏厚，釉色偏黄，釉面有纹片。"南定"烧结温度稍高，故釉面的玻璃质感较强，釉色也在白中闪出青色。所有的仿定瓷品，在胎釉特征上，几乎都不见北定的"象牙白"釉、"蜡泪痕"和"竹丝刷痕"

1 刘伟：《帝王与宫廷瓷器》上册第 94 页，紫禁城出版社，2010 年。

2 （清）蓝浦：《中国陶瓷名著汇编·景德镇陶录》第 47 页，中国书店，1991 年。

三大基本胎釉特征。

二　故宫旧藏宋代定窑瓷器概况

故宫现旧藏定窑制品共计 79 件，以盘（碟）、碗、洗为多。其中盘（碟）32 件、碗 32 件、洗 7 件，其他有瓶、皮囊壶、三足炉等。

盘（碟）作为日常生活用品大量烧造，按造型分为圆形、方形两类，碗口又有花口及圆口两种，底均为圈足。按尺寸大小分大盘、盘、碟，最大口径达 31.1 厘米，最小口径 11 厘米。器物表面均以刻、划、印花三种艺术手法装饰，以印花为多，主要纹样有缠枝花纹、牡丹花纹、荷花纹、莲瓣纹、蟠螭纹、花鸟纹、双鱼纹及龙纹等。其中一件高 5.4 厘米、口径 30.4 厘米、足径 13.6 厘米的定窑白釉印花缠枝牡丹莲花纹盘（图 1），镶铜口，盘内心及内壁模印当时极为流行的莲花及牡丹花两种花样，线条流畅。而定窑白釉印花荷花双鱼纹大盘，口径达 31.1 厘米，为故宫藏品中口径最大者。而另一件定窑白釉划花龙纹盘（图 2），高 6.6 厘米、口径 30.4 厘米、足径 12.3 厘米。龙为三爪，怒目圆瞪，龙须飘逸。此三件盘子清代晚期时均被放置于敬事房内一木架上。敬事房位于乾清门内迤西庑房内，是清代总管太监办事之所，专管宫内一切事物，奏行谕旨及承办内务府各衙门一切文移，康熙十六年（1677 年）始设[1]。查光绪年间敬事房陈设档[2]，仅敬事房实存定窑瓷器 25 件，有的明确注明是赏赐之用。

碗旧藏 32 件。按碗式分弧壁、笠式、折腰及浅碗四种，按碗口形状分有敞口 19 件、葵花口 9 件、撇口 2 件、直口 1 件、唇口 1 件，装饰图案较之盘、碟更加丰富，花卉纹有缠枝莲、荷花、菊花、石榴、莲瓣、芙蓉、萱草等，动物纹有鸳鸯、鹭鸶、飞凤、双鱼等。一件定窑白釉印花飞凤纹碗（图 3）碗呈笠式，高 5.2 厘米、口径 17.8 厘米、足径 3.5 厘米。造型规整，小巧精致，碗心以印花装饰，对称印双凤，凤凰目光温柔，口衔枝叶，飞于花丛之中。如此精准的飞凤纹饰，在定窑产品中较为少见，在故宫旧藏品中同样纹饰的碗还有一件。而另一件定窑白釉刻御制诗文碗（图 4），高 6.1 厘米、口径 16 厘米、足径 5.4 厘米。敞口，口下渐收，圈足，口沿及足边镶鎏金铜口。碗光素无纹饰，外壁刻有乾隆皇帝御制

1　万依：《故宫辞典》第 26 页，文汇出版社，1996 年。

2　故宫博物院藏：《敬事房磁器实存》陈 688，光绪十五年十二月立。

图 1. 定窑白釉印花缠枝牡丹莲花纹盘

图 2. 定窑白釉刻花龙纹盘

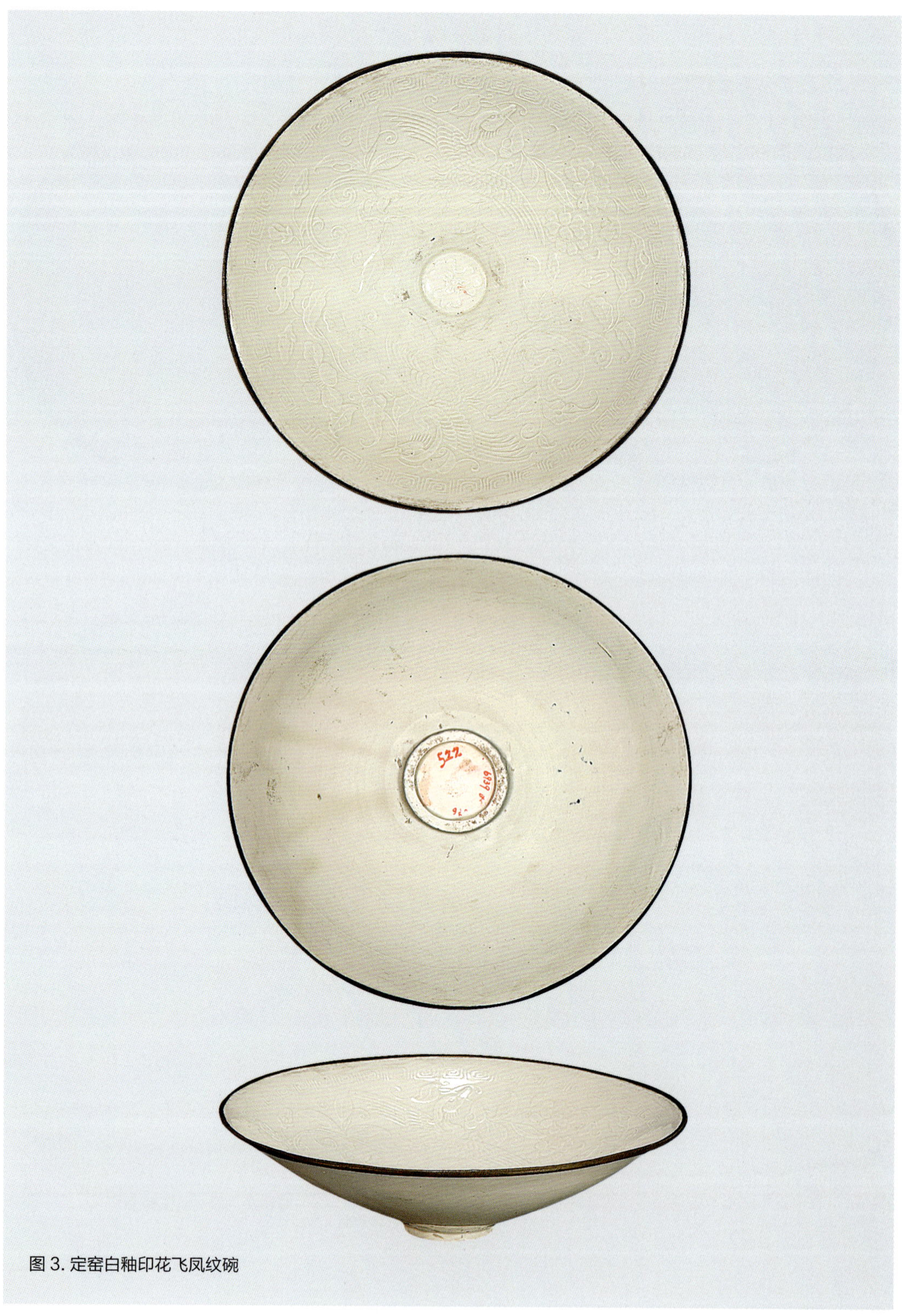

图 3. 定窑白釉印花飞凤纹碗

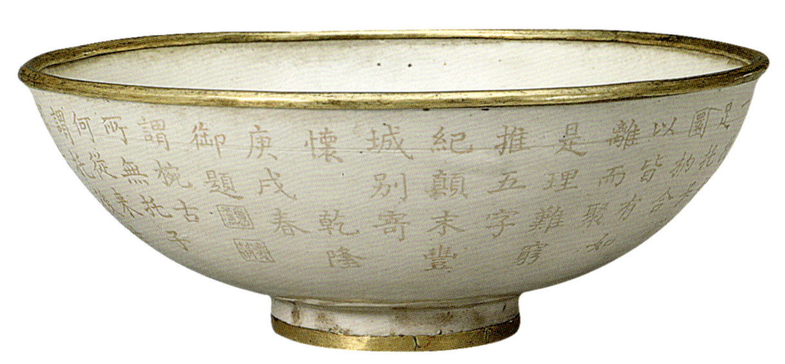

图 4. 定窑白釉刻御制诗文碗

诗一首："谓碗古所无，托子何从来？谓托后世器，古玉非今材。又谓碗即盂，大小异等侪。说文及方言，初无一定哉。然而内府中，四五见其佳，玉胥三代上，承碗实所谐。碗托两未离，只一流吟裁。其余瓷配之，亦足供清陪。兹托子古玉，玉碗别久垂。不可无碗置，定窑选一枚。碗足托子孔，圜枘合以皆。有如离而聚，是理难穷推。五字纪颠末，丰城别寄怀。"乾隆庚戌春御题。经查清室善后委员会《点查报告》[1]，此碗晚清时放置于养性殿内，而养性殿作为乾隆帝退位之后的颐养之地，其正殿、东、西暖阁均放置有定窑制品，笔者认为这些器物现应藏于台北故宫博物院或南京博物院内。放置于翠云馆内的定窑瓷器，除一件印花夔龙纹洗外，均为刻、划、印花纹碗。一件划花萱草纹大碗（图 5），口径达 26 厘米，碗内外壁均以划花手法装饰，绘画定窑少见的萱草纹，线条纤细流畅。翠云馆是重华宫的第三进院，馆内东次室为长春书屋，为乾隆帝即位前读书处。

洗共计 7 件、口径大小均有，最大者 22.3 厘米，最小者 12.3 厘米，大多集中在 15 厘米至 17 厘米之间。洗作为实用器，从汉代至清代均有烧制，其功用多样，大者可作盥洗用具，小者可作文房用具。宋时多用作洗笔，又称笔洗。在故宫旧藏的 7 件洗中，有 5 件镶有铜口，装饰图样以螭龙纹（图 6）为主，2 件为花卉纹（图 7），一件为狮子绣球纹（图

1　故宫丛刊之一《故宫物品点查报告》第四编第三册卷二，清室善后委员会，1925 年。

图 5. 定窑白釉划花萱草纹大碗

8），内壁印菊花纹。它们晚清时被分别放置于永寿宫、懋勤殿、翠云馆、养性殿等处，其中一件定窑划花圆洗原陈设于承德避暑山庄。永寿宫为内廷西六宫之一，为明、清两代后妃居住之处。建于明永乐十八年（1420 年），清沿明旧，保留明代建筑格局，清光绪年间此宫前后殿改为大库，用于存贮御用物件，查《点查报告》在此宫大殿的一硬木箱内，存有 10 件宋制盘（碟）、洗，其中有 7 件为定窑制品，且每个器物下均有紫檀木座，木座上

图 6. 定窑白釉螭龙纹洗

刻有“古稀天子御玩”字样。其中洗 3 件，纹饰为瑞兽、螭龙；碟 3 件，纹饰为莲花、双鸳及螭龙。另外一件为舞凤盘。同时放置于箱内的还有《珍陶萃美》图样一册[1]。而查道光

1 余佩瑾：《得佳趣：乾隆皇帝的陶瓷品味》第 30 页，台北故宫博物院，2012 年。

图 7. 定窑白釉划花花卉纹洗

图 8. 定窑白釉印花狮子绣球纹洗

十八年阅是楼陈设档[1]，此十件物品，道光之前应陈设于阅是楼的西暖阁面东右边阁的上层，光绪年间收至木箱，存于宁寿宫三所[2]。后移至永寿宫大库。可惜这几件器物现已不在故宫博物院库房中，而是历经战火，辗转来到台湾，现藏于台北故宫博物院。

1　故宫博物院藏：《阅是楼陈设档》陈 410，道光十八年钞本。

2　故宫博物院藏：《宁寿宫三所库存陈设档》陈 507，光绪三十二年钞本。

图 9. 定窑白釉单柄洗

单柄洗 1 件（图 9），高 3.5 厘米、口径 7.9 厘米、底径 3.7 厘米。敞口无釉，平底。一侧有耳，耳下置一圆环。光素无纹。晚清时陈设于养性殿内。

三足炉 1 件（图 10），高 10.2 厘米、口径 15.9 厘米、底径 14.4 厘米。敞口，直壁，底下承以三足，外腹部凸起弦纹六道。胎洁白，釉莹润。查清宫档案，乾隆帝赏收了臣工进贡的 25 件各式炉。

直颈瓶 1 件（图 11），高 22 厘米、口径 5.5 厘米、足径 6.4 厘米。盘口，直颈，圆腹，

图 10. 定窑白釉三足炉

高圈足外撇，外腹部刻划蟠螭纹。此晚清时陈列于养心殿内。

盏托 1 件（图 12），高 6.4 厘米、口径 10.5 厘米、足径 8.8 厘米。

孩儿枕 1 件（图 13），高 18.3 厘米，长 30 厘米，宽 11.8 厘米。晚清时放置于寿安宫东间的一木箱内，混杂于金器、漆器及料器之中。而同样放置于东间屋其他木箱、木柜内的还有 128 件定窑制品，且造型多样，有各式碗 52 件，大小盘碟 29 件，果洗、笔洗 28 件，渣斗 2 件，宝月壶 1 件，橄榄瓶 1 件，宝月瓶 2 件，纸槌瓶 3 件，玉壶春瓶 1 件，兽耳双环瓶 3 件，盏托 2 件，花插 1 件，盆 1 件，炉 1 件，水盛 1 件，以上物品均不在库。寿安宫位于故宫内廷外西路，明代所建，原名咸安宫。清雍正年间在此办官学，至乾隆十六年（1751 年）为皇太后庆典将其修葺，改成今名。乾隆十六年（1751 年）、乾隆二十六年（1761 年）皇太后圣寿，乾隆帝率皇后、皇子、皇孙至此宫祝寿，并设宴于此[1]。

皮囊壶 1 件（图 14），高 12.5 厘米、口径 2.2 厘米、底径 12.5 厘米。此壶小巧精致，做工极为精细，壶底刻有“徐六师记”四字。

1 万依：《故宫辞典》第 81 页，文汇出版社，1996 年。

图 11. 定窑白釉直颈瓶

图 12. 定窑白釉盏托

图 13. 定窑白釉孩儿枕

三 清宫档案记载的定窑瓷器进贡情况

“任士作贡，自古有之”，也就是说地方大员定期或年节要向皇帝进贡特产，即“市其土地所生异物，献其所有”[1]。其意义依雍正帝之言：“以联上下之情耳。”[2]清承旧制，每岁凡逢年节，帝、后万寿时，各省总抚督大臣地方官员及边远少数民族王公大臣，均要进献方物给皇帝，向有年贡、

图 14. 定窑白釉皮囊壶

1 董建中：《清史研究·乾隆朝王公大臣官员进贡问题初探》第 43 页，1996 年。

2 《大清世宗宪实录》卷之五十一，第 32 页。

例贡及岁贡之物[1]。年贡一般分年节、端阳、中秋、万寿四贡。嘉庆四年“停止督抚、盐政中秋节贡”，嘉庆后仅有年节、端阳、万寿三贡。年节贡一般于每年的十二月底抵京，是为春节而来；端阳节，为每年的五月五日，据《荆楚岁时记》载，因仲夏登高，顺阳在上，五月正是仲夏，它的第一个午日是登高顺阳的好日子，故称五月初五日为“端阳”，此节贡一般于四月底前抵京；中秋节为八月十五日，贡品一般为八月进京；万寿节一般为皇帝生日前几天抵京。从现有史料看，作为进贡顶峰时期的乾隆时期，臣工的进贡早已突破了传统意义上的进贡，贡期的约定日趋繁多，非例贡随时出现，增加了迎銮贡、木兰贡、进京陛见贡等诸多[2]。迎銮贡也就是路贡，乾隆帝东巡、西巡、南巡时，沿途众臣向其进献的物品。木兰贡是指乾隆帝在热河秋狝时所进贡品。来京陛见贡是指官员进京觐见皇帝时携贡品呈献，因此其所进贡贡品的时间也会随皇帝出巡或秋狝时间而定，所以乾隆时期贡单上的进贡日期不仅限于 12 月、4 月、8 月[3]。且贡品种类不再限于各地特产，而是种类繁多：金、银、玉、铜器、瓷器、书画、缎绸织物等无所不包。而作为宋代名窑定、汝、钧、官、龙泉窑瓷器，也由于乾隆皇帝的喜爱而成为各地官员争相进贡的贡物，部分制品因乾隆皇帝的赏收而进入宫廷。

笔者查阅了清宫遗留档案中的乾隆朝进单，将乾隆帝赏收的定窑制品从众多的贡品中筛选出来，列表如下（见附表），以期为研究定窑瓷器提供可用之资料。进单是臣工呈进的清单，记载了诸多信息，它不仅记录了进贡人的姓名、职位、时间、贡品名称、数量以及贡品的赏收及驳回信息，同时记载了这些贡品赏收后的入藏地点。从下表得出以下结论：第一，乾隆朝进贡定窑制品的官员非常广泛，满汉大臣、内外官员皆有，甚至超出了清初规定的有资格进贡人员的范围[4]，如商人、侍卫的贡品均有赏收。第二，时间跨度大，从乾隆三年至乾隆五十九年，几乎贯穿了整个乾隆朝，由于乾隆帝六次南巡，加之西巡、东巡、秋狝等，进贡月份几乎涵盖了全年。第三，进贡数量大，仅定窑制品乾隆帝就赏收了 742 件，加之诸多被驳回制品，说明定窑制品在清代有较大的存世量。第四，收藏地点相对集中，宫内主要收藏于养心殿、乾清宫、景阳宫、宁寿宫，极少器物交到敬事房、造办处。而乾隆二十二年及二十三年所贡器物均留在了养心殿内。从乾隆二十四年起，有些器物交

1　林永匡：《清代皇室与年例岁贡》，《故宫博物院院刊》1990 年第 4 期。

2　董建中：《清史研究・乾隆朝王公大臣官员进贡问题初探》第 42 页，1996 年。

3　乾隆帝生于八月十三日，与中秋贡日期相同。

4　董建中：《清史研究・乾隆朝王公大臣官员进贡问题初探》第 40 页，1996 年。

到了圆明园及热河。对于那些乾隆帝出巡期间所收贡品，入藏地点只记载了交由某人带进京，而具体置于何殿无从查对，有些则留在了路途之行宫。

乾隆帝赏收的定窑制品，造型多样。造型包括盘、碟、碗、碗托、杯、盒、盆、壶等生活用具，又有瓶、尊、炉、罐、花囊、花浇、花盂、花觚等陈设用器，以及洗、水盛、印色盒、笔掭等文房用具，还有鹅、瓷娃娃（孩儿枕）、弥勒佛等人物、动物雕塑。其中以洗的数量最多，计 365 件。以瓶的造型最为多样，有观音瓶、梅瓶、双环瓶、葫芦瓶、蓍草瓶、方瓶、宝月瓶、马褂瓶、纸槌瓶、胆瓶、蒜头瓶等。还有一些贡单名称与实际器物无法对应之物，如定窑铎、满堂春等。

赏收的制品进入清宫，自然就成为清宫收藏的一部分。笔者力图通过一些名称较为具体且有特点的贡品，根据其赏收后入藏地点，再查阅其宫殿的陈设档，以证实其确实进入宫廷成为旧藏品之一。如乾隆二十五年八月初四日淮关监督普福所贡定窑葫芦花插成件[1]（交养心殿内），查嘉庆七年养心殿陈设档[2]，陈设于养心殿明殿东稍间床上一双圆香几上的确有一件定窑葫芦花插。再如乾隆四十年两淮盐政伊龄阿进定窑仰帽洗成件[3]（交宁寿宫）对此件器物，在《活计档》上有明确记载，“四月初二日，伊龄阿所进定窑镶铜口挠碗一件，传旨另配座。初二日，员外郎四德、库掌王德来说，胡世杰交定磁挠碗一件带木座，伊龄阿进，传旨另配座，得时刻头等，摆宁寿宫，旧座做材料用，钦此。于二十六日，将定磁碗一件，配得座交太监胡世杰呈进，刻头等交宁寿宫记”[4]。因收藏于宁寿宫的定窑碗太多，加之现器物于器物座早已分离，实在无法确认其是哪一件。而乾隆三十三年十一月十五日浙江巡抚永德所贡定窑如意象耳炉成件（交养心殿内），道光年前被收储在养心殿《库收三等并无等陈设》档中，也确有一件“定窑如意象耳炉”，这些收藏于养心殿的陈设用品，同治年间被移至寿康宫。“同治十年十一月二十六日，圣母皇太后旨移在寿康宫”[5]。由以上可以证实，臣工们进贡的贡品一定是清宫旧藏品的重要来源之一。

尽管现在这些清单上贡品有许多已很难寻觅其去向，但它仍然为我们研究清宫文物的来源提供了极为珍贵的可利用的资料。

---

1 《清宫瓷器档案全集》卷六，第 172 页，中国画报出版社，2008 年。

2 故宫博物院藏：《养心殿东西围房陈设》陈 638，嘉庆七年十一月立。

3 《清宫瓷器档案全集》卷十三，第 293 页，中国画报出版社，2008 年。

4 《清宫瓷器档案全集》卷十四，第 10 页，中国画报出版社，2008 年。

5 故宫博物院藏：《养心殿库收三等并无等陈设》陈 455，道光十九年立。

附表：乾隆年间臣工进贡定窑器清单

进贡时间（年－月）	进贡人	贡品名称	入藏地点	件数
3-8	多罗慎郡王允禧	平安如意		1
4-8	大学士舒赫德	香盘	交郑玉柱	1
4-12	副榜贡生候补中书议叙加顶带二级范清注	洋花果洗		1
11-3	署理两淮盐政吉庆	瓶		1
11-12	署理两淮盐政吉庆	葵花碟、瓶、盒		3
12-7	乾清门侍卫玉林、范清注、大学士傅恒	笔洗、宝莲洗、洗		3
12-12	造办处员外郎王慎德	花尊		1
13-4	内阁中书加顶带二级范清注、王慎德	三元鼎炉、七弦桶炉		2
13-8	范清注、王慎德	一统香炉、笔洗		2
14-4	特用候补郎中加太仆寺少卿范清注、王慎德	双鱼碗托、腰圆香盘、七弦纹炉		3
14-7	王慎德、范清注	花尊、三元鼎炉		2
14-12	范清注、王慎德	夔龙笔洗、三元香炉		2
15-2	河东盐政杨作新	绣花香盘		1
15-7	大学士张允随	炉		1
15-8	多罗信郡王德昭、湖北巡抚唐绥祖、户部广东司郎中加太仆寺少卿范清注、两广总督阿里衮、河南巡抚郭荣安、多罗贝勒允祎	洗、宝莲笔洗 2 件、笔洗 2 件、莲瓣洗、菊花香盘		7

进贡时间（年－月）	进贡人	贡品名称	入藏地点	件数
15-10	河南巡抚郭荣安	葵花洗		1
15-12	玉林	糖锣洗		1
16-3	图拉、徽商程可正	香盘、飞云洗		2
16-5	范清注	蕉叶香炉		1
16-11	吉庆、范清注、 原任刑部陕西司郎中加太仆寺少卿王镗	盘、长春香罐、 一统尊	进皇太后	3
16-12	玉林、范清注	果洗、三元香炉		1
17-4	范清注	三元香炉、葵花笔洗		2
17-7	广西巡抚定长、 山东巡抚鄂容安、 河南巡抚蒋炳、范清注	凤盘、水盛、洗、 绣花果洗		4
17-8	江西巡抚王兴吾	鼎炉、笔洗	交三和	2
17-12	玉林	海马洗		1
18-4	范清注	瓶、葵花盘		2
18-12	王慎德、玉林	筒炉、笔洗、葵花洗、 荷花笔洗		4
19-1	胡宝瑔	芙蓉花洗		1
19-4	范清注	葵花笔洗		1
19-6	兵部尚书李元亮、 热河兵备道富勒浑、 御前侍卫左翼监督三泰、 河东盐政萨哈岱、 王慎德、玉林、 山西巡抚监管提督恒文	梅瓶、碗、 粉定果洗、宝莲笔洗、 七贤桶炉、刻花盘、 糖锣洗	交海望 带进京	7
19-12	和硕怡亲王弘晓	观音瓶		1
20-1	湖广总督开泰	圆洗		1
20-4	王慎德	笔洗		1

进贡时间（年 - 月）	进贡人	贡品名称	入藏地点	件数
20-7	范清注、王慎德、开泰、湖北巡抚张若震、李元亮、侍卫哈青阿、玉林	蕉叶花囊、笔洗 2 件、直纹尊、葵花笔洗、洗		6
20-12	王慎德、范清注、果亲王弘瞻、简亲王奇通阿	花尊、花浇、三元鼎炉、粉定糖锣洗、笔洗		2
21-4	范清注	荷莲果洗		1
21-7	山东巡抚爱必达、江西巡抚胡宝瑔	葵花洗、绣花碗		2
21-8	玉林、河南巡抚图尔炳阿、李元亮、江苏巡抚庄有恭、奇通阿、和硕諴亲王允祕	刻花盘、龙凤笔洗、洗、果洗、绣花水盛、双环瓶、笔海		7
21-11	淮安关监督高恒、江西巡抚胡宝瑔	太平尊、花洗、花瓶		3
21-12	简亲王奇通阿	粉定梅瓶		1
22-1	河南巡抚蒋炳	定窑盘	敬事房	1
22-2	宝善、杭州织造瑞保、胡宝瑔、管理淮宿等关税务郎中高恒、监理湖北巡抚布政使富勒浑	大盘、笔洗、葵瓣盘、暗花圆洗、水洗、三喜洗、花洗、洗、大盘、花尊	差人进京交三和	8
22-3	宝善	大盘	差人进京交三和	1
22-5	范清注、弘晓	葫芦瓶、太平花尊		2
22-7	河东盐政、李元亮、范清注、那穆扎尔、汪孔尔、江宁织造托庸、长芦盐政、宝善、两淮盐政、玉林、高恒、河南巡抚胡宝瑔、山西巡抚明德	宋粉定香圆盘、笔洗 3 件、洋花笔洗、端云洗 2 件、梅瓶、大盘、双喜花瓶、葵花笔洗、果洗、瓶、盘、洗、水洗、双凤花碗		17

进贡时间（年－月）	进贡人	贡品名称	入藏地点	件数
22-8	弘晓、允祕、 和硕果亲王弘适	太平花罇、墨海、 菊花盘		3
22-11	富勒浑	果洗		1
22-12	范清注	葵花笔洗		1
23-3	两淮盐政高恒	糖锣洗		1
23-7	广东将军李侍尧、 高恒、瑞保、 安徽巡抚高晋、 长芦盐政官、 李元亮、 玉林、 湖北巡抚庄有恭、 福建将军兼管闽海关事新柱	洗 3 件、花盂、 暗龙圆洗、盘、 莲花洗、花洗、 莲花碗、七贤炉	养心殿内	10
23-12	玉林、两广总督李侍尧	莲花洗、洗	养心殿内	2
24-3	两淮盐政高恒	荷花洗	奉三无私殿 内陈设	1
24- 闰 6	杭州织造西宁、李元亮、 萨哈岱、 福州将军兼管闽海关革职留任 新柱、 山东巡抚阿尔泰、 大学士傅恒、 郭什哈辖安泰、 范清注、 凤阳关监督丽柱	笔洗 3 件、大洗、 花觚、 粉定珠莅香盘、 粉定宝莲笔洗、 莲花洗、盘、 菱花洗、 满花果盘、洗	养心殿内、 外养心殿、 带往热河	12
24-8	弘晓、允祕	太平花罇、墨海	热河	2
24-12	造办处员外郎观柱、玉林、奇 通阿、弘晓	梅罇、果洗 2 件、太 平花罇	圆明园、 养心殿内	4
25-2	河东盐政萨哈岱	宝莲鼎炉	养心殿内	1
25-4	范清注、李元亮	满花果洗、果洗	养心殿内	2

进贡时间（年－月）	进贡人	贡品名称	入藏地点	件数
25-7	和硕康亲王永恩、山东巡抚阿尔泰、云南巡抚刘藻谨、安徽巡抚高晋、江西巡抚阿思哈、福建巡抚吴士功、浙江巡抚庄有恭、湖广总督苏昌、大学士史贻直、弘瞻、来宝、李侍尧、都统汪扎尔、萨哈岱、范清注、副都统额尔登额、多罗贝勒弘 信郡王、甘肃布政使今授仓场侍郎蒋炳、侍郎恩丕、官著、允祕、陕西分巡整饬榆葭道王金堂、旌额理、多罗理郡王、副都统吉庆	宝莲水盛、菱花洗 2 件、盘 4 件、粉定洗、双鱼碗、胆瓶、天球罇、螭耳大花罇、碗 2 件、牡丹花佛手盘、鼎、香盘、糖锣洗、一统尊、夔芝罇、大洗、果洗、太极鼎炉、双鱼笔洗、绣花香盘、瑞草香盘、双喜罇、葵花笔洗、双凤碗托、碟、洗、凤洗、莲花洗、笔洗、露壶、香盘	造办处、养心殿内、外养心殿、乾清宫、带往热河	29
25-8	署副都统范时纪、玉林、直隶总督方观承、吏部侍郎觉罗勒尔森、多罗顺承郡王恒泰、额驸色布腾巴尔珠尔、弘畅、和硕简亲王、侍郎常钧、江苏巡抚陈弘谋、丽柱、淮关监督普福、户部侍郎明瑞、散佚大臣镇国将军、山西巡抚鄂弼、直隶布政使三宝	花觚、刻花洗、蓍草瓶、小瓶、蟠龙鼎炉、葵花洗、香盘、粉定满堂春、碗、盘、洗、葫芦花插、枕式磁娃、笔洗、定窑铎、双凤盘、玉莲盂	养心殿内、带往热河、外养心殿	17
25-11	两淮盐政高恒	大吉瓶	养心殿内	1
25-12	庄有恭、玉林、总督管甘肃巡抚事吴达善	荷花洗、碗、果洗、笔洗	养心殿内	4
25	山西巡抚鄂弼	方瓶	交圆明园入百什件	1
26-4	造办处员外郎观柱	花罇	养心殿内	1

进贡时间（年－月）	进贡人	贡品名称	入藏地点	件数
26-7	浙闽总督杨廷璋、户部侍郎吉庆、玉林、范清注、户部侍郎公明瑞、乾清门侍卫舒常、甘肃巡抚明德、西宁、鄂弼、庄有恭、陕西巡抚钟音、河南巡抚常钧、新授吏部尚书陈弘谋	笔洗3件、洗、四季花洗、绣花香盘、长春笔洗、拱花碗、瓶、双鱼洗、碗2件、花瓶、印色盒、宝莲洗	养心殿内、带往九洲清宴安外养心殿、交白世秀代进京	14
26-8	陈弘谋、怡亲王弘晓	香盘、碗托、画意梅瓶	热河、交白世秀代进京	3
26-11	内务府总管英廉、护军统领庆泰、造办处员外郎观柱、都察院副都御史直隶学政、江西巡抚常钧、云贵总督吴达善、长芦盐政金辉、王德宏、户部尚书李侍尧、鄂弼	瓶、茶杯、果碗、尺盘、双鱼洗、香盘、鹅、果洗、洗2件、莲花花囊	外养心殿、养心殿内	11
27-2	刑部尚书秦蕙田、工部尚书归宣光、高恒	盘、花罇、花觚	福鲈斋、交郑玉柱	3
27-3	提督广东总兵黄仕简、闽浙总督杨廷璋、候选员外郎方观本、两江总督尹继善	绣花盘、盘、墨海、大盘		4
27-6	郭什辖索纳穆策楞、山东巡抚阿尔泰、胡宝瑔、杭州织造西宁	双鱼洗、苍龙盘、洗、果盘、果洗、笔洗	养心殿内、周玉带往热河	6
27-7	西安巡抚鄂弼、湖广总督爱必达、户部尚书李侍尧、户部侍郎英廉、兵部侍郎钟音、山西巡抚明德、苏州织造金辉、湖北巡抚汤聘、户部尚书阿里衮、福建巡抚宝长、四川总督开泰定、直隶总督方承观	夔龙瓶、花瓶、粉定花插、果洗、宝莲洗、花插、粉定莲花洗2件、双鱼洗、粉定文王鼎、盘、细纹洗、莲花碟、盘	外养心殿、乾清宫、养心殿内、带往热河、造办处	15

进贡时间（年－月）	进贡人	贡品名称	入藏地点	件数
27-8	长芦盐政达色、江西巡抚令调甘肃巡抚常钧、和硕简亲王奇通阿、和硕諴亲王允祕	印花洗、珠蕊果洗、洗、花插	交热河、交三和代进京	4
27-12	甘肃巡抚常钧、明德、乾清门侍卫玉林、造办处员外郎观柱	绣花碗、盘、粉定葵花洗、粉定艾叶洗、圆洗、一统尊	养心殿内、重华宫	6
28-4	户部尚书李侍尧	洗 2 件	养心殿内	2
28-7	两江总督尹继善、闽浙总督杨廷璋、江西巡抚明德、江南河道总督高晋、江苏巡抚庄有恭、浙江巡抚熊学鹏、甘肃巡抚常钧	碗、大洗、粉定葵花洗、粉定三足洗、莲花果洗、粉定葵花双鱼洗、碗 2 件、笔洗、洗、绣花盘	交白世秀代进京、热河	11
28-8	山西巡抚和其衷、内务府总管英廉、内阁学士张若澄、和硕諴亲王允祕、原任长芦盐政达色	双鱼盘、宝莲瓶、笔洗、葵花墨海、海棠笔洗、笔洗	热河、白世秀代进京、外养心殿	6
28-12	甘肃巡抚常钧、湖广总督李侍尧、山西巡抚和其衷、崇文门监总舒赫德、吏部尚书陈弘谋、户部侍郎英廉	绣花盘、果洗、印花梅瓶、瑞草香盘、牡丹洗、果洗	养心殿内	6
29-1	甘肃巡抚常钧	蟠龙瓶	外养心殿	1
29-4	山东巡抚崔应阶、大学士管闽浙总督杨廷璋、户部侍郎英廉、工部尚书阿桂、协办大学士工部尚书兆惠	果洗、胆瓶、笔洗、花插、水盛	养心殿内、乾清宫、外养心殿	5
29-6	庄亲王允禄、四川总督阿尔泰	盘、炉	养心殿内	2

进贡时间（年－月）	进贡人	贡品名称	入藏地点	件数
29-7	江南河道总督高晋、河东盐政李质颖、陕甘总督杨应琚、云贵总督吴达善、陕西巡抚明德、山西巡抚和其衷、杭州织造西宁、安徽巡抚托庸、江西巡抚辅德、福建巡抚	洗、绣花香盘、粉定盘2件、双鱼果洗、弥勒佛、葵花洗2件、莲叶洗、莲子水盛、洗、绣花盘、霁红瓶、大盘	养心殿内、外养心殿、佛堂、热河	14
29-8	湖北巡抚常钧、直隶总督方观承、刑部尚书舒赫德、	绣花瓶、碗、宝月瓶、果洗	交三和代进京、热河	4
29-9	淮安关监督富贵	莲花水盛	乾清宫	1
29-11	河东河道总督李弘、明德、长芦盐政高诚、都统杨廷璋	瓶、莲菊洗、果洗2件、一统罇、茶杯十全	养心殿内	15
29-12	额驸福灵安	方花罇	外养心殿	1
30-1	原任两淮盐政运使卢赠	大盘	德州行宫	1
30-2	湖广总督吴达善、江苏巡抚明德、长芦盐政高诚、广东提督黄仕简、福建巡抚定长、副都统索琳	天球瓶、粉定双龙瓶、粉定百顺炉、文王鼎、宝莲香盘、粉定绣花香盘、绣花盂、小花插、花瓶、洗	交郑玉柱、扬州行宫	10
30-3	两淮盐政高恒、内阁学士张若澄、贵州巡抚方世儁、安徽巡抚托庸、两淮盐运使赵之璧、淮安关监督富贵、河南巡抚阿思哈、淮安关监督富贵	双喜兽面瓶、香盘、炉、笔掭、荷花洗、双鱼水洗、方洗、瑞莲磁碗、和合花瓶、梅花水洗	交郑玉柱、送进京	10
30-4	长芦盐政高诚、直隶总督方观承	果洗、葵花洗	交郑玉柱	2
30-5	都统杨廷璋	胆瓶	外养心殿	1

进贡时间（年－月）	进贡人	贡品名称	入藏地点	件数
30-6	福建巡抚定长、广西巡抚宋邦绥、杭州织造西宁、浙江巡抚、湖广总督吴善达、安徽巡抚托庸、河南巡抚阿思哈	花尊、香盘、洗、宝月盘、笔洗、粉定印色盒、糖锣洗	外养心殿、养心殿内	7
30-7	江西巡抚明德、大学士傅恒、兵部侍郎钟音、四川总督阿尔泰、湖北巡抚常钧、候选员外郎范清济、署湖南巡抚广东巡抚王检、扎拉丰阿、彰宝、御前侍卫索诺穆策凌、广西调任湖南巡抚降四级留任冯钤、两淮盐政高恒、淮安关监督富贵、长芦盐政高诚、江西巡抚明山、湖北巡抚李因培	香花铙洗、莲花洗、葵花笔洗、盘、一统鼎、绣花果洗、荷花洗、七弦炉、葵花洗 2 件、绣花瓶、圆盒、碗、粉定佛手盘、粉定笔掭、果洗、粉定云龙瓶、方鼎	养心殿内、外养心殿、交热河、交三和带进京	18
30-8	户部侍郎英廉、直隶总督方观承	笔洗、瓶	交热河、带进京	2
30-9	淮安关监督富贵	粉定砚水盛、粉定花盘	四执事带进京	2
30-10	河东河道总督李清时	菱花盆	外养心殿	1
30-12	护理西安巡抚印务湖北巡抚汤聘、协办大学士陈弘谋、御前侍卫额驸福隆安、造办处员外郎观柱	莲瓣洗、双耳花插、长春洗、一统花尊	养心殿内、外养心殿	4
31-1	淮安关监督富贵	卿云普照磁盘	养心殿内	1
31-2	长芦盐政高诚	罐	盘山	1
31-3	湖广总督定长	粉定绣花笔洗	养心殿内	1
31-5	湖北巡抚鄂宁	洗	外养心殿	1

进贡时间（年－月）	进贡人	贡品名称	入藏地点	件数
31-6	河东盐政李质颖、陕甘总督监管巡抚事务吴达善、河东河道总督李清时、刑部尚书李侍尧、内务府总管塔克图、两江总督高晋、长芦盐政高诚	宝莲香盘、瑞草洗、笔洗、大瓶、粉定双鱼洗、双夔瓶、花尊	养心殿内、外养心殿、热河	7
31-7	陕西巡抚明山、两淮盐政普福、明德	粉定百花洗、满堂春、果盘	外养心殿、养心殿内	3
31-8	湖南巡抚	绣花碗、绣花盘、绣花瓶	交郑玉桂、热河	3
31-9	淮安关监督富贵、顺天学政德保	粉定菊花印色盒、花囊	交郑玉桂、交胡世杰	2
31-12	明德、工部尚书蕴著	葵花洗、胆瓶	外养心殿	2
32-3	长芦运使陈树著	笔洗	交郑玉柱	1
32-5	兵部尚书托庸、额驸福隆安	洗、梅瓶	养心殿内、圆明园	2
32-7	湖广总督云长、广西巡抚宋邦绥、长芦盐政高诚、两淮盐政普福、江苏巡抚明德、贵州巡抚鄂宝、山西巡抚彰宝、江西巡抚吴绍诗、陕西巡抚明山、盐运使赵之璧、淮安关监督方体浴	果盘、粉定百寿鼎、果洗、洗、胆瓶、花尊、糖锣洗、双凤洗、莲花洗、洗、鱼洗	外养心殿、养心殿内、热河	11
32-8	大学士傅恒、内务府大臣英廉、长芦盐政高诚	江山一统尊、果盘、胆瓶	热河、交郑玉桂	3
32-12	明德、河东河道总督嵇璜、大学士尹继善、工部尚书托庸	一统罇、砚瓶、盘一对、笔洗	养心殿内	5
33-5	安徽巡抚冯钤	蟠龙洗	养心殿内	1

进贡时间（年－月）	进贡人	贡品名称	入藏地点	件数
33-6	杭州织造西宁、两江总督高晋	笔洗、花瓶	热河、外养心殿	2
33-7	新授江西巡抚钱度、湖广总督定长、果郡王、陕甘总督吴达善、兵部侍郎期成额、刑部尚书杨廷璋、江西巡抚吴绍诗、浙江巡抚永德	宝莲洗、绣花盘、葵花洗、宝月尊、小瓶、盘、炉、葫芦瓶	热河、养心殿内、外养心殿、造办处	8
33-8	原任福建巡抚鄂宁、工部尚书福隆安、大学士尹继善、和硕显亲王衍潢	洗、宝莲洗、花瓶、蠡纹鼎	热河、交郑玉桂	4
33-9	淮安监督方体浴	梅瓶	热河	1
33-10	原任山西巡抚苏尔德	洗、炉、盘	养心殿内、外养心殿	3
33-11	浙江巡抚永德	如意象耳炉	养心殿内	1
34-1	苏州织造萨载	马掛瓶	养心殿内	1
34-6	广西巡抚兆麟、杭州织造西宁、闽浙总督崔应阶、山西巡抚鄂宝	绣花宝月尊、合璧呈祥瓶、供碗、四季和合瓶、洗	交圆明园安梅花蒙古包、养心殿内、热河	5
34-7	福建巡抚革职留任鄂宁、山东巡抚	洗、果洗	热河、养心殿内	2
34-8	崇文门副监督金简	果洗	热河	1
34-9	淮关监督方体浴、江西巡抚海明	双凤小洗、双鱼洗	送进京交英廉、热河	2
34-12	山西巡抚鄂宝	葫芦花插	养心殿内	1
35-2	长芦盐政李质颖	圆水盛	交盘山	1

进贡时间（年－月）	进贡人	贡品名称	入藏地点	件数
35-3	长芦盐政李质颖、尤世代商人、河南巡抚富尼汉	圆宝月瓶、花瓶、洗	外养心殿、带进京交英廉	3
36-2	漕运总督崔应阶、河南巡抚永德	梅瓶、拱花圆盒	送安福舻交云保、安在奉三无私	2
36-6	长芦盐政西宁、署云贵总督彰宝、山西巡抚鄂宝	双鱼洗、玉兰花洗、花囊	养心殿内、外养心殿	3
36-7	闽浙总督钟音、造办处郎中观柱、调任陕甘总督吴达善、两淮盐政李质颖、河东盐政常龄、江西巡抚海宁	宝月瓶、宋制定窑香盘、宝莲洗、大吉葫芦瓶、四鱼洗、花囊、方鼎	外养心殿、养心殿内、热河	7
36-8	广西巡抚陈辉祖、怡亲王	鱼洗、一统鼎、炉	热河、交郑玉柱	3
36-11	两广总督李侍尧、湖广总督富明安、杨廷璋、两淮盐政李质颖代商人、刑部侍郎鄂宝、长芦盐政西宁代长芦商人李奎等、候选员外郎范清济、户部侍郎英廉、内阁学士谢墉、兵部尚书奉宽、衍圣公孔昭焕	福禄罇、瓶、洗2件、葵瓣洗、瑞莲花缸、宝莲洗、瑞草果洗、果洗、荷叶洗、宝月尊、长春洗	养心殿内、外养心殿	12
36-12	护理山西巡抚朱珪、山西巡抚三宝、杨廷璋、玉林、御前侍卫额驸扎兰泰	宝莲瓶、鼎、大洗、双喜炉、笔洗	养心殿内、外养心殿	5
37-3	刑部尚书崔应阶	洗	外养心殿	1
37-7	福建巡抚余文仪、闽浙总督钟音、贵州巡抚图思德、原任浙江巡抚熊学鹏、广西巡抚觉罗永德、云南巡抚李湖、两淮盐政李质颖、凤阳关监督栋文、原任署四川总督阿尔修	花罇、祥云花插、福禄瓶、瓜瓞罇、笔洗、粉定绣花洗、粉瓶、定磁鼎炉、果盘、双鱼洗、花罇、洗	交郑玉柱、热河	12

进贡时间（年－月）	进贡人	贡品名称	入藏地点	件数
37-8	左副都御使嵇璜、安徽巡抚裴字锡、刑部尚书官保、造办处员外郎、户部尚书素尔讷、淮安关监督国栋、和硕简亲王丰纳亨	砚瓶、透花洗、葫芦罇、瑞草果洗、鱼洗、长春果盘、双喜瓶	热河、交郑玉柱	7
37-11	两淮盐政李质颖	甜瓜壶	养心殿内	1
37-12	四川总督文绶、李质颖、左都御史张若淮、户部侍郎福康、尚书福隆安、兵部尚书蔡新、造办处郎中观柱、江苏巡抚萨载	果盘 2 件、纸槌瓶、莲瓣洗、蟠龙瓶 2 件、洗、花尊、果碗、双鱼洗	外养心殿、养心殿、景阳宫	9
38-3	长芦盐政西宁、淮安关监督伊龄阿	葫芦瓶、孩儿枕、宝月瓶	交郑玉柱	3
38-7	陕甘总督勒尔、浙江巡抚熊学鹏、李质颖、四川总督刘秉恬、凤阳关监督栋文、两江总督署江宁织造高晋	葡萄瓶、印花尊、莲花洗、葵花洗、百果洗、笔洗	交郑玉柱、热河	6
38-8	庄亲王永瑺、户部侍郎英廉、吏部尚书托庸、諴亲王允祕、和郡王绵伦、信郡王修龄、山西巡抚鄂宝、刑部尚书崔应阶、左副都御使张若淮、刑部尚书英廉、署礼部侍郎梁国治	拱花洗、洗、笔洗 2 件、方壶、方胜笔洗、太极香盘、双鱼洗、绣花果洗、瑞莲洗、蒜头瓶	交郑玉柱、热河、景阳宫、外养心殿	11
39-1	安徽巡抚裴字锡	葵花洗	景阳宫	1
39-8	乾清宫侍卫玉林、仓场侍郎富察善	果洗、洗	交郑玉柱、热河	2
39-10	刑部侍郎胡季堂、江宁织造基厚	刻花盘、洗	景阳宫	2

进贡时间（年 - 月）	进贡人	贡品名称	入藏地点	件数
39-12	山西巡抚巴延三、协办大学士官保、四川总督富勒浑、候选员外郎范清济、崔应阶、协办大学士程景伊、户部侍郎金简	香盘双件、洗 3 件、葵花果洗、果洗、双鱼洗	景阳宫	8
40-4	两淮盐政伊龄阿	仰帽洗	宁寿宫	1
40-5	杭州织造福海	果洗	宁寿宫	1
40-7	陕西巡抚毕沅、长芦盐政西宁、伊龄阿、江宁织造基厚	嘉莲洗、葫芦罇、和合成件、香盘	交郑玉柱	4
40-8	云南巡抚李湖、左都御使阿思哈、候选员外郎范清济、定西将军内大臣阿桂、乾清门侍卫承安、内务大臣金简、内务大臣迈拉逊、崔应阶、候选员外郎范清济、兵部侍郎周煌、吏部尚书曹秀先	葵花洗、洗、葵花果碗、宝莲洗、果洗 2 件、定磁娃娃、绣花洗、葵花果洗、花尊、菊瓣盘、笔洗、果洗	热河、交郑玉柱、宁寿宫、造办处、外养心殿	13
41-2	安徽巡抚李质颖、两江总督高晋	果盂六件成盒、狮洗	宁寿宫、交王成	7
41-3	长芦盐政西宁、山东学政黄登贤、伊龄阿代商人江广达、安徽巡抚李质颖	果盘、大吉罇、菊瓣洗、洗	交刘秉忠、送京交英廉	4
41-4	原任广东巡抚熊学鹏、李侍尧	蟠桃洗、花插	交刘秉忠	2
41-5	陕西总督勒尔谨、亲王广禄	糖锣洗、粉定九绳炉	外养心殿、热河	2
41-6	漕运总督阿思哈	洗	热河	1

进贡时间（年－月）	进贡人	贡品名称	入藏地点	件数
41-7	陕西巡抚毕沅、陕西总督勒尔谨、署云贵总督署云南巡抚图思德、江宁织造基厚、福州将军永德、杭州织造兼管关务福海、两江总督高晋	花洗、香盘、果洗、花盛、洗、花插、瑞莲梅瓶、双鱼洗	交刘秉忠热河	8
41-8	河南巡抚涂绩、多罗理郡王弘瞻、崔应阶	纸槌瓶、笔洗、果洗	交刘秉忠、热河	3
41-10	杭州织造福海	葵花洗	养心殿	1
41-12	户部侍郎和珅、仓场侍郎嘉谟	粉定水盛、粉定富贵花长春洗、福寿花罇	懋勤殿、宁寿宫、养心殿	3
42-10	江宁织造基厚	葵花洗	养心殿	1
42-12	淮安关监督伊龄阿、候选员外郎范清注、大学士阿桂、两淮盐政寅着、金简	粉定洗、宋窑宝莲果洗、洗双件、花洗、胆瓶、梅花洗	养心殿、宁寿宫	7
45-1	工部尚书周元理、海宁、淮南商人江广达	莲瓣洗、一统罇、香盘、洗、瓶双件	宁寿宫、送进京交英廉	6
45-3	伊龄阿、萨载、署陕西巡抚刘秉恬	花洗、洗、果洗	送进京交英廉	3
45-8	江西学政汪永锡、陕西巡抚鄂宝、保泰、嵩才春	莲瓣花瓶、粉定大磁盘、洗、花罇	热河	4
45-9	两淮盐政寅着之子舒明阿	双鱼洗、洗	宁寿宫、养心殿留用	2
46-7	刑部尚书德福、凤阳关监督基厚、山西巡抚兼盐政雅德、罗源汉、闽浙总督兼管浙江巡抚陈辉祖、四德、署工部右侍郎杨魁	果洗、香盘、荷花洗、果洗、庆铃碗、双鱼洗 2 件、洗 2 件	热河、交刘秉忠	9

进贡时间（年－月）	进贡人	贡品名称	入藏地点	件数
46-8	工部尚书周元理、户部尚书福长安、鄂宝	胆瓶、盘 2 件	热河	3
46-12	伊龄阿、书龄	洗、果洗	养心殿	2
47-2	谭尚忠	两面花撇口碗	养心殿	1
47-3	谭尚忠	果洗	宁寿宫	1
47-7	山西巡抚郝硕、 湖北巡抚姚成烈	洗、花碟	热河、 交刘秉忠	2
48-3	鄂宝	胆瓶	外养心殿	1
48-7	浙江布使兼管杭州织造盛住	洗	头等，热河	1
48-8	长芦盐政西宁、 山东巡抚明兴、 丰绅殷德、 庄存与	葵花洗、 龙凤双环瓶、 大吉尊、 一统罇	热河、 交陈进忠	4
48-12	广西巡抚孙士毅、复兴	洗 2 件	宁寿宫、 养心殿	2
49-2	淮南商人江广达	托、洗双件	送进京 交金简	2
49-3	陕西巡抚毕沅、 云南巡抚刘秉恬、 都察院左副都御史梁敦书、 福建学政吴玉纶	洗瓶双件、萱花洗、 洗 2 件、茶杯四件	交陈进忠、 送进京 交金简	9
49-闰 3	浙江布政兼管杭州织造盛住、 总督萨载、漕运总督毓奇	洗、丹凤果洗、盘	交陈进忠	3
49-7	吴垣	宝莲洗	热河	1
49-8	诺穆亲、蒋赐棨、 湖南巡抚伊星阿	盘一对、花洗、洗	交赵进忠	4

进贡时间（年－月）	进贡人	贡品名称	入藏地点	件数
49-9	李本之子	佛供、碗成对	交赵进忠收热河库内	2
49-10	丰绅济伦代交三宝	花囊	养心殿	1
49-12	山西巡抚农起、和珅	炉瓶三事 2 份	圆明园、瀛台	2
50-5	和珅、庆桂、福康安	炉瓶三事 3 份	圆明园	3
50-7	漕运总督毓奇	洗	热河	1
50-12	处礼宝	瓶、笔洗	外养心殿	2
51-4	亲王弘畅、保泰	炉瓶盒成份、莲花果洗	清漪园、养心殿	2
51-5	肃亲王永锡、谢墉、承安	炉瓶盒 2 份、果洗	圆明园、热河	4
51-8	睿亲王	炉瓶三事	交赵进忠	1
52-3	四川总督保宁	果洗	养心殿	1
52-7	山西巡抚兼管盐政勒保、卓克托	洗、盘	交赵进忠、热河	2
52-8	和硕肃亲王永锡	炉瓶盒成份	热河	1
52-12	李绶	炉瓶三事成份	瀛台	1
53-7	广东巡抚图萨布	洗 2 件	热河	2
53-12	卓克托、肃亲王永锡	炉瓶三事 2 份	悦心殿、圆明园	2
54-8	觉罗阿扬阿	炉瓶三事成副	热河	1
55-3	陕西巡抚秦承恩	果洗	送进京交金简	1

进贡时间（年－月）	进贡人	贡品名称	入藏地点	件数
55-12	和郡王绵循	果洗	圆明园	1
56-7	江南河道总督兰第锡、董才春	荷花洗、双鱼洗	交赵进忠、热河	2
57-2	和珅	炉瓶三事成份	圆明园	1
58-7	怡亲王永琅、肃亲王永锡	太平果洗	热河	1
58-8	郑亲王、福康安、福长安、、丰绅济伦、松筠	洗 5 对	热河	10
58-12	舒常	洗	宁寿宫	1
59-12	福长安	洗成对	宁寿宫	2

从故宫博物院藏品看定窑白瓷的印花装饰

李卫东　故宫博物院

内容提要：定窑始烧于唐，宋金时期繁荣昌盛，生产延续至元。以烧制白瓷名扬天下，装饰以印花、刻花、划花与剔花为代表，尤以印花技法为世人所称道。印花装饰是宋代定窑所采用的一种主要装饰手段，取材于定州缂丝。故宫博物院藏定窑瓷器近三百件。以清宫旧藏为基础，藏品涵盖了唐、五代、北宋、金各个时期的主要品种，造型多样。以白釉印花器最具特色，在70余件藏品中，盘、碗居多，洗、碟次之。因采用覆烧方法，致使器口无釉而镶有“铜釦”；纹饰多在器物里部，题材丰富，以牡丹、荷花、梅花、莲花、萱草为多见，菊花次之。布局有缠枝、折枝、转折等方法，讲求对称。此外还有鱼纹、龙纹、禽鸟纹、婴戏纹等。纹饰生动活泼，线条流畅，具有浓厚的生活气息。

关键词：定窑　白瓷　印花　故宫博物院

一　定窑及其相关文献记载

定窑遗址位于今河北省曲阳县灵山镇涧磁村、东西燕川村及北镇村一带。曲阳县唐宋隶属定州，故名定窑。其烧瓷始于唐，唐代后期受邢窑的影响烧制白瓷，经五代、北宋的发展，成为北方最著名的瓷窑。金代仍沿宋制，有大量生产，至元代逐渐衰败。烧瓷历史长达七百余年。

晚唐、五代定窑的烧造相近，已具有相当大的生产规模。器物多光素无纹饰，偶见刻、印花装饰器皿。这时期的制瓷风格还保留了部分邢窑白瓷的特征，精致白瓷有很大发展，釉色纯白或白中闪青，制作精工，造型优美，胎色洁白细腻，瓷化程度很高，有一定的透明性。

北宋时期定窑有较大发展，所烧器物以白釉瓷为主，此外，还烧造少量黑釉和酱釉瓷，绿釉瓷最为少见。瓷器以刻划花、印花装饰较为多见，以印花最为精美，其题材广泛，构图严谨，层次分明，图案清晰，水平居宋代各窑同类瓷器之首。造型除日常生活用的盘、碗、碟、杯、瓶、罐等外，还有净瓶、炉等佛前供器，造型丰富多样。北宋中期以后，为提高产量，定窑采用覆烧方法[1]，器口无釉，文献称之为“芒口”，是定窑瓷器的特征之一。

定窑曾一度烧造宫廷用瓷，底款多为刻划的“官”、“五王府”、“尚食局”、“尚药局”等，均为宫廷用瓷的标记。

金代定窑瓷器不仅为金代统治下的北方人民和金代朝廷所使用，同时也大量销往南方，并进入南宋宫廷之中。传世的定窑铭文瓷中有许多后刻款铭文多是南宋宫殿的名称，文献中也有南宋宫廷使用定窑瓷器的记载[2]。

元代以后，因陶瓷原料逐渐枯竭及受到南方地区瓷窑精品的冲击，定窑逐步走向衰败，一代名窑退出历史舞台。

定窑在宋、金时代已负盛名，苏轼名作《试院煎茶》中“潞公煎茶学西蜀，定州花瓷琢红玉”[3]、金人刘祁《归潜志》“定州花瓷瓯，颜色天下白”[4]都是那时耳熟能详的诗句。南宋时期，出现了专门按窑评判瓷器的著作——《百宝总珍集》，其第九卷，“古定”条：“古定从来数十样，东京乔位最为良，近者粉色皆不好，旧者多是不园全。古定土脉好，唯京师乔娘子位者最好，底下朱红，或碾或烧乔字者是也，器物底有蚩虎者多好，如有泪痕者，多是绍兴年间器物，不甚旧。”[5]

明清以来，文人士大夫对古器物的爱好持续增长，著述日多一日，已知文献中涉及定窑的记载约有三十余则。明曹昭《格古要论》记载：“古定器俱出北直隶定州，土脉细，色白而滋润者贵，质粗而色黄者价低，外有泪痕者是真，画花者最佳，素者亦好，亦有绣

1 中国硅酸盐学会编：《中国陶瓷史》第234页，文物出版社，1982年。

2 《钦定四库全书·史部三四八·地理类》收集（南宋）周密《武林旧事》记载：“……以每次斛十号，五红字者为赏，五黑字者为罚，上赏则成号真珠、玉杯、金器、北珠……定器、官窑之类。罚则武唱、吟诗、念佛……”

3 （宋）苏轼：《东坡全集》卷三，辑入《景印文渊阁四库全书》1107册，台北商务印书馆，1985年。

4 （金末元初）刘祁著、崔文印点校：《归潜志》，中华书局，1983年。

5 （宋）佚名：《百宝总珍集》卷九，北京大学图书馆藏清代抄本，收入《四库全书存目丛书》子部第78，第808-809页，齐鲁书社，1995年。

花者次之。宋宣和、政和间窑最好，但难得成队者。”[1]

嘉靖万历时人高濂所著《遵生八笺》，其中《燕闲清赏笺》专记清赏器玩，在此笺论窑器部分二为论定窑："高子曰定窑者乃宋北定州造也，其色白间有紫有黑。然俱白骨加以泑水有如泪痕者为最……”[2]

明张应文所撰《清秘藏》论窑器条曰："论窑器必曰柴汝官哥定……定窑有光素凸花二种,以白色为正白骨而加以泑水有如泪痕者佳……”[3] 其子张谦德《瓶花谱》记:"古无瓷瓶，皆以铜为之，至唐始尚窑器，厥后有柴、汝、官、哥、定、龙泉、均州、章生、乌泥、宣、成等窑，而品类多矣。尚古莫如铜器，窑则柴汝最贵，而世绝无之，官、哥、宣、定为当今第一珍品，而龙泉、均州、章生、乌泥、成化等瓶亦以次见重矣。”

清谷应泰《博物要览》载:"定窑器皿,以宣和、政和年造者佳,时为御府烧造,色白质薄，土色如玉，物价甚高。”[4]

清佚名《南窑笔记》:"柴汝官哥定龙泉宣成嘉万为宋明十大窑，盖以诸器毕制，命官专督者，俱名官窑。其均窑，厂官不在大窑之内。”[5]

清末民初人许之衡《饮流斋说瓷》在《概说第一》中曰："吾华制瓷可分为三大时期，曰宋、曰明、曰清，宋最有名之窑有五，所谓柴、汝、官、哥、定是也。更有均窑，亦甚可贵。其余各窑则统名之曰小窑。”[6]

吴仁敬、辛安潮于1936年刊出的《中国陶瓷史》一书中说："当时（宋代）瓷艺，即精进如斯，故官窑辈出，私窑蜂起，其间出群拔萃最著名者，有定、汝、官、哥、弟、均等名窑。”[7]

乾隆《大清一统志》卷二十六载:"土产 瓷器《寰宇记》:定州土产。”[8]《定县志》卷二载："定瓷为宋代以来至精之品。《博物要览》云：定瓷有划花、绣花、印花之别……《饮流斋说瓷》云：定瓷质极薄，体极轻……而口底多露胎，故其口往往以铜镶之……”[9]

1 （明）曹昭：《格古要论》卷七，明天顺三年本。
2 （明）高濂：《遵生八笺》卷十四，辑入《景印文渊阁四库全书》871册，台北商务印书馆，1985年。
3 （明）张应文：《清秘藏》卷上，收入《从书集成续编》第94册。
4 （清）谷应泰：《博物要览》，中华书局，1985年。
5 （清）佚名：《南窑笔记》，邓实辑：《美术丛书》四集第一辑。
6 （清）许之衡：《饮流斋说瓷》“说窑第二”，邓实辑：《美术丛书》，三集第六辑。
7 吴仁敬、辛安潮：《中国陶瓷史》第36页，商务印书馆，1936年。
8 清乾隆本《大清一统志》三百五十六卷，卷二十六“直隶定州”。
9 何其章等修，贾恩绂纂：《定县志》卷二，民国二十三年刻本。

光绪三十年《重修曲阳县志》记载“龙泉镇则宜瓷器……白瓷，龙泉镇出，昔人谓定窑也”；“龙泉镇，今俗称南、北镇，镇里旧有镇使、副（使）、瓷窑税使等官”；“曲阳龙泉镇唐宋以来旧有瓷器，五代后周尚有税务使”[1]。

二　定窑白瓷的印花装饰

定窑为宋代五大名窑之一，以烧白瓷为主，细润光滑的釉面，白中微微闪黄。装饰以印花、刻花、划花与剔花为代表，尤以印花技法为世人所称道。20 世纪 50 年代，陈万里先生在《邢越二窑及定窑》一文中称：“就定瓷的制作说，所谓划花、刻花是模仿越器的，不过印花的方法，却是定窑的独创。”[2] 有关定窑印花工艺创烧年代的问题，《中国陶瓷史》认为“始于北宋中期，成熟于后期”[3] 及李辉柄先生的“北宋后期兴盛说”[4] 当为颇具影响的观点。孙新民先生依据对元德李后陵出土资料的分析，也对此观点持肯定态度[5]。

印花装饰的产生和发展与定州丝绸织造缂丝工艺及对金银器的模仿有着密不可分的联系。缂丝是中国传统丝织工艺品种之一，又名刻丝、克丝、刻色等。其历史悠久，起源不晚于公元 7 世纪，流行于隋唐，繁盛于宋代。由于缂丝工艺繁复，一件成功的作品，所用人力物力非普通人家可以承受，故有“一寸缂丝一寸金”之说。定州自唐代起，便是丝织品的重要产地之一。丝绸织造是定州的名产，北齐太府寺中尚方领有“定州紬绫局”[6]，高水平的丝织工艺——缂丝，闻名于世。北宋时更是以定州缂丝最为有名。“定州织刻（缂）丝，不用大机，以熟色彩经于木上，随所欲做花鸟禽兽状……”[7] 在这种环境下，定窑工匠们自然会将金银器的模造技法和丝织物的图案与白瓷的烧造技术结合在一起。所以定窑白瓷上的印花装饰，没有由简单到繁杂、由低级到高级的发展轨迹，一开始就显得比较成熟，具有很高的艺术水平。冯先铭先生在 20 世纪 80 年代论述定窑印花装饰技法时便说：“北

1　（清）周斯亿、温亮珠修：《重修曲阳县志》卷六、卷九，清光绪三十年刻本。
2　陈万里：《邢越二窑及定窑》，《文物参考资料》1953 年第 9 期。
3　中国硅酸盐学会编：《中国陶瓷史》第 233 页，文物出版社，1982 年。
4　李辉柄：《定窑的历史问题以及与邢窑的关系》，《故宫博物院院刊》1983 年第 3 期。
5　孙新民：《宋陵出土的定窑贡瓷试析》，《文物春秋》1994 年第 3 期。
6　《隋书·百官志》，中华书局。
7　（南宋）庄绰：《鸡肋编》，余嘉锡《四库提要辨证》卷十八。

宋时定州即产瓷器，也盛产缂丝，定窑印花纹饰就来源于缂丝。”[1]

此外，社会对定瓷需求的增加也促进了印花工艺的流行和充分使用。定窑当时不仅为宫廷烧制御用器皿，“尚食局”、“尚药局”铭文瓷器即在此时出现；而且还为民间生产大量生活用瓷，满足人民日常生活需要。提高产品数量和质量便成为首要任务，而印花工艺则满足了这一需求。因为印出的花纹不仅比刀刻、划花纹要快得多，而且整齐、精致、准确，即为烧制高质量瓷器提供了技术保证，也大大提高了生产速度，操作简单，易于批量生产。

覆烧工艺和烧煤技术的使用也是印花装饰繁盛的主要因素。定窑瓷器的烧造主要采用覆烧法，就是将器皿反扣着焙烧，因此口沿无釉，露出瓷胎，这种现象谓之“芒口”。瓷器烧成后，为避免芒口这种缺陷，有时使用金、银、铜等包镶器口，文献称之为“铜釦”。据《吴越备史》记载:“太平兴国五年九月十一日王进朝谢于崇敬殿,复上金装定器二千事、水晶玛瑙宝装器皿二十事、珊瑚树一株。”[2] 此处之“金装定器”,即指这类镶金口的定窑瓷器。覆烧可以充分利用窑的容积，大大提高产量，采用覆烧法不仅提高了产品质量和数量，降低了成本，也减少器物的变形，便于印花器的烧制，器型规整花纹清晰。

印花工艺在金代仍很流行,不仅继承了宋代的工艺水平,而且使之更趋成熟。近年来,金代遗址、墓葬、窖藏中出土了大量定窑印花、刻花瓷器，加上一些带有金代纪年铭文的定窑印花模子的出土，使我们看到了在金代印花装饰仍很盛行，精美的定窑白瓷继续为金代宫廷所使用。南宋周辉《清波杂志》卷五曰：“辉出疆时，见燕中所用定器，色莹净可爱……”[3]

三　故宫博物院藏定窑白瓷的印花装饰

（一）故宫博物院藏定窑瓷器概况

故宫博物院是在明清两代皇宫“紫禁城”宫殿旧址上建立的闻名世界的大型综合博物馆，是中国最大的古代艺术品宝库。在其 180 万件藏品中[4]，陶瓷器占 35 万余件，收藏数

1　冯先铭：《三十年来我国陶瓷考古的收获》，《故宫博物院院刊》1980 年第 1 期。

2　（宋）钱俨：《吴越备史》，辑入《景印文渊阁四库全书》464 册，台北商务印书馆，1985 年。

3　（宋）周辉撰，刘永翔校注：《清波杂志校注》213 页，中华书局，1994 年。

4　故宫博物院编：《故宫博物院年鉴 2010》第 32 页，紫禁城出版社，2011 年。

量位居世界第一。

故宫博物院收藏的定窑瓷器有近三百件。以清宫旧藏为基础，它们或是经宋、元、明宫廷传承下来，或是在清代帝王的主导下搜集入宫。根据文献记载和考古发现，定窑产品除大量行销民间外，从晚唐开始到金代一直是宫廷用瓷的重要来源之一。其精品一直为皇家所垄断，被历代皇室收藏。

故宫博物院藏定窑瓷器涵盖了唐、五代、北宋、金各个时期的主要品种，时间跨度长达七百余年。造型主要有大盘、小盘、折沿盘、葵瓣式盘、葵花式盘、大碗、小碗、浅碗、高足碗、撇口碗、折腰碗、葵瓣口碗、荷花式碗、盖碗、孩儿枕、娃娃枕、圆枕、梅瓶、直颈瓶、盘口瓶、四系瓶、鸟食罐、双耳罐、四系罐、圆洗、折沿洗、葵花口洗、印泥盒、菊瓣盒、唾盂、单柄杯、盏托、盖缸、水丞、小碟、葵花式碟、小壶、穿带壶等，品类繁多，造型丰富。其中盘（105 件）、碗（102 件）居多，洗（25 件）、碟（18 件）次之，余为瓶（8 件）、枕（7 件）、罐（7 件）、盒（6 件）、壶（5 件）、缸（5 件）等。釉色白中闪黄，纹饰多在里部，口沿多无釉，“芒口”，与南宋叶寘《坦斋笔衡》“本朝以定州白瓷有芒不堪用，遂命汝州造青窑器”[1]、陆游《老学庵笔记》“故都时，定器不入禁中，惟用汝器，以定器有芒也”[2]的记载相符。

定窑瓷器外底款铭，今见已达十几种。一类在烧窑前刻于已施釉的器物上，如“官”、“新官”、“易定”、“东宫”、“尚食局”、“尚药局”、“食官局正七字”、“五王府”等，从内容看，应是内廷或地方官府定烧的产品。另一类与宫殿名称相关，如“奉华”、“凤华”、“慈福”、“聚秀”、“禁苑”、“德寿”等，它们多是进入宫廷后，由玉作匠师镌刻。款铭类定瓷从晚唐、五代到宋、金均有发现，充分证明了定窑生产宫廷用瓷、宫廷使用定窑瓷器的时间。

（二）印花白瓷选介

故宫博物院藏定窑白瓷的装饰类型主要有素面、刻花、划花、印花、剔花等。刻花装饰——用竹、骨、铁制的平口或斜口刀状工具在已干或半干的坯体上刻出花纹。其特点是雕刻较深，花纹有层次。藏品主要有白釉内外刻花萱草纹碗、白釉刻花荷莲纹折腰碗、白釉刻花菊瓣纹笠式碗、白釉刻花蟠螭牡丹纹花口碗、白釉刻花石榴纹碗、白釉刻花荷

1 （明）田艺衡：《留青日札》，收入（清）陈元龙《格志镜原》，辑入《景印文渊阁四库全书》1031 册，台北商务印书馆，1985 年。

2 （宋）陆游：《老学庵笔记》，辑入《景印文渊阁四库全书》865 册，台北商务印书馆，1985 年。

莲纹花口碗、白釉刻花蟠螭纹洗、白釉刻花芙蓉纹蔗段花口洗、白釉刻花回纹盏托、白釉刻花缠枝莲纹梅瓶、白釉刻花蟠螭纹直颈盘口瓶、白釉刻花里蟠螭外莲瓣纹盘、白釉刻花荷莲鸭纹花口盘等。刻花在宋代陶瓷装饰中极为普遍，一般常与划花结合运用，故亦常称刻划花。如白釉刻划花海水双鱼纹盘、白釉刻划花海水双鱼纹浅碗、白釉刻划花荷莲纹蒲唇温碗、白釉刻划内海水双鱼外莲瓣纹温碗、白釉内外刻划花蟠螭荷莲纹折腰洗等。

划花装饰——用尖状竹木工具，在坯体表面用力均匀地刻划，划痕较浅，转折灵活，曲线为主，粗细一致，流畅活泼，注重形象的轮廓效果。纹饰之间相互穿插有序，布局匀称。藏品主要有白釉划花萱草纹盘、白釉划花荷莲纹花口盘、白釉划花龙纹盘、白釉划花碟、白釉划花圆洗、白釉划花荷花纹葵瓣碗、白釉划花撇口碗、白釉划花荷花式碗、白釉划花葵花式碗等。

印花装饰是宋代定窑所采用的一种主要装饰手段——即用雕有装饰纹样的瓷质印模，在尚湿的瓷胎上拍印出花纹，或用刻有纹样的模子制坯，直接在瓷坯上留下花纹，然后施釉装烧。故宫博物院藏定瓷以白釉印花瓷器最具特色，在 70 余件藏品中，以各式盘（32 件）、碗（23 件）居多；洗（8 件）、碟（6 件）次之。其胎体洁白细腻，釉色莹润匀净，白中闪黄。器口多无釉，镶有“铜釦”；纹饰构图严谨，层次分明，密而不乱，题材丰富，具有浓厚的生活气息。藏品主要有白釉印花缠枝莲纹盘、白釉印花荷莲缠枝牡丹纹盘、白釉印花荷花双鱼纹盘、白釉印花孔雀牡丹纹盘、白釉印花鸟纹盘、白釉印花莲池鸳鸯图折沿盘、白釉印花鸳鸯鹭莲纹碗、白釉印花凤穿花纹笠式碗、白釉印花菊纹笠式碗、白釉印花缠枝菊纹笠式碗、白釉印花折枝花卉纹花口碗、白釉印花缠枝海石榴纹碗、白釉印花芙蓉纹花口碗、白釉印花飞凤纹碗、白釉刻乾隆御制诗印花蟠螭缠枝花卉纹洗、白釉印花蟠螭缠枝花卉莲瓣纹洗、白釉印花花鸟图洗、白釉印花荷莲纹方碟、白釉印花海水鱼纹长方枕等。

1. 定窑白釉印花缠枝牡丹莲花纹盘（图 1）

宋　高 5.4 厘米、口径 30.4 厘米、足径 13.6 厘米

盘侈口，浅腹，圈足。里口凸起弦纹 2 道。以印花为饰，以回纹将盘内壁与内底界开，内底饰莲花、荷叶纹各 5 组，内壁饰缠枝牡丹 2 周，两层牡丹上下相错，排列有序。盘内外施白釉，口沿因覆烧无釉而镶铜口，外壁可见旋痕及因釉水垂流而产生的泪痕。近足处有多处露胎。

这件印花缠枝牡丹莲花盘形体大而规整，印花繁缛，层次分明，线条流畅，纹饰清晰，

图 1. 宋　定窑白釉印花缠枝牡丹莲花纹盘

充分显示出定窑印花品种的制作水平之高，是清宫旧藏定窑器之珍品。

2. 定窑白釉印花云龙纹盘（图 2）

宋　高 4.7 厘米、口径 23 厘米、足径 10.8 厘米

图 2. 宋　定窑白釉印花云龙纹盘

盘敞口，口沿无釉，浅弧壁，圈足。通体施白釉，外壁釉垂流形成泪痕。碗内模印云龙纹。胎体轻薄，胎色洁白。盘大有气魄，印纹清晰、完整。

3. 定窑白釉刻乾隆御制诗印花蟠螭缠枝花卉纹洗（图 3）

宋 高 4.3 厘米、口径 18.4 厘米、足径 11.1 厘米

洗敞口，弧壁，圈足。内外施白釉，口沿无釉镶铜口。外壁光素无纹，内壁印回纹、缠枝花纹各一周，内底印双螭纹，外底刻乾隆四十年（1775 年）御题《咏定窑盘子》诗："越器出卢奴，七言曾咏苏。巧输今冶矣，朴副古名夫。哆口铜平锁，圆形月就模。云中见龙爪，如有复如无。乾隆乙未仲春御题。"[1]（《清高宗御制诗四集》卷三十）

乾隆帝堪称最爱作诗的皇帝，其诗被编纂刊印为御制诗一、二、三、四、五及余集，

1 《清高宗御制诗四集》卷三十，清乾隆十四年至嘉庆五年武英殿刻本。

图 3. 宋　定窑白釉刻乾隆御制诗
印花蟠螭缠枝花卉纹洗

收录诗作4万2千余首。乾隆帝的御制诗中，不仅有大量的题画诗、题字诗，而且有不少的咏瓷诗、咏玉诗和咏其他器物的诗。诗集中咏瓷诗有199首，其中咏定窑瓷器的有33首，涉及盘、碗、洗、盂、鍑、瓶、枕、花浇等造型。又以咏瓷枕为最多，共计12首，其中11首与孩儿枕相关。故宫博物院现藏孩儿枕1件，形象逼真可爱、活灵活现，台北故宫博物院另藏1件与它如出一辙，底刻乾隆三十八年御制诗《咏定窑睡孩儿枕》。

4. 定窑白釉刻乾隆御制诗印花荷莲双凤纹洗（图4）

宋 高4.3厘米、口径19.2厘米、底径12.7厘米

洗敞口，坦底，弧壁，圈足，口沿露胎无釉处镶铜口。通体施白釉，釉色白中泛灰，外壁明显见到拉坯留下的旋痕以及蘸釉时留下的“泪痕”状垂釉。器里近口沿处模印回纹一周，内壁模印荷花纹饰，盘心模印双凤菊花图案。外底镌刻清乾隆三十九年（1774年）御题诗一首。诗曰：

古香古色雅宜心，
宋定名陶器足珍。
质韫珠光堪作鉴，
纹镂花鸟具传神。
擎来掌上掬明月，
题向诗中证旧因。
盛得朱樱千万颗，
满盘琥珀为生辉。

后署“孟春御题”。钤“比德”、“朗润”两方章（《清高宗御制诗集》未收录）。

此件定窑白瓷盘上刚劲有力的图案线条、层次分明的构图以及以缂丝图案为摹本的凤穿花纹样，均在暖白色釉层的掩映下相得益彰。此盘在传世宋代定窑器物中虽非精品，如白色釉面中有黑色杂质，修足也不甚规矩，但从乾隆皇帝题诗之举也足以证明当年定窑器物在宫中受宠的情形。此盘曾一度流出宫外，20世纪50年代由国家文物局购回并拨交故宫博物院收藏。

5. 定窑白釉印花芙蓉纹花口碗（图5）

宋 6.4厘米、口径19.8厘米、足径6.3厘米

图 4. 宋　定窑白釉刻乾隆御制诗
印花荷莲双凤纹洗

碗敞口，六花瓣形。斜壁，瘦底，浅圈足。覆烧，镶铜口。内壁饰凸弦纹一道，碗心印折枝牡丹一朵，四周遍饰缠枝牡丹、芙蓉花卉纹。通体施牙白釉，釉面有黑色细小杂质颗粒，外有泪痕，近足处及足底有露胎。

（三）丰富的印花装饰题材

故宫博物院藏定窑印花白瓷的装饰题材广泛，与自然、生活环境及当时生活审美情趣

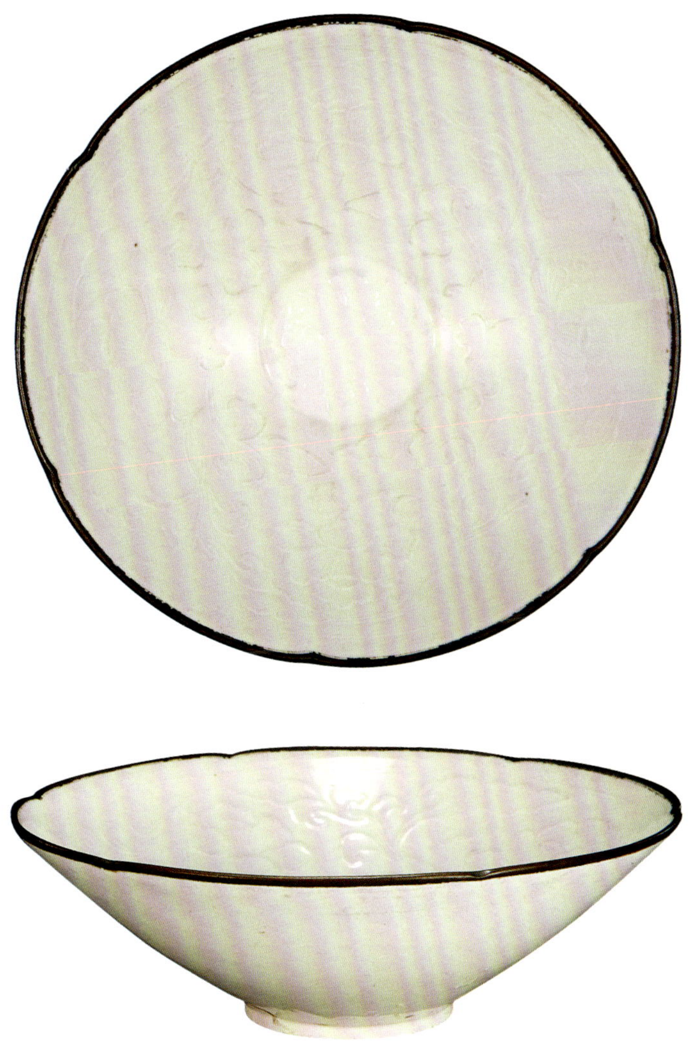

图 5. 宋　定窑白釉印花芙蓉纹花口碗

紧密相连。以花卉纹最为多见；云龙、蟠螭、走兽、禽鸟、水波游鱼亦有一定收藏；婴戏纹较少。花卉纹以牡丹、荷花、梅花、莲花、萱草为多见，菊花次之。布局有缠枝、折枝、转折等方法，讲求对称。龙纹多衬以云纹、水纹、火纹；鱼纹大多采用双游鱼逐水的形式；禽鸟纹则有孔雀、凤凰、鸳鸯、鹭鸶、鸭等，多与花卉组合。纹饰生动活泼，线条流畅，工艺娴熟。

牡丹纹：牡丹在中国传统文化中视为花中之王，美丽富贵。自唐以来，牡丹被视为繁荣昌盛、美好幸福的象征。宋时被称为富贵花，定窑印花器的牡丹纹变化最为丰富。缠枝牡丹纹在中国传统文化中寓意着吉祥富贵，是各种艺术品中常用的母题，深受人们喜爱。

荷花纹：象征高洁、脱俗，“荷”与“和”、“合”同音，寓意“和合如意”，历来是中国传统图案中经久不衰的题材。

梅花纹：开放于冬春之交，有“报春花”之称。又有吉祥之意。梅花在文人墨客心目中是清高、骨气的象征。

莲花纹：莲花作为佛教的标志之一，象征纯洁，因其“亭亭玉立”、“出淤泥而不染”之特性为人们所喜爱，缠枝因枝蔓连绵不断，具生生不息之意。缠枝莲花纹是寓意吉祥的传统装饰纹样。

萱草纹：萱草又名鹿葱、忘忧、宜男，是属于百合科萱草属的一种草本植物，俗称黄花菜、金针菜。据说它有助于孕妇生男，因而又有“宜男萱”之称。《草木记》谓：“妇女怀孕，佩其花必生男。”故古礼规定，萱草宜种于母亲所居住的北堂之畔，于是后世多以萱堂作为母亲或母亲居住地的代称。

菊花纹：传说饮菊花和桐子水可以去疾长寿，羽化成仙。故菊称长寿花。文人又以菊称花之隐者，喻人间隐士君子。常与梅、兰、竹一起被喻为四君子，为文人所喜爱。

鹭鸶荷花纹：鹭鸶的“鹭”和“路”同音，荷花的“荷”与“和”、“合”同音，喻意“一路和合如意”。

鹭鸶莲花纹：鹭与路、莲与连谐音。鹭鸶、莲花意寓“一路连科”，祝愿科举、仕途一帆风顺。又有鹭鸶、芙蓉寓意“一路荣华”，鹭鸶、花瓶寓意“一路平安”等。

鸳鸯莲花纹：寓意“夫妻恩爱”，鸳鸯卧莲又称“莲池鸳鸯”。此装饰题材象征美好的爱情。早在宋代定窑、景德镇窑、磁州窑器物上即普遍装饰鸳鸯纹。

凤凰纹：凤凰为鸟中之王，誉为瑞鸟。凤穿牡丹象征着荣华富贵。

孔雀纹：以其漂亮的羽毛及美丽的色彩居于百鸟之首，是美丽漂亮的象征。

鸭纹：鸭纹题材富于装饰趣味，布局多为二、四成双的鸭首尾相对，莲草相间，也有三鸭与荷莲相间者。

鱼纹：在陶瓷发展史上，鱼纹出现较早，新石器时期陶器上已有发现，以后历代沿袭。“鱼”、“余”同音，具有“富贵有余”、“连年有余”的含义。鱼藻纹成为各个时期瓷器装饰的传统题材，宋代南北各窑已多有用此题材，鱼或单或双，或三五追逐，鱼水相融。

龙纹：龙为鳞虫之长，自古即被国人崇拜、神化，誉为祥瑞。传说龙“春分而登天，秋分而潜渊……”（许慎《说文解字》）因此龙常与云纹、火纹、水纹衬托配合出现在器物上，以示其登天潜渊之特性。龙的体态有较多变化，常见有云龙、戏珠龙、海水龙、螭龙、行龙、立龙、正面龙、侧面龙、夔龙等。

蟠螭纹：即盘曲的龙，躯体较为粗壮。《文选》曰：“白鹿孑蜺于欂栌，蟠螭宛转而承楣。”

龙凤纹：龙为鳞虫之长，凤为百鸟之王，皆为祥瑞。龙凤相配习称龙凤呈祥。

婴戏纹：我国传统的装饰纹样之一。其以孩童戏耍为题材，充满童趣和浓郁的生活气息。此类构图还有两婴荡秋千、四婴戏把莲等。入宋以后多见，元、明、清时期亦是器物装饰的主要题材。

石榴纹：石榴多子，多子多福，寓意子孙万代。

花蝶纹：“蝶”与“耋”谐音，“耋”意为七八十岁的年纪，泛指老年，以“百蝶”寓长寿之意。

瓜蝶纹：取自“瓜瓞”的谐音，此句出自《诗经·大雅·绵》：“绵绵瓜瓞，民之初生，自土沮漆。”孔颖达疏：“大者曰瓜，小者曰瓞。”此诗即讲述周的祖先肇启于沮、漆两河流域，像瓜瓞一般代代相继，奠定了帝王的基业。后常以“绵绵瓜瓞”作为祝颂子孙昌盛之吉祥语，纹饰图案上则往往在大小瓜上再附一蝶，使形象更为生动。

四　结语

定窑白瓷以其色白、胎薄、釉润、纹饰丰富精美而著称于世，在宋、金时期即被南北众多瓷窑所摹仿，有的摹仿造型，有的摹仿纹饰，有的摹仿釉色，有的摹仿烧法。在汤阴、修武、登封、密县、鲁山、高平、浑源、平阳、榆次、介休、铜川、彭县、吉州、景德镇、德化、泉州、江山、崇安、仙游、潮州等地，都发现烧造白瓷的窑址，可能均受到定窑的直接或间接影响。

印花白瓷是定窑匠师的登峰造极之作，是定瓷艺术的集中体现。它是集图案设计、雕模、曲面翻印于一体的综合艺术。印花装饰直接取材于定州缂丝，纹样细腻成熟，图案清晰生动，代表了宋代瓷器装饰的最高水平。故宫博物院藏定窑瓷器的特点是原料淘洗精细，胎体洁白细腻，釉色莹润匀净，白中闪黄，呈象牙般的柔和质感。因采用覆烧方法，口沿无釉，“芒口”，镶有“铜釦”；纹饰多在器物里部，题材丰富，以牡丹、荷花、梅花、莲花、萱草较为多见，菊花次之。布局有缠枝、折枝、转折等方法，讲求对称。

此外还有鱼纹、龙纹、禽鸟纹、婴戏纹等。纹饰生动活泼，线条流畅，具有浓厚的生活气息及时代特色。

覆烧印花瓷器是定窑产品中的主流，无论质量还是数量，均是定窑鼎盛时期的产物。覆烧法与印花装饰的出现，对南北瓷窑影响深远，并被各地瓷窑广泛采用。一些瓷窑都烧造具有定窑风格或某些特征的瓷器，形成了以定窑为中心的定窑系[1]。

1　中国硅酸盐学会编：《中国陶瓷史》第229页，文物出版社，1982年。

宋辽金时期天津地区出土定窑系瓷器综述

陈扬　天津市文物管理中心

内容提要：宋辽金时期是古代天津地区发展的重要时期，虽然在宋辽对峙阶段，天津地区以海河为界被划分，但是北部地区在辽政权的统治下获得了空前的发展。入金以后，随着漕运的开发，天津城市的雏形在孕育之中。定窑系白瓷的发现主要集中在海河以北地区，而且有粗细之分。海河以南地区在北宋时期只设若干小军寨，出土定窑系白瓷数量不多，造型也相对单一。

关键词：定窑系　白瓷　北宋　辽　金

一　北宋、辽、金时期天津地区概况

1004年，宋辽缔结“澶渊之盟”，二者划界统治结束了二十多年的战争状态，维持了百余年相对和平的局面。天津地区在北宋与辽对峙时期被划分为二，以白沟为界，白沟是今海河及其支流拒马河的故道，宋属河北东路，大致相当于现在天津的静海、西青、津南、大港。辽属南京道，大致相当于现在天津的北辰、宝坻、宁河、武清的部分地区及蓟县。凭借天然河流为界河，天津地区在宋辽对峙时期相对稳定，鲜有纷争，海河以北地区在辽代的统治之下施行“因俗治国”的方案，即所谓“以国制治契丹，以汉制待汉人”。尤其是在受汉文化影响颇深的辽圣宗统治时期（972 ～ 1031年），天津北部地区获得了发展的契机。辽圣宗不仅鼓励农耕，减轻赋税徭役，而且奖励垦荒，“徙吉避寨居民三百户于谭、顺、蓟三州，择沃壤，给牛，种谷”[1]。蓟州即今蓟县。辽代统治者的这种治理方式也使得天津北部地区尤其是蓟州形成了汉人和契丹人杂居的状态，农业与畜牧业互相补充，更加有利于这一地区经济的发展。海河以南的北宋疆域，属于北宋北部边境的东段，北宋初隶属沧州。庆历八年（1048 年），北宋政府为更好发挥河北路的军事防御地位，将其划分为四个安抚使路，天津海河以南区域隶属“高阳关路”，这一片区域“濒海斥卤，地形沮洳，东北三百里，野无民居，非贼蹊径，万一有警，可决漳、御河东灌，塘淀隔越，贼兵未易奔冲，不必别建一路”[2]。由此可见，这片地区地势低洼，人烟稀少，因此北宋政府只在此处设立独流寨、泥沽寨、双港寨、钓台寨、当城寨等若干军寨，规模较小，并未设重兵把守。

金代是天津地区发展的重要时期，女真族政权在 1125 年灭辽，1141 年与南宋政权达成“绍兴合议”，至此，天津地区尽归金人统治。入金后，天津地区的建置仍以海河为界，海河以北属中都路，海河以南属河北东路。海陵王迁都燕京（今北京）对天津地区的发展有至关重要的影响，海陵王之后的金世宗、金章宗开启了金朝的盛世。为了保障都城的供给，金朝统治者推行漕运，以今天津三岔河口附近区域为枢纽，多条河流汇集于此，北通京师，进一步完善了天津地区的漕渠体系，这样，各地的物资可以源源不断地运至都城。鉴于三岔河口的重要地位，金朝在此设置直沽寨，《金史》记载：“完颜佐本姓梁氏，初为武清县巡检。完颜咬住本姓李氏，为柳口镇巡检。久之，以佐为都统，咬住副之，戍直沽寨。”[3]按照金朝的兵制设置，都统可拥有五千左右士兵，直沽寨已成为军事重镇。金政权对天津地区的开发将其带入一个新的历史阶段，为日后天津城区的发展奠定了基础。

二　天津地区出土定窑系瓷器概况

天津地区出土定窑系白瓷的分布与宋辽金时期这一区域的历史背景息息相关，出土地主要集中在天津的北部地区，以蓟县、武清、宝坻为主，根据《中国文物地图集·天津分册》中所载，武清、宝坻、蓟县发现的辽金遗迹和墓葬可达 60 余处，大部分都有定窑系白瓷出土，而静海、津南、西青、大港发现的宋金遗迹和墓葬只有 13 处，详见表一。

1 （元）脱脱：《辽史》卷五十九，食货志上，第 924 页，中华书局，1974 年。
2 （元）脱脱：《宋史》卷一百九十六，兵志十，第 4897 页，中华书局，1974 年。
3 （元）脱脱：《金史》卷一百三，完颜佐、完颜咬住传，第 2273 页，中华书局，1975 年。

表一：天津地区宋辽金遗迹出土白瓷一览表

地区	遗址 / 墓葬	时代	定窑系白瓷
津南区	泥沽寨址	宋	白瓷片
津南区	双港寨址	宋	碗
西青区	当城寨址	宋	白瓷片
西青区	牛坨子遗址	金	白瓷片
西青区	傅村遗址	金	碗
大港区[1]	张庄子遗址	宋	碗、刻花碟
大港区	北和顺遗址	宋	刻花碗
大港区	建国村遗址	金	碗
静海县	蛮子营遗址	宋	刻花碗
静海县	瓦碴地遗址	宋	碗
静海县	西钓台遗址	宋	珍珠地枕、 葵口碗（图 1、图 2）
静海县	流庄墓群	宋	碗
静海县	小瓦头墓群	宋	碗
武清区	北郑庄遗址	辽	碗
武清区	寺台子遗址	辽	碗
武清区	木厂村遗址	辽	碗、盘
武清区	河咀遗址	辽	碗
武清区	孙家坟遗址	辽	碗
武清区	西仓遗址	辽	碗
武清区	南上岗遗址	辽	碗

1　2009 年 11 月，大港区撤区，并入滨海新区。

地区	遗址 / 墓葬	时代	定窑系白瓷
武清区	太子务遗址	辽	碗
武清区	代庄遗址	辽	碗
武清区	董标垈遗址	辽	碗
武清区	南掘河遗址	金	碗
武清区	撒水沟墓群	辽	碗
武清区	马坟墓群	辽	枕、瓶
武清区	小老洼墓群	辽应历十四年（964 年）	碗
武清区	木厂村墓群	辽	碗
宁河县	庄伙岭子遗址	辽	碗
宁河县	双坨墓群	辽	碗
蓟县	前向阳遗址	辽	碗
蓟县	西北隅村墓群	辽	碗
蓟县	伯王庄墓群	辽	碗
蓟县	蔡三庄墓群	辽	碗
蓟县	下埝头窖藏	辽	盆、碗、盘
宝坻区	辛务屯遗址	辽	碗
宝坻区	岳奄子遗址	辽	碗
宝坻区	管曲遗址	辽	碗
宝坻区	前朝霞遗址	辽	碗
宝坻区	丁家套遗址	辽	碗
宝坻区	窦家桥遗址	辽	碗
宝坻区	前槐庄遗址	辽	碗
宝坻区	辛庄遗址	辽	碗
宝坻区	小张各庄	辽	碗

地区	遗址 / 墓葬	时代	定窑系白瓷
宝坻区	前六口遗址	辽	碗
宝坻区	王庄子遗址	辽	碗
宝坻区	吴家塘遗址	辽	碗
宝坻区	松渠楼遗址	辽	碗
宝坻区	东南仁垺遗址	辽	碗
宝坻区	岳庄子遗址	辽	碗
宝坻区	陈甫遗址	辽	碗
宝坻区	邢庄子遗址	辽	碗
宝坻区	东苑庄遗址	辽	碗
宝坻区	艾各庄遗址	辽	壶
宝坻区	段庄遗址	辽	碗
宝坻区	大千佛顶遗址	辽	碗
宝坻区	罗家务遗址	金	碗
宝坻区	长排庄遗址	金	碗
宝坻区	马贵庄遗址	金	碗
宝坻区	朱杨庄墓群	辽	注壶
宝坻区	小张各庄墓群	辽	碗、盘
宝坻区	南王庄墓群	辽	罐、碗、盘
宝坻区	尚庄墓群	辽	花瓣形盘、盏
宝坻区	北台墓群	辽	碗
宝坻区	大张庄墓群	辽、金	辽墓：碗、盘、壶　金墓：碗
宝坻区	刘举人庄墓群	辽	罐
宝坻区	何各庄墓群	辽	碗
宝坻区	东南仁垺墓群	辽	碗

图 1. 白釉珍珠地纹枕（静海西钓台遗址出土）

图 2. 白釉葵口碗（静海西钓台遗址出土）

由此可见，定窑系白瓷在宋辽金时期的天津地区使用范围广泛，尤其是碗、盘类日用瓷已十分普遍。元代以后，这类素白瓷碗大量减少，取而代之的是钧釉瓷、磁州窑系的白地黑花瓷以及龙泉窑青瓷。宋辽金时期天津地区出土的定窑系白瓷大多不是定窑中心窑口生产，胎釉特征都不尽相同，有的釉色黄白，有的釉色灰白，特别是宋辽时期，南北方白瓷呈现出不同的工艺特点。

三　天津地区宋辽金时期定窑系瓷器的主要特征

（一）精细白瓷

根据目前已发表的考古资料看，目前天津地区所出土的定窑系白瓷有明显的粗细之分，辽境内多出土精美的辽代定窑及定窑系白瓷。举例如下。

图 3. 白釉刻花莲瓣纹碗（蓟县营房村辽墓出土，现藏于天津市文化遗产保护中心）

图 4. 白釉刻花莲瓣纹执壶（蓟县营房村辽墓出土，现藏于天津市文化遗产保护中心）

1. 白釉刻花莲瓣纹碗、白釉刻花莲瓣纹执壶（图 3、图 4）

蓟县官庄乡营房村辽墓出土。这两件器物应成套使用，胎釉特征和制作工艺也基本相同。白胎，胎质致密、坚硬，釉色白中闪青，釉面光亮，腹部刻双重莲瓣，执壶管状口，肩部刻转轮形菊瓣纹，圈足处有刀削痕[1]。这两件器物具有明显的辽代白瓷风格，与辽宁朝阳商家沟辽代赵氏家族墓出土的白釉执壶、白釉碗[2]造型基本相同。

2. 白釉唾盂（图 5）

蓟县官庄乡营房村辽墓出土。敞口，上部呈漏斗状，中部束腰，腹部扁圆，矮圈足。胎色白中泛灰，胎质紧密粗厚，内含细砂粒。白釉厚薄不均，釉厚处泛青。口部及下腹

1　赵文刚：《天津市蓟县营房村辽墓》，《北方文物》，1992 年第 3 期。
2　邓宝学、孙国平、李宇峰：《辽宁朝阳辽赵氏族墓》，《文物》1983 年第 9 期。

图 5. 白釉唾盂（蓟县营房村辽墓出土，现藏于天津市文化遗产保护中心）

图 6. 白釉花口盘（蓟县独乐寺塔出土，现藏于天津博物馆）

部有明显的轮削痕，圈足内露胎，呈螺旋状，有 4 块椭圆形垫烧痕[1]。该件器物同北京西郊辽代韩佚墓出土白釉唾盂无论胎、釉还是造型都基本一致。韩佚卒于辽统和十三年[2]（995 年）。

3. 白釉小碗

蓟县官庄乡营房村辽墓出土。敞口，腹下内收成小圈足，略外撇。胎极薄，胎质细腻。釉色光洁，白中泛黄，施釉均匀，釉面有细碎开片。该件器物与上述 3 件白瓷的胎釉、工艺特征不同，更接近定窑产品风格[3]。

4. 白釉莲瓣形碟、白釉菊瓣形碟（图 6、图 7）

蓟县独乐寺塔上层塔体出土。圆唇，斜直腹，器壁薄，白胎，胎体致密，制作规整。

1 赵文刚：《天津市蓟县营房村辽墓》，《北方文物》1992 年第 3 期。

2 北京文物工作队：《辽代韩佚墓发掘报告》，《考古学报》1984 年第 3 期。

3 赵文刚：《天津市蓟县营房村辽墓》，《北方文物》1992 年第 3 期。

图 7. 白釉花口盘
（蓟县独乐寺塔出土，现藏于天津博物馆）

图 8. 白釉印花方盘
（武清区大良塔基出土，现藏于河北省文物研究所）

前者为芒口，平底；后者为小圈足，圈足内露胎[1]。根据独乐寺上层塔室同出的舍利函刻铭“清宁四年”可以判定，这两件器物时代下限为 1058 年。

5. 白釉缠枝牡丹纹罐

蓟县独乐寺塔的十三天相轮砌体内出土。小口，鼓腹，圈足。腹部印缠枝牡丹纹，近圈足处刻一周莲瓣纹。同出的还有“天禧通宝”和“祥符通宝”铜钱，说明此次包砌应在 1017 年以后[2]。

6. 白釉印花方盘（图 8）

武清县大良塔基出土。花口略外撇，圆唇，斜直腹，平底。器内从边至底依次饰缠枝纹、珠纹、牡丹纹。器壁薄，白胎，胎体紧密，制作精细。器壁施白釉，底无釉[3]。

1　天津市历史博物馆考古队、蓟县文物保管所：《天津蓟县独乐寺塔》，《考古学报》1989 年第 1 期。
2　天津市历史博物馆考古队、蓟县文物保管所：《天津蓟县独乐寺塔》，《考古学报》1989 年第 1 期。
3　张柏主编：《中国出土瓷器全集·天津、辽宁、吉林、黑龙江》图版 11，科学出版社，2008 年。

图 9. 白釉刻花塔模型
（武清区大良塔基出土，现藏于河北省文物研究所）

7. 白釉刻花塔模型（图 9）

武清县大良塔基出土。筒状，顶部有盖，盖高 11 厘米，由相轮、宝瓶、华盖构成。塔身分两段，上段有十三层凸棱，下段素面。双层束腰莲瓣纹基座。白胎，胎体致密，制作规整。通体施白釉，釉面光洁[1]。

根据以上所列举定窑系白瓷出土情况，我们可以看到天津北部地区在契丹人的统治下，呈现了草原文化与汉文化相互交融的局面。蓟县官庄乡营房村辽墓除了上述白瓷以外，还出土了绿釉鸡冠壶和各式铜鎏金饰品，进一步确定了墓主身份应该是居住在蓟县地区的契丹贵族。辽代统治者推崇佛教，大肆兴建佛寺庙宇，并且形成了寺院经济。目前天津地区发现的辽代佛寺遗迹、佛塔、经幢等可达 30 处，集中在蓟县、宝坻、武清。佛寺侵占土地，聚敛财物，甚至放贷营利，佛寺与地方政府形成了相互庇护的状态。这样，精美的瓷器集中发现于佛塔之中自然不难理解。

（二）普通白瓷

天津地区出土了大量的普通白瓷，应为百姓日常生活用具，以碗为主，大多素面，根据目前所见的报告，海河以北地区仍是定窑系白瓷出土较多的区域。

1. 宝坻区哈喇庄遗址[2]**（辽代晚期—元初）**

白釉盏，辽代晚期，弧腹，细白胎，有孔隙，含黑色微粒，施半釉。内底有三个长椭

1 张柏主编：《中国出土瓷器全集・天津、辽宁、吉林、黑龙江》图版 12，科学出版社，2008 年。

2 天津市文化遗产中心、宝坻区文化馆：《天津市宝坻区哈喇庄遗址的发掘》，《考古》2005 年第 5 期。

形支钉痕。

白釉碗，金代早期。敞口，深腹，圈足，足无釉。细灰白胎，胎质较细。施白色化妆土。碗内及外大半部施釉，口部无釉。内底有涩圈，器身一周凹弦纹。

白釉盏，金代早期。芒口，口较敞，弧腹，圆唇，细白胎。白釉略泛黄，内外施半釉。

2. 蓟县鼓楼遗址 [1]（金—明代中期）

白釉碗，金代。侈口，弧腹较深，圈足较高。施白色化妆土，釉色白中泛青，外腹施釉不到底，露圈足。内腹有一道凹弦纹，内底刻划篦纹，并有 5 个支钉痕。

3. 蓟县弥勒院村辽墓 [2]

白釉碗，辽代。敞口微内敛，腹壁斜直略内敛，并可见轮制暗旋纹。胎薄，纯白釉，圈足，足底不施釉，底内侧有“×”划纹。

4. 蓟县五里庄辽墓 [3]

白釉碗，辽代。敞口，弧腹内收，内底微凹，周边有三个长条状支钉痕，矮圈足。胎土灰白色，白釉泛黄。外壁下腹和圈足无釉。

5. 蓟县千像寺遗址 [4]（辽—清）

白釉碗，辽代。敞口，深弧腹，上腹斜直，下腹平缓，圈足较高，挖足过肩。内壁全釉，底部有竖向支钉痕。外壁半釉，下腹和圈足有明显加工痕（图 10）。

白釉盘，金代。定窑，花口边，浅腹，腹、底无明显分界。矮圈足，底平，局部粘砂。内底有一周暗压纹，内底饰莲叶纹。胎白致密，器壁轻薄，质地较脆。釉面光亮，釉色白中泛青（图 11）。

白釉碗，金代。肿唇，内唇略鼓，外唇微凹。内底上凸，内底和圈足各有 10 个椭圆形支钉痕。胎黄壁厚，外圈足露胎。釉色黄白，釉面有开片。

6. 静海县元蒙口村宋代沉船 [5]（沉船下限为宋政和七年，1117 年）

白釉碗，宋代。敞口，圆尖唇，折沿，圈足。薄胎，外壁近圈足处及圈足均无釉，呈赭色。

7. 静海县东滩头村宋金墓 [6]

---

1 相军：《蓟县鼓楼遗址发掘简报》，《文物春秋》，2010 年第 3 期。

2 天津历史博物馆考古队、蓟县文物保护管理所：《天津蓟县弥勒院村辽墓》，《文物春秋》，2001 年第 6 期。

3 天津市文化遗产中心编著：《天津考古》（二），第 15 页，2013 年 3 月。

4 天津市文化遗产中心编著：《天津考古》（一），第 250-258 页，2013 年 3 月。

5 天津市文物管理处：《天津静海元蒙口宋船的发掘》，《文物》1983 年第 7 期。

6 邸明：《天津静海东滩头发现宋金墓》，《考古》1995 年第 1 期。

图 10. 白釉碗（蓟县千像寺遗址出土）

图 11. 白釉碗（蓟县千像寺遗址出土）

白釉碗，宋代。敞口，斜直壁，矮圈足。白釉，外壁釉不及底。胎较薄，泛灰色。

白釉杯，宋代。敛口，长颈，圜底，圈足。腹有两道凹弦纹。

综上所述，辽宋时期，天津北部地区的定窑系白瓷多使用支钉垫烧，器底有长条形或者椭圆形支钉痕，支钉数量不等，而南方地区则是圈足垫烧，未见支钉痕。金代统治以后，定窑系白瓷的烧造方法开始多元化，除了沿用辽代的支钉垫烧，还出现了垫圈垫烧、覆烧法，而且纹饰也逐渐增多，出现刻划及篦划纹饰。金代以后，天津地区出土的白瓷逐渐向磁州窑风格转变。入元以后，白釉黑花瓷器渐成主流。

四　结语

辽金时期天津大部分地区都在少数民族政权的统治之下，民族融合的大文化背景贯穿于社会生产的各个领域，两种文化的交融在金代趋于稳定。天津地区出土的定窑系白瓷有精细白瓷和普通白瓷的区别，大多数并非定窑中心窑口生产，但是深深受到了定窑白瓷的影响，尤其是天津北部佛教遗迹内出土的精细白瓷，制作工艺和装饰纹样都相当精巧，充分反映了辽代白瓷的制作水平。普通白瓷的造型单一，多为民间日用瓷，制作工艺相对粗糙，釉色也不够纯正，以黄白、灰白和乳白色居多，而且外壁多施半釉，因此，天津地区出土的宋辽金时期白瓷是定窑类型瓷器的一个分支，是与当地特殊历史文化背景相融合的产物。

| 三 |

定窑瓷器的影响

论以定窑为中心的北方白瓷

蔡毅　故宫博物院

内容提要：文章通过窑址开始调查时间、窑址的分布、窑炉、窑具、原料、烧成方法、釉色、胎质、铝含量、器物类型、装饰方法、工艺借鉴、文献记载、税赋关系、使用情况、延续时间、窑场性质等方面对中国古代北方白瓷进行了论述。北方白瓷是在以定窑为中心的烧制基础上，辐射到缸瓦窑、井陉窑、平定窑、盂县窑、榆次窑、介休窑等窑场，这些窑场不仅存在共性，而且特性突出。本文意在采用比较学的方法对宋、辽、金时期北方白瓷生产的主要窑场进行对照和比较，对几个重要的节点进行分析和讨论，找出它们的共性和特性，通过比较和总结得出相对完善的结论。

关键词：定窑　缸瓦窑　井陉窑　平定窑　盂县窑　榆次窑　介休窑　窑址的分布　窑炉　窑具　装饰　工艺　文献　税赋

中国北方白瓷的生产，诸多瓷窑在原有的基础上有了很大的发展。它们中基础条件好、烧造技术精良、质量上乘、具有特殊风格、有着丰富的原料和燃料资源和具有良好的商品交易环境的地区，逐渐被人们广泛接受，并且受到人们的称赞，被临近地区的瓷窑相继竞相模仿、学习，乃至驰名当时甚至被后人推崇有加。而有些则受到当时历史条件、自然条件、社会条件、技术条件等方面的限制和原料、燃料、陶工和商品交易环境乃至发展情况等因素的制约，其影响就相对较小。就宋、辽、金时期北方白瓷的生产过程而言，以河北省的定窑为中心：对外辐射的窑场有河北的井陉窑，内蒙古赤峰的缸瓦窑，山西省的平定窑、盂县窑、榆次窑、介休窑等。它们对整个北方地区白瓷生产而言，形成了一组典型的事例。以下对此进行比较分析、研究讨论。

一

定窑遗址早在1934被叶麟趾先生提出[1]并且具体认定位于河北曲阳的涧磁村，后经过日本人小山富士夫在1941年前往该地实际考察证实。20世纪50年代以后，故宫博物院[2]、河北省文化局文物工作队[3]、上海博物馆等先后有诸多文物和考古部门的学者专家前往工作与考察，对揭示定窑的面貌起到了至关重要的作用。与此同时能够与之相比照的墓葬遗迹中的实物很丰富，如定州的静志寺、净众院1969年发现两寺舍利塔地宫中的定窑遗存[4]，以及众多的博物馆藏品与带有纪年铭文的出土实物，为定窑的研究工作提供了大量翔实、可靠的资料。

缸瓦窑位于内蒙古自治区赤峰市西南的猴头沟乡，1943年发现，1944年进行了发掘[5]，是目前发现的比较大的辽代生产白瓷的窑场，笔者曾经于1994年10月前往调查。缸瓦窑的研究，对于揭示北方关内白瓷生产对缸瓦窑的影响有极其重要的作用。它反映了辽代浓郁的半牧半农的生活习俗，同时也反映了中原地区与北方民族在白瓷生产上的工艺融合和交流。缸瓦窑的白瓷生产体现了中原地区的工艺风格，特别是定窑的生产工艺，同时缸瓦窑也是向外传播的窗口。

井陉窑的调查和发掘时间在1996年、1998年、2000年。主要由河北省文物研究所和当地市县的文物部门进行[6]，对推动北方古代白瓷的研究有十分重要的意义。

山西的盂县窑在1977年县内的磁窑坡发现窑址。生产以白瓷为主，有印花、刻花等

1　叶麟趾：《古今中外陶瓷汇编》，1934年。

2　冯先铭：《瓷器浅说》（续），《文物》1959年第7期。

3　河北省文化局文物工作队：《考古》1965年第8期。

4　定县博物馆：《河北定县发现两座宋代塔基》，《文物》1972年第8期；出光美术馆、定州博物馆：《中国河北省定州北宋塔基出土文物展》，平凡社，1997年。

5　冯先铭：《中国陶瓷》，上海古籍出版社，1994年。

6　孟繁峰、杜桃洛：《井陉窑遗址出土金代印花模子》，《文物春秋》1997年增刊；孟繁峰等：《井陉窑发掘获重大成果》，《中国文物报》1998年11月18日；孟繁峰等：《井陉窑调查发掘又有新进展》，《中国文物报》2000年3月12日。

装饰[1]。平定窑1977年发现窑址两处，初步判定烧瓷历史大约有五百余年。以白瓷为主，兼烧其他釉色品种[2]。瓷质莹润，釉色洁白，因为烧造数量不多，故知道的人甚少。日本人小山富士夫曾经在太原见过一些平定窑白瓷，并且指出“白瓷比定窑的白瓷既白且薄”，此语毫不过言[3]。笔者2000年在山西进行窑址调查时，正好遇见山西文物考古研究所在孟家井窑进行窑址调查和试掘工作，这也是第一次对榆次窑进行有目的的科学地调查和发掘。这些略显苍白的调查工作，对于我们认识这几处窑址虽带来了诸多不便和困难，同时也为今后科学地认识它们提供了先决条件。

介休窑的发现相对比较早，1957年5月发现之初[4]山西文管会调查了源神庙东北百米的喊车沟，沟内堆积达3 ~ 4米厚，址宽南北100米，东西400米。器物有白釉、黑釉、白釉剔花、白地黑花等品种。1963年相继发现大量的细胎白瓷标本，同时还有大量丰富多彩的其他标本，这说明它与定窑一样是一处多品种、综合性、有特色的窑场。时至今日除了故宫博物院前往调查和水既生先生的调查以及少数专家前往外，据笔者所知只有山西省考古研究所在那里作了一些科学的发掘工作，故该窑很少引起外界的关注。正因如此，各地墓葬、遗址出土的实物也鲜能与介休窑的标本比照，目前能够比对的实物有山西省博物馆藏“白釉镂空香熏”[5]，此标本为水既生先生在介休窑采集。实物则出土于太原市的墓葬中，另有其他为数不多的参照物，相对而言为今后的研究工作带来一定的困难。

二

宋、辽、金时期的北方白瓷生产地域，主要是沿着太行山麓及其余脉形成一条自东北向西南的斜线分布。太行山是在山西高原与河北平原之间，沿东北向西南走向，它北起拒马河谷，南到晋豫边境的黄河沿岸[6]，可以说太行山是宋、金时期北方白瓷的摇篮。河北曲阳的定窑、苍岩山麓的井陉窑；山西的平定窑、盂县窑、榆次窑（孟家井窑）、

1 中国硅酸盐学会主编：《中国陶瓷史》，文物出版社，1982年。

2 衡翼汤：《山西轻工业志》，中国轻工业出版社，1991年。

3 水既生：《山西陶瓷简史》，《中国陶瓷全集28·山西陶瓷》，上海人民美术出版社、日本美乃美出版社，1985年。

4 吴连城：《山西介休洪山镇宋代瓷窑址介绍》，《文物参考资料》1958年第10期。

5 夏路、刘永生：《山西省博物馆藏文物精华》，1999年。

6 《辞海》，上海辞书出版社，1997年。

介休窑。它们虽然地域不同，但是所形成的风格却大同小异，白瓷生产的白度也呈现出两头强中间弱的现象，这与当地的原料资源与生产工艺有着密不可分的直接关系。丰富的原料资源、燃料资源，技术精良的窑工以及具有良好的商品交易环境，造就了此时北方白瓷的生产向登峰造极的地步发展。地处关外的缸瓦窑，比邻辽中京城，它是在借鉴丰富的中原白瓷生产的基础上，利用其殷实的陶瓷生产原料和丰富的燃料，生产出的质量上乘的白瓷。

定窑遗址位于河北曲阳县的涧磁村和燕川村，两村相距 7 千米，南距曲阳县城 30 千米，交通条件相对闭塞。它们位于太行山麓余脉所围成的山环内，受到地质条件的控制，瓷土原料一般赋存于石炭纪层内，属于沉积型矿床，其矿体呈层状并且大面积被四纪覆盖。地表很少裸露，长石、石英在窑址外围 20 至 30 平方千米的范围内有露出，一般呈现脉状产出，白云石和滑石亦有裸露[1]。根据《重修曲阳县志》的记载："县境三面皆山，土石相间，多不能种……灵山一带惟出煤矿，龙泉镇则宜瓷器……白瓷龙泉镇出，昔人谓定窑也。"[2] 从河北省陶瓷工业检测站（唐山）《河北曲阳定窑制瓷原料化学分析》中可以看出曲阳地区蕴藏着大量丰富的优质黏土，定窑的制瓷原料是以灵山紫木节、灵山黏土、白坩土、套里白坩等为主要成分的黏土，即当地高岭石为主的沉积高岭土，其化学成分中含铁量较低，质量较纯，对定窑白瓷的洁白光润提供了坚实的物质保证[3]。笔者于 2002 年 10 月曾经有兴走访定窑窑址附近的韩家村，看到现代生产仿制定窑的工艺过程和制瓷原料，其未烧胎质颜色皆为深紫暗黑色。

缸瓦窑位于内蒙古自治区赤峰市西南 60 千米左右的猴头沟乡，上有嘎河，下有锡伯河，水源充沛、燃料、原料这三者具备。在占地面积大约有 1 平方千米窑场内有丰富的窑址文化遗存，其中窑炉残迹众多，是目前发现的比较大的辽代生产白瓷的窑场。由于缸瓦窑所处的的纬度比较高，比中原地区寒冷，致使它的烧造时间要短于中原地区众多的白瓷生产窑场。笔者在调查中发现有龙窑、馒头窑等。它与定窑形成线性关系，这种直线的关系更加便于联系和交融。

井陉窑位于河北省中西部地区，比邻苍岩山，有得天独厚的矿产资源。紧邻山西省中东部边界，同处于太行山麓，有"晋赵交通咽喉要塞"之称。根据笔者对井陉窑的调查，

1 李家治：《中国科学技术史（陶瓷卷）》，科学出版社，1989 年。

2 （清）周斯亿、温亮珠修：《重修曲阳县志》清光绪三十年刻本。

3 李国桢、郭演仪：《中国名瓷工艺基础》，上海科学技术出版社，1988 年。

目前发现的井陉窑址位于井陉县境内，共有 9 座，纵贯井陉县南北。主要有河东坡窑区、秀林窑区、北陉窑区、东窑岭窑区、南陉窑区、南防口窑区、冯家沟窑区、城关窑区以及梅庄窑区等。在《井陉县志》的记载中有："商之大者，民贫乏本不能为之，贸易者不过陶冶……货类……磁器、瓦器、沙器。"[1]《正定府志》又记："正定府产瓷器，缸罐之属也，明时充贡，出井陉。"[2]

平定窑 1977 年发现了窑址两处[3]。初步判定始烧于唐代，经过五代、宋代终烧于金代，大约有五百年的历史，它位于山西省的中东部地区，紧临井陉窑。烧瓷以白瓷为主，风格近似定窑，特别是定窑产量最大的折腰盘在平定窑也有发现，定窑产量不多，介休窑比较多见的黑釉印花器平定窑也有烧制。可以说平定窑借鉴了定窑的工艺也吸收了介休窑的特长，它具有极强的双重借鉴性。史书最早见《大明一统志》载："土产，瓷器，榆次、临县及平定州出，俱有窑。"[4]《广舆记》记有："山西太原府 土产 瓷器 榆次 平定。"[5]笔者在 2000 年到平定窑考察发现，由于人为的破坏几乎已经没有烧造的遗迹了，

盂县窑与平定窑同处于山西省的中东部地区，紧临井陉窑，烧瓷以白瓷为主，有印花、刻花等装饰技法。盂县窑在 1977 年被发现[6]。根据《辑本元一统志》载："太原路 磁窑二十处，在盂州。在州南八十里招贤村，岁办官课。"[7]《永乐大典》、《盂县志》、《大清一统志》等也有对盂县窑只言片语的记述。

榆次窑的记载在《永乐大典》中有："磁窑在榆次县北六十里孟家井。"[8]在孟家井窑址有明弘治三年重修百灵庙碑记。"榆次县冶次六十里有孟家井，居民大率三百家，迺古昔陶器之所……"从目前的调查和发掘看，此地大概从金代开始就烧制陶瓷，并且延续至民国时期，在窑址附近还保留有民国时期的窑炉一座。细白瓷比较少见，多生产以青坩土为原料的粗胎白瓷器。

介休窑遗址位于山西省介休市洪山镇境内，距介休市 20 千米左右，交通条件相对便利，

1 （清）钟文英：《井陉县志》，雍正十八年刻本。
2 （清）邓大进：《正定府志》，乾隆二十七年刻本，卷十二。
3 中国硅酸盐学会主编：《中国陶瓷史》，文物出版社，1982 年。
4 （明）李贤等：《大明一统志》，明天顺本，卷十九。
5 （清）蔡九霞：《广舆记》，清康熙二十五年本，卷四。
6 中国硅酸盐学会主编：《中国陶瓷史》，文物出版社，1982 年。
7 （元）孛兰肹等撰、赵万里校辑：《辑本元一统志》卷一，中华书局重印元至正六年杭州刻本。
8 （明）解缙等辑：《永乐大典》，中华书局影印明嘉靖抄本。

地理环境处于晋中平原的丘陵地带。据《介休县志》物产条记："杂产……煤炭出西南近山……磁器，出师屯、磨沟、洪山等村。"[1]

三

定窑窑炉的燃烧室呈半圆形，窑室呈长方形，有火膛、窑床、烟道、烟囱、灰门、炉栅等[2]。井陉窑窑炉平面呈马蹄形，有火膛、窑床、烟道、烟囱、灰门、炉栅等[3]。缸瓦窑的窑炉在窑场内残迹十分丰富，数量也很多，根据笔者的调查和发掘的情况看，南山上的龙窑残迹对北方白瓷的生产具有十分重要的意义。另外窑室呈长圆形的窑膛，窑壁采用砖结构的窑炉，前部为火膛后部是烟囱。窑炉有明显的使用痕迹。山西境内的窑炉目前尚未发掘，根据笔者调查的结果，认为它们基本延续了北方窑炉的特点，采用了马蹄形窑炉，为小型窑炉多点分布的格局进行陶瓷器皿生产。特别值得一提的是，介休窑遗址就是洪山镇瓷厂的前身，可以说介休窑没有产生位移，是一直延续生产的窑厂。目前尚未发现窑炉，相对而言为分期揭开介休窑面貌带来一定的困难。

四

地理位置上的差异，决定出它们的制作方法和生产工艺上存在区别。定窑采用的是多装、快烧以提高产量的工艺方法；介休窑则是运用少装、慢烧以提高成品率的工艺流程。我们还可以从窑址中的废品堆积上看到，定窑的废品堆积比较丰富，而介休窑的废品堆积比较少，它同样说明了这一点。

为了提高产量，河北曲阳的定窑首先创造了覆烧工艺，覆烧是宋代瓷器的一种装烧方法，是把盘、碗等圆器反扣过来烧，这种装烧工艺对北方及江南地区的陶瓷生产有着至关重大的影响，但是似乎它对介休窑没有产生举足轻重的影响。在使用覆烧方法之前，定窑使用的匣钵是一件匣钵装烧一件器物，改用覆烧工艺之后，采用垫圈组合匣钵取代了当时的普通匣钵，减少了装烧成本，提高了装烧数量，充分地利用了窑炉的容积，节约了燃料，

1 （清）王谋文：《介休县志》，乾隆三十四年刻本。

2 李国桢、郭演仪：《中国名瓷工艺基础》，上海科学技术出版社，1988 年。

3 孟繁峰等：《井陉窑调查发掘又有新进展》，《中国文物报》2000 年 3 月 12 日。

其最终目的是提高了瓷器生产的数量，降低了生产成本，这就是覆烧方法能够普遍推广的重要原因。从实物资料和文献材料分析定窑覆烧工艺的使用时间应该是在北宋中期前后[1]。然而覆烧工艺还是存在缺陷的，这就是文献[2]中所提到的芒口问题。同时原料中铝的含量高，可以提高瓷胎的硬度，这也是定窑能够采用覆烧工艺的原因所在。

缸瓦窑的烧成工艺是采用仰烧和叠装套烧，使用匣钵装烧和环状装烧具，匣钵的数量有限，环状装烧具的数量比较大，器物之间采用的垫烧器具有三爪支具、泥条、垫饼、支顶垫烧器具（用于大型器物的装烧）等，其中环状装烧具的使用借鉴了定窑的工艺，但是与定窑相比要粗糙得多。涩圈支烧也是缸瓦窑烧成的特点，但是其时间要在元代左右。

从笔者调查的结果看，缸瓦窑、井陉窑、平定窑、盂县窑、榆次窑、介休窑等并没有大规模延续定窑的覆烧工艺，而是采用匣钵叠装套烧和支烧工艺。由此看来，除定窑外的其他窑场制胎原料中的氧化铝含量相对低于定窑瓷土中铝含量，这是它们没有延续和继承定窑的覆烧工艺的决定因素。瓷土中的氧化铝含量是决定北方宋、金时期当地窑场采用何种装烧方法的至关重要的原因。

介休窑始终如一地采用的方法是匣钵叠装套烧工艺，它是将盘、碗等圆器类制品在一件匣钵中叠装 2 ~ 4 件，大部分是在底足上粘接三个小支钉，也有粘四枚或五枚支钉，烧成后碗或盘内只留有很小的支钉痕，有的小到只有 1 厘米左右。也有采用三角支架上下带有支钉的窑具烧制满釉器物的现象[3]。实际上这是一种比较古老和传统的装烧方法，洪州窑中唐时期就有使用[4]。笔者在河北省临城附近的邢窑遗址调查时曾经发现和采集到唐代青瓷套装叠烧白瓷的标本，它们同样采用三支钉烧的工艺，只是支钉比较大一些。宋、金时期的井陉窑依然使用匣钵叠装套烧和支烧工艺。从装烧工艺上看介休窑只是在沿用旧的工艺方法，并且不断改进，尽量减小支钉的面积，而没有本质上的改变。这种装烧方法，显然是根据自身的瓷土特色，改变胎土中添加剂的成分，逐步增加硬度，从而减小支钉的受力范围，这就是我们所见到的介休窑所传承的工艺。低铝含量则降低瓷胎的硬度，也可能是这种原因导致介休窑最终没有使用覆烧方法。

1　中国硅酸盐学会主编：《中国陶瓷史》，文物出版社，1987 年。

2　《古今图书集成·考工典》卷二百四十八，引《辍耕录》“本朝以定州白瓷器有芒，不堪用……”

3　水既生：山西陶瓷简史:《中国陶瓷全集 28 山西陶瓷》，上海人民美术出版社、日本美乃美出版社，1985 年。

4　江西省博物馆、丰城县陈列室：《江西丰城罗湖窑发掘简报》，《中国古代窑址调查发掘报告集》，文物出版社，1984 年。

在烧成温度方面，定窑白瓷的烧成温度以北宋最高（1320±20℃），金代最低（1250±20℃），晚唐和五代的烧成温度均在（1300±20℃）[1]，而现代仿定窑白瓷的烧成温度只有1280℃左右，可见当时定窑采用的是高温、急烧，压缩单位时间内的烧成效率，即在单位时间内多烧几窑瓷器，虽然废品率增加了，但是产量弥补了质量上的缺陷。有关介休窑工艺方面的科学技术资料较少，笔者在走访有关山西方面的陶瓷专家水既生先生时了解到，“介休窑在宋、金时期的陶瓷烧成工艺是采用在相对较低温度下的长时间的烧成方法”，即“低温长烧法”，此种方法对于窑炉的工艺要求不十分严格，同时可以大大地提高瓷器的成品率。基于这种观念的指导，介休窑的成品率比较高，因此它的窑址堆积比较小。目前所知，介休窑创烧于宋代初年，历经金、元、明、清数代，烧瓷时间长达千年之久，在北方瓷窑中是比较少见的[2]，现代的洪山镇瓷厂还在继续生产。此地烧造时间如此之长，文化遗存和瓷窑的废品堆积又如此贫乏，可以证明它是一处延续着自己的生产轨迹在不断发展的窑场。

宋、辽、金时期内蒙古的缸瓦窑，河北定窑、井陉窑，山西的平定窑、盂县窑、榆次窑、介休窑都是以烧制白瓷为主，兼烧黑釉、酱釉、白釉黑花、白釉剔花、白釉划花、模印、雕塑、浅浮雕、镂雕等多种多样釉色和装饰方法的瓷器。其类型大同小异，各有千秋。定窑白瓷，白中泛黄，突出了坚硬的感觉；其他诸窑以及介休窑的白瓷则突出其白度，给人以温润柔和的印象。

五

宋代早期定窑的圆、琢器装饰以葵口与素胎器物为主，在吸取和借鉴石刻浅浮雕的装饰工艺之后，也在瓷器上多有应用。此时的定窑在琢器的外壁采用减地浅浮雕工艺，装饰出多层仰覆莲瓣纹，或在中间同时装饰一组条形缠枝花纹，形成上下呼应的装饰曲面。此时的莲瓣纹有多层繁密类型，也有简单疏朗的形式。在光素器物的表面运用凹陷或突起的弦纹，排解其没有纹饰的尴尬局面。在器物表面刻字也是定窑用于记录历史的一种手段和装饰方法。更加形象的是在圆器的口沿贴塑出一周佛像，表现出信徒的虔诚和敬仰的心理。

1 李国桢、郭演仪：《中国名瓷工艺基础》，上海科学技术出版社，1988年。

2 中国硅酸盐学会主编：《中国陶瓷史》，文物出版社，1987年。

这种简约的风格成为宋代早期定窑瓷器装饰的主流。

石雕在曲阳拥有久远的传统，定州多石材，美者出曲阳黄山、嘉山其他传世哲将迄今不绝[1]。1994年，曲阳发现后唐同光二年(924年)王处直墓[2]墓壁镶嵌整幅侍奉人群和乐伎，画面壮观宏伟，人物形象生动，浮雕层次清晰，图案布局疏密有致。能工出巧匠，在石工技艺耳濡目染的影响下，陶工自当巧熟成性，正是这种相互借鉴的作用，促进了定窑陶瓷装饰的进步。刻、划花工艺的出现，形成了宋代中晚期定窑瓷器的装饰主流。此时刻、划花技法流畅自如，刚劲犀利。它是在减地剔刻的基础上，将简单的纹样图案化，以轮廓线来表现图案的完整性，近似于绘画中的白描。如何在白色的器物上运用白色的线条表现主题纹样呢？定窑陶工在实践中总结出直刀线刻与斜刀剔刻这两种表现手段，再结合篦划工艺即可以完美地体现出定窑白瓷“白描图案”的完美性和刚柔并举的魅力。特别是定窑大盒子盖上的三爪龙纹昂头摆尾凶猛中带有雄健，锋利的龙爪只突出两爪，另外一爪若隐若现奇小无比。这种图案采用的是直刀线刻的技法，同样能表现出龙这种中国古代特有动物的凶悍形象。斜刀剔刻结合篦划在表现花卉图案中更是褒誉有佳、活灵活现，给人以呼之欲出的感觉。图案中的莲花、牡丹在花叶的衬托下，有的双花并放，有的一花盛开，一朵含苞待放，还有的枝茎缠绕，花朵对开，布局富于变化。在图案的一侧多增加一组线条相衬，使主题突出，立体感觉更加强烈。我们不能不说，古老而又传统的石刻工艺，造就了定窑白瓷刻、划花、减地剔刻及浅浮雕装饰技法。

出现在北宋中期，成熟于北宋晚期的定窑白瓷印花工艺，与早已成熟的定州丝绸制造业和缂丝工艺有着千丝万缕的联系。丝绸制造是定州的名产，北齐太府寺中尚方领有“定州紬绫局”[3]，目的是为了将高水平的丝织工艺——缂丝发展成为闻名于世的精巧织物。“定州织刻（缂）丝，不用大机，以熟色綵经于木 上，随所欲做花鸟禽兽状……”[4]缂丝影响了定窑印花工艺，特别是故宫博物院收藏的白釉狮子戏球直壁弦纹洗，此洗上的图案与湖南衡山一号宋墓出土的服饰上的图案十分相似，进一步表明陶工将缂丝纹饰移植到定窑瓷器上[5]。其题材以花卉、动物、禽鸟、水中游鱼为主，婴戏图案较少见。花卉以牡丹、莲花、

1　刘敦桢：《河北省西部古建筑调查记略》附录《曲阳石刻》，《中国营造学社汇刊》5卷4期，1935年。

2　河北省文物研究所：《曲阳五代壁画墓发掘简报》，《文物》1996年第9期；《中国文物精华》，文物出版社1997年。

3　《隋书·百官志》，中华书局。

4　（宋）庄绰：《鸡肋编》，余嘉锡《四库提要辨证》卷十八。

5　李辉柄：《故宫博物院藏文物珍品集·两宋瓷器》，香港商务印书馆，1996年。

菊花为主，布局采用缠枝花、折枝花等，讲求对称，禽鸟图案有飞凤、鹭鸶、鸳鸯、芦雁、游鸭等，画面多与花卉组合，如凤穿牡丹、鸳鸯牡丹、鹭鸶莲花等。印花龙纹盘，盘里印满云纹，内底饰一条姿态矫健生动的蟠龙，龙身盘曲首尾相接，故宫博物院现在收藏有1948年涧磁村法兴寺遗址出土的印花云龙纹盘。北京通县金大定十七年墓出土定窑白瓷、辽宁省朝阳市金大定二十四年墓出土定窑白瓷、现藏于英国金大定二十九年定窑印花陶范、墨书金泰和三年定窑印花陶范[1]，证实了金代定窑印花白瓷的兴盛和繁荣，也说明其与缂丝工艺有千丝万缕的联系。使用青坩土制胎施化妆土后进行剔划图案也是这一时期定窑瓷器的特点，如故宫博物院藏金代定窑白地剔花腰圆枕，底墨书“大定八年正月初四日□□使宅置□□”，它不但准确地记载了这件瓷枕的制作时间，记录了它是一个大户人家所拥有的器物，同时也说明在使用粗质瓷土的情况下，也可以完美地表现出其精湛的装饰工艺。故宫博物院藏宋、金时期的主要定窑器物包括素面、刻花、印花、剔花等类型。素面器有弦纹三足樽、八方四系瓶、单柄杯、葵口盘、盖碗、盏托、碗等。刻花器有“尚食局”铭云龙纹直颈瓶、刻缠枝花纹梅瓶、渣斗、刻石榴纹碗、刻荷花纹碗、刻双鱼纹碗、刻牡丹纹碗、刻莲鸭纹碗、刻萱草纹碗等。印花器有印石榴纹、飞凤纹、鸳鸯、鹭鸶、双鱼、牡丹、菊花纹碗，云龙纹、孔雀牡丹纹、双雁穿花纹、莲花牡丹织锦纹盘，夔龙折枝花蕉叶纹洗、三龙三鱼纹平底洗等。这些丰富的实物资料证明，定窑有着精湛的工艺和悠久的文化底蕴。

缸瓦窑所烧造器物的品种比较多，在白瓷生产方面，以坩子土为原料，胎色微黄，夹杂有黑色杂质，有些白瓷采用施白色化妆土工艺，以增加成品的白度用来掩饰坩子土本来的青灰色。在缸瓦窑的白瓷精品中，其胎质的瓷化程度比较高，可以和定窑白瓷相媲美。刻划器通常是以骨刀代笔，用骨刀剔刻出画面的图案，它的品种主要是白釉白剔和酱釉白剃，这是一种以化妆土为装饰，突出表现青灰色胎体的粗犷风格，这种装饰方法代表了辽代白瓷装饰的主要习俗。模印的器物主要是在碗心装饰“轮菊纹”为主要图案。小型雕塑陶瓷玩具的品种比较多。

井陉窑在1996年、1998年、2000年的调查和发掘中，发现有近似于定窑的白瓷印花品种，包括缠枝莲纹、菊心莲纹、菊心重瓣纹、鹭凤穿花纹、龟鹤纹、莲花纹、荔枝纹、蜀锦心仰莲瓣纹等。其中鸳鸯戏水纹印花模的背后刻有“大定二十九年五月□日赵

---

1 冯先铭：《中国陶瓷鉴真》，北京燕山出版社，1996年。

押”[1]（1189 年夏历 5 月）。井陉窑白瓷明显继承了定窑白瓷的风格，有与定窑白瓷相似的莲花、牡丹、游鱼、禽鸟、婴戏等图案。也有定窑所没有的开光湖石园景、池上仙人图等反映士大夫情趣的图案。据初步统计，井陉窑白瓷印花图案达 20 种以上，其次还有点彩、划花、刻花、镂雕等装饰技法[2]，这说明井陉窑在印花工艺方面对定窑而言，不但有继承，而且也有创新。特别是井陉窑的褐彩印花器与介休窑同样器物有异曲同工之处，但是不及介休窑器物的图案精美、工艺精湛。圈足支烧等工艺的延续使用，说明在某些生产工艺上井陉窑更加接近山西白瓷的风格。

虽然山西古代历史文化孕育悠久，但相比之下，此时的山西盂县窑、平定窑、榆次窑、介休窑的文化底蕴则没有河北定窑如此丰厚，陶瓷生产比较单一，更没有像定窑那样可以借鉴的石刻、缂丝等手工技艺，但它们依然按照其自身的轨迹发展。也可以说，在定窑借鉴了其他工艺的基础上，它们又借鉴了定窑的工艺。民国二十五年（1936 年）在太原市坝陵桥发现瓷器库一处，内藏瓷器百余件，并伴有“大宋河东路官窑场”铜印一枚[3]，这表明这是一处官府用来收藏瓷器的地点。介休窑以生产白釉瓷为主，装饰技法有白釉划花、剔花、白釉彩绘、白釉镂空[4]、白釉印花等。在 2000 年笔者与冯小琦赴山西进行窑址考察时，在介休窑洪山镇窑址采集到一片白釉印花标本（交留山西省文物考古研究所），它与现藏山西省文物考古研究所的“政和八年铭印花模”的图案、尺寸基本相符，为实物与工具的相对应提供了可靠的资料。特别是其独特的“∽”形印花边饰，是目前所认识的北方白瓷窑场所没有的。薄胎细白瓷外剔刻莲瓣纹，胎体细透几乎与现代的脱胎瓷器相比拟。模印的佛像、人物、动物等小玩具也有别于定窑的产品。特别是串珠装饰的花片、直径 3 厘米的花球以及 1 ~ 2 毫米大的珠子，花片背部有穿孔、花球一侧有孔、珠子通心孔在配上竹、木制作的簪子或将珠子穿成一串时便成为当时妇女所用的装饰替代品（替代那些价格昂贵的金、银、铜、玻璃珠、珍珠等）。这些小饰品在烧成时为了节约空间多采用套烧技术，如将串珠装饰花片放在底足不施釉的圈足内烧成，它既保证了烧成气氛又节约了空间，这也是定窑和其他窑场所没有的现象。

1　孟繁峰、杜桃洛：《井陉窑遗址出土金代印花模子》，《文物春秋》1997 年增刊。

2　孟繁峰等：《井陉窑调查发掘又有新进展》，《中国文物报》2000 年 3 月 12 日。

3　郝树侯：《太原史话》，山西人民出版社，1979 年。

4　山西省博物馆藏“白釉镂空香熏”。参见夏路、刘永生：《山西省博物馆藏文物精华》，1999 年。

六

金太祖阿骨打，改国号为金的原因，值得我们加强对金代白瓷的认识。《金史》记："收国元年（1115年）正月，壬申朔，群臣奉上尊号。是日即皇帝位。上曰：'辽以宾铁为号，取其坚也。宾铁虽坚终亦变坏。唯金不变不坏。'金之色白，完颜部色尚白。于是国号大金，改元收国。"[1]金代尚白之说，无疑推进了白瓷在金人统治地区河北定窑、井陉窑，山西的平定窑、盂县窑、榆次窑、介休窑的成熟与进步。金人的生活是以游牧为主，但是自从太祖阿骨打建国以后，历代游牧贵族都能接受汉化，懂文事。太祖的时候就能够精通汉人的文学美术，赵翼曾有"金之文物，远胜辽元"之说。"金初，未有文字。而开国以后，典章诰命，皆彬彬可观。《文艺传序》云：'金用武得国，无异于辽。而一代制作，能自列于唐、宋之间，有非辽所及者，以文不以武也'……熙宗谒孔子庙，追悔少年游侠，自是读尚书、论语、五代史，或夜以继日。海陵尝使画工密图杭州湖山，亲题诗其上。有'立马吴山第一峰'之句。其中秋待月，赋鹊桥仙词，尤其横可喜……"[2]由此可见，金人是在不断融合和学习汉人文化的基础上，不断改变自己的文化修养以及审美情趣，使之不断适应他们统治地区如河北、山西、陕西、河南、山东、江苏、安徽等地区疆土和人民的需要。从另一个侧面反映了金人是在继承和发展中原地区文化，有可能涉及河北、山西等地区的白瓷发展的进程。

据《重修曲阳县志》记载：后周显德四年所立"王子山院和尚舍利塔记"碑文曾提到立碑人"□□使押衙银青光禄大夫检校太子宾客兼殿中使御史充龙泉镇使钤辖瓷窑商税务使冯翱"。在《重修曲阳县志》的《金石录》中除记载大周显德九年"法兴院定州曲阳龙泉镇王子山院长老和尚舍利塔铭"外，还有"……时宣和二年（1120年）庚子八月十五日，中山府贩磁器客赵仙重修记……院主智弁，岳阳杨刊"[3]。这些记述反映出定窑从五代到宋代瓷业兴旺发达的繁荣景象，乃至贩卖瓷器的商贾也要捐碑扬名。史书中对定窑的记载较多，在《宋史·地理志》中有"信德府（钜鹿）……贡绢、白瓷盏、解玉砂"。这里信德府所贡"白瓷盏"应该是指当时的定窑瓷器。《金史·地理志》记有河

1 《金史·本纪》二，中华书局。

2 （清）赵翼：《廿二史札记·金代文物远胜辽元》，清光绪二十六年广雅书局刻本。

3 周斯亿、温亮珠修，董涛纂：《重修曲阳县志》，清光绪三十年刻本。

北西路“真定府上总管府……产瓷器”[1]又如《东坡志林》载：“真玉须定州瓷芒所不能伤者乃是，尝问后苑老玉工，亦莫知其信否。”[2]宋人苏轼在《试院煎茶》诗中有“定州花瓷琢红玉”的佳句。宋代的邵伯温在《邵氏闻见前录》中也有“仁宗一日幸张贵妃阁，见定州红瓷器，帝坚问曰：安得此物？妃以王拱辰所献为对。帝怒曰：尝戒汝勿通臣僚馈送，不听，何也？因以所持拄斧碎之。妃愧谢，久之乃以”[3]的记载。宋人叶寘《坦斋笔衡》云：“本朝以定州白瓷器有芒，不堪用……”宋人周密《志雅堂杂钞》有“金花定碗，用大蒜汁调金描画，再入窑烧，永不复脱”。《归潜志》中有“定窑花瓷瓯，颜色天下白”的赞誉。在《宋会要辑稿》中有“瓷器库在建隆坊，掌受明、越、饶州、定州、青州白瓷器及漆器以给用，以京朝官三班内侍二人监库。宋太宗淳化元年（990 年）七月诏，瓷器库纳诸州瓷器，拣出缺璺数目，等第……景德四年（1007 年）九月诏：除拣封椿供进外，余者令本库将样赴三司行人，估价出卖……”[4]在笔者整理故宫博物院藏的瓷片标本中发现刻有“慈福”、“北苑”和“尚食局”的标本，在《宋史》、《辽史》和《金史》分别中有关于这三个地点的记载如下。

《宋史》

慈福：1. 九月庚子夜，南方有赤黄气覆大内。辛丑，大飨明堂，以太祖、太宗配，大赦。癸卯，更试补医官法。己酉，遣郑侨等使金贺正旦。甲寅，上皇太后宫名慈福。2. 皇太后移御慈福宫。3. 帝率群臣奉上皇太后册、宝于慈福宫。4. 帝御大庆殿，受群臣朝，遂朝重华宫，次诣慈福宫，行庆寿礼。5. 寿皇圣帝崩，遗诰改重华宫为慈福宫。6. 建华文阁，以藏孝宗御集。甲辰，更慈福宫为寿慈宫。7. 率群臣奉上寿圣隆慈备福光佑太皇太后、寿成惠慈皇太后、圣安寿仁太上皇、寿仁太上皇后册宝于慈福、寿康宫。8. 建炎三年闰八月，高宗自建康如临安，以州治为行宫。宫室制度皆从简省，不尚华饰。垂拱、大庆、文德、紫宸、祥曦、集英六殿，随事易名，实一殿。重华、慈福、寿慈、寿康四宫，重寿、宁福二殿，随时异额，实德寿一宫。9. 凡奉上册宝于慈福、寿康宫者，再备乐行礼，一用乾道旧制。10. 奉太上则有德寿宫、重华宫、寿康宫，奉圣母则有慈宁宫、慈福宫、寿慈宫。

1 《金史・地理志》，中华书局。按金河北西路总管府设真定府，统辖真定府、彰德府、中山府。

2 （宋）苏轼《东坡志林》，明稗海本，卷十一。

3 （宋）邵伯温：《邵氏见闻录》1038 册卷二，商务印书馆影印清文渊阁四库全书本。

4 （清）徐松：《宋会要辑稿》，中华书局。

11. 上皇太后宫名慈福。12. 皇太后移御慈福宫。

北苑：1. 建宁府，上，本建州，建安郡。旧军事，端拱元年，升为建宁军节度；绍兴三十二年，以孝宗旧邸，升府。崇宁户一十九万六千五百六十六。贡火箭、石乳、龙茶。元丰贡龙凤等茶、练。县七：建安，望。汉县。有北苑茶焙、龙焙监库及石舍、永兴、丁地三银场。2. 建宁腊茶，北苑为第一，其最佳者曰社前，次曰火前，又曰雨前，所以供玉食，备赐予。太平兴国始置，大观以后制愈精，数愈多，胯式屡变，而品不一，岁贡片茶二十一万六千斤。

尚食局：1. 时契丹初来贺承天节，择膳夫五人赍本国异味，就尚食局造食，诏赐膳夫衣服、银带、器帛。2. 太官令　掌膳羞割烹之事。凡供进膳羞，则辨其名物，而视食之宜，谨其水火之齐。祭祀共明水、明火，割牲取毛血牲体，以为鼎俎之实。朝会宴享，则供其酒膳。凡给赐，视其品秩而为之等。元祐初，罢太官令。二年复置。崇宁三年，置尚食局，太官令惟掌祠事。3. 殿中省尚舍、尚药、尚酝、尚辇、尚衣、尚食局，崇宁二年增置。

《辽史》

1. 奉御有：尚乘局奉御、尚辇局奉御、尚食局奉御、尚衣局奉御。

《金史》

尚食局：1. 世宗十四年……十一月甲申朔，日有食之。丙申，御史中丞刘仲诲等为贺宋正旦使。戊戌，召尚食局使，谕之曰："太官之食，皆民脂膏。日者品味太多，不可遍举，徒为虚费。自今止进可口者数品而已。"戊申，以仪鸾局使曹士元为高丽生日使。2. 以尚食局使师孝为高丽生日使。3. 太府监官兼尚食局官，乞于少府监依此例，注能干官一员兼仪鸾局官，仪鸾局官一员兼少府监官，相须检治。4. 乌林答与，本名合住，大名路纳邻必剌猛安人。充奉职、奉御、尚食局直长，兼顿舍。除监察御史，累官武胜军节度使、北京按察转运使、太子詹事、武卫军都指挥使。5. 世宗留守东京，海陵用兵江、淮，将士往往亡归，诣东京，愿推戴世宗为天子。仅言劝进，世宗即位，除内藏库副使，权发遣宫藉监事。海陵死扬州，仅言与礼部尚书乌居仁、殿前左卫将军阿虎带、御院通进刘琬发遣六宫百司图书府藏在南京者。还以本职提控尚食局，转少府监丞，仍主内藏。6. 严祇门东曰尚食局，又东曰宣徽院，院北曰御药院，又北右藏库，东则左藏库。7. 受尊号仪——尚食局进食，执事者设群官食，宫县奏《保大定功之舞》，三成，止，出。又进第二爵酒，登歌奏《天赞尧龄之曲》，饮讫，乐止。执事者行群官酒，宫县作《肃宁之曲》，武舞入，觞行一周，乐止。尚食局进食，执事者设群官食，宫县奏《万国来同之舞》，三成，止，出。又进第三爵酒，登歌奏《庆云之曲》，饮讫，乐止。执事者行群官酒，宫县作《肃宁之曲》，觞行一周，乐止。尚食局进食，执事者设群官食，宫县奏《肃宁之曲》，食毕，乐止。8. 尚食局直长、知书、都管、接手、汤药直长、长行各一，厨子五。9. 尚食局本把，四人，大定二十八年设，格同仪鸾。杂班局分，鹰坊子、尚食局厨子、果子厨子、食库车本把、仪鸾典幄、武库枪寨、司兽、钱帛库官、旗鼓笛角唱曲子人、弩手、伞子。贞元元年，制弩手、伞子、尚厩局小底、尚食局厨子，并授府州作院都监。10. 尚食局。元光二年，参用近侍、奉御、奉职。提点，正五品。使，从五品。副使，从六品。掌总知御膳、进食先尝、兼管从官食。直长一员，正八品。不限资考。都监三员，正九品。不限资考。生料库都监、同监各一员，掌给受生料物色。收支库都监、同监各一员，掌给受金银裹诸色器皿。以外路差除人内选充。

北苑：1. 五年……三月壬申，初定限钱禁。庚辰，初定日月风雨雷师常祀。戊子，置弘文院，译写经书。夏四月壬辰朔，幸北苑。2. 察御史陶钧以携妓游北苑，歌饮池岛间，迫近殿廷，提控官石玠闻而发之。

从以上历史文献，结合目前发现的实物资料看，说明当时就有使用定窑瓷器的记录，有些还被宫廷使用，特别是那些印有龙纹、刻有宫殿名称和府院称谓的定窑制品。由此看来定窑上面的刻印文字，与当时的文献记载相互吻合。

在介休窑址附近有一座源神庙，庙内有大中祥符元年（1008 年）设立的“源神庙碑记”碑文中有“……丹炉炊频，洙风扇□，高土云集，□舡频届，陶剪翠殊，名彰万载……”、“瓷窑税务任韬”、“前瓷窑税务五忠”等记载。碑阴刻有“磁窑户杨赟，马美”。由此可以看出此窑场在当时也是十分重要。同时可以想见在北宋真宗时期，介休窑的陶瓷生产已经十分兴旺发达，产量也具备一定的规模。否则官府怎么会在洪山镇派驻税收官员呢？而且派过两任税务官员。以碑文与地方志的形式记载陶瓷生产过程的不少，但是由官府设官收取生产瓷器税务的目前仅知道定窑和介休窑两处：一为《重修曲阳县志》记载五代后周时期所收的定窑瓷器税，另一处即源神庙碑记北宋真宗大中祥符元年碑记。虽然方志与碑文中所记述的内容都十分简单，但是它们讲明了设官收税的具体时间和税务官员的姓名。这种共性对于研究位于身处两省位于不同地域但共同烧制白瓷的两处窑址以及它们的烧造情况提供了相对翔实的资料，具备一定的参考价值。据《介休县志》物产条记："杂产……煤炭出西南近山……磁器，出师屯、磨沟、洪山等村。"[1]历史文献中对介休窑的记载几乎等于零，这种文字上的空白为现代人研究介休窑留下了不可弥补的缺憾。

缸瓦窑、井陉窑、盂县窑、平定窑、榆次窑相对而言，它们的文献记载显得更加苍白。关于记述文献，本文在窑址分布中以有提及，此处不在表述。

从历史文献中我们可以看出，定窑和介休窑是两处具备赋税性质的窑场。它们虽然是民营手工业的性质，但是定窑与皇室存在有供奉关系，这是其他窑场所不具备的特性。

七

关于定窑的延续时间，我们在《中国陶瓷史》中可以看到有"遗址里看不到晚于元代的标本，应该说涧磁村的烧造历史始于唐而终于元"的记载。然而在《大明会典》的记录中有："明宣德年间题准，光禄寺每年所需的酒缸、瓶、坛分派河南布政司，除钧、磁二州外，真定府曲阳县酒缸一百十七只、十瓶坛四千二百七十四个、七瓶坛六千一百个、五瓶坛六千二百四十个、酒瓶一万三百四十一个，每年烧造解寺应用。又嘉靖三十二年题准，曲阳县缸、瓶、共一万七千七百六十五件……召商代买，如遇缺乏，止行磁州，真定烧造，免派钧州……"[2]曲阳窑承办的这些酒器在涧磁村和燕山村窑址里没有看到这些器物的标本。但是根据《重修曲阳县志》讲："龙泉社上涧磁村，县北四十五里，东至北镇里二里，西至韩家村五里，南至灰领村十里，北至树沟村十里。"[3]在笔者对定窑址的调查中发现，在涧磁村以西的韩家村窑火兴旺。烧缸、盆等粗器和下水管材以及仿定窑白瓷。据当地人讲其祖辈已经在此地烧造瓷器，已知可以追溯到民国时期。这种史料与调查状况的吻合，是否可以看作定窑遗址在明、清时期是否会产生位移，或者说窑区由于各种尚未发现的原因（诸如原料、燃料、生产方式、经营手段、堆积面积过大等因素）向人口稠密的边缘扩展，此项工作需要进一步的加强。

从目前的考古发现和墓葬材料以及本人的调查来看，缸瓦窑的烧造时间应该从辽代到

1 （清）王谋文：《介休县志》，乾隆三十四年刻本。

2 （明）申时行：《大明会典》，明万历十五年本。

3 周斯亿、温亮珠修，董涛纂：《重修曲阳县志》，清光绪三十年刻本。

元代，从元代以后在这一地区没有继续烧制，这可能与当时的交通发展和贸易往来的频繁、中原地区的产品比较方便传入边疆有关。

根据窑址调查和发掘的情况看，井陉窑遗址出土器物分别为晚唐、五代、宋、金时期，金代的战乱结束了井陉窑的烧成历史，在井陉县北关曾多处发现金代末年窖藏，可以说明这一点[1]。根据文献记载有“五日一集，不过陶冶……”[2]笔者调查井陉县境内现代仍然有烧制粗瓷瓦缸、水管等作坊，县境内有生产日用陶瓷的工厂。由此可见，战乱破坏了井陉窑的烧造环境，经过平静的生活之后，又恢复了井陉窑的生产，可是停滞之后的井陉窑很难恢复到宋、金时期白瓷生产的辉煌。

平定窑和盂县窑相继烧造时间大约不过三五百年，从调查的结果看，事实也应该如此。可能是由于原料、燃料以及陶工和经营等原因，造成这两处烧造白瓷的窑场不能继续经营，自此衰败。

从榆次窑（孟家井窑）的调查来看，自从宋、金烧造瓷器以来，窑火不断，特别是有关于“陈格瓷”的传说，“太原有位瓷器创新家陈格，创造了一种灰白相间，花纹细析，如同老树横剖面的年轮一样，叫做‘木理纹瓷’，也叫绞釉瓷，又叫‘陈格瓷’，当年的马庄、孟家井都烧这种瓷器，习惯上所谓‘北方宋瓷’就是指此而言”[3]。在调查中不但发现宋、金、元、明、清、民国时期的遗物，同时也发现有民国时期保存完好而又被废弃的窑炉。

介休窑则与定窑不同，它基本上是在同一地点延续生产。根据介休县洪山镇源神庙民国九年（1920年）碑记，行规共计十八条。其内容可归纳为：不准扩大生产规模；控制生产时间；不准采用先进技术。行规五条规定：只准上握轮，不准上搅轮。行规六条规定：做碗只许手捏，不许模型注等[4]。这些记录反映了当时延续烧造的情况，与笔者在介休窑洪山镇调查访问的情况大体相同。现在的洪山瓷厂是在旧瓷厂的原址上建立的，有一位80多岁的老人在老瓷厂画瓷器，老瓷厂就是洪山镇瓷厂的前身，可以说介休窑没有产生位移，是一直延续生产的窑厂。目前尚未发现窑炉，相对而言为分期揭开介休窑面貌带来一定困难。

1　孟繁峰、杜桃洛：《井陉窑遗址出土金代印花模子》，《文物春秋》1997年增刊。

2　（清）钟文英：《井陉县志》集市卷二，雍正八年刻本。

3　衡翼汤：《山西轻工业志》，中国轻工业出版社，1991年。

4　衡翼汤：《山西轻工业志》，中国轻工业出版社，1991年。

八

综上所述，金人的尚白无疑对推动北方白瓷的发展起到重要的作用。从目前的调查和发掘情况看，定窑、缸瓦窑、井陉窑、平定窑、盂县窑、榆次窑、介休窑等自宋代以来不但没有衰落，反而更加兴旺。这些窑场不仅存在共性，而且特性突出。从地理环境上看，它们沿着一条大致相同的矿脉相互影响、互相借鉴。它们使用基本相似的原料，共同生产白瓷。虽然定窑以其独特的原料成分创造了覆烧工艺，但是其他窑场由于原料成分达不到高温烧成条件和覆烧工艺应该具备的胎体硬度，它们没有学习和借鉴定窑的覆烧工艺，仍然沿袭了传统的叠烧和支烧方法。无疑在这条独特的北方白瓷生产链条上，定窑与介休窑独步生产的领先地位，它们有着同样的税赋关系。定窑得到其他工艺的借鉴比较多，同时为皇室提供丰富的生活用瓷。众多的史书文献记载对于人们认识和了解定窑提供了便捷的方式。由于它的调查和发掘工作开始的时间比较早，材料相对丰富，致使研究工作进行得比较顺利；而其他窑场则相对封闭，文献记载相对缺失了许多，调查和发掘时间比较晚，人们对它们的认识相对模糊，往往将一些墓葬出土的器物和一些传世器与定窑相联系，造成了认识上的某些混乱和研究上的不便。缸瓦窑的白釉褐彩剔花、白釉印花轮菊纹等图案和井陉窑器物上的“戳印褐花”、印花“池上仙人”、开光“湖石园景图”均别具特色。介休窑生产薄胎浅浮雕碗、妇女所用的簪花片、簪花球、串珠和独特的“∽”形印花边饰，则有强烈的地域特征。以上诸窑烧成条件、生产工艺、装饰技法虽然各有千秋，但瓷胎中的氧化铝含量，是决定其白瓷生产工艺的重要因素。根据目前发表的材料和笔者调查的结果看，虽然定窑和介休窑处于此时白瓷生产的领先地位，但是，缸瓦窑具有通向北方地区要塞的特殊地理环境，具有民族融合的大好契机和先决条件，使得定窑白瓷能够有向北方地区延伸和扩展。这就使得缸瓦窑在借鉴定窑生产的基础上形成了带有本身地域特点的产品。井陉窑地处晋赵通衢的地域环境，其白瓷生产不但具备定窑白瓷的某些特征，而且又有山西白瓷生产的工艺方法，也有自己独创的装饰风格，起着承上启下的重要作用。本文意在采用比较学的方法对宋、辽、金时期北方白瓷生产的主要窑场进行对照和比较，对几个重要的节点进行分析和讨论，找出它们的共性和特性，通过比较和总结得出相对完善的结论。

附表 1：

	定窑	缸瓦窑	井陉窑
窑址分布	涧磁村县北四十五里，东至北镇里二里，西至韩家村五里，南至灰领村十里，北至树沟村十里。	缸瓦窑位于内蒙古自治区赤峰市西南的猴沟乡。	井陉县境内共有九座。主要有河东坡窑区、秀林窑区、北陉窑区、东窑岭窑区、南陉窑区、南防口窑区、冯家沟窑区、城关窑区、梅庄窑区。
窑炉	馒头窑燃烧室成半圆形，窑室呈长方形，后壁有两个烟囱。小型窑炉多点分布。	窑炉中使用龙窑，是北方白瓷生产独具特点的地方。其他窑炉与定窑相似。小型窑炉多点分布。	馒头窑燃烧室成半圆形窑室呈长方形，后壁有两个烟囱。小型窑炉多点分布。
窑具	定窑原先使用的匣钵是一件匣钵装烧一件器物，改用覆烧工艺之后，采用垫圈组合匣钵取代了当时的普通匣钵，减少了装烧成本，提高了装烧数量，芒口。	缸瓦窑采用仰烧和叠装套烧，使用匣钵装烧和环状装烧具，器物之间采用了垫烧器具有三爪支具、泥条、垫饼、支顶垫烧器具（用于大型器物的装烧），涩圈支烧。	筒状、漏斗状、盆形、钵形、釜形匣钵。垫烧工具为支圈。
烧成方法	仰烧、叠圈覆烧。底足满釉。	仰烧、叠圈套烧，有的施釉不到底。	垫烧、满釉支烧（支珠、支钉）、涩圈支烧。 发现有素烧器，显然采用二次烧成方法。
原料	灵山紫木节、灵山粘土、白坩土、套里白坩等为主要成分的黏土。青坩土，粗胎细作。	坩子土等。	目前尚无记录。
成品率	成品率高，废品率也高，堆积丰富。	成品率较高。	不详。
铝含量	高铝	不详	可能相对低一些，待考
釉色	白中泛黄，多呈现牙黄色，有泪痕。	白中泛黄，施妆土，有杂质。	白度适中，与定窑釉色不同。

	定窑	缸瓦窑	井陉窑
器物类型	盘、碗、炉、三足炉、龙首净瓶、净瓶、瓶、花口瓶、直颈瓶、梅瓶、穿带瓶、盖罐、钵、桶形盖盒、执壶、盏托、渣斗、枕、阳具（瓷祖）、海螺、龟、小动物、刻字器物等。	盘、碗、罐、瓶、皮囊壶、长颈瓶、渣斗、凤首长颈瓶、枕、葫芦执壶、器座、雕塑玩具等。	外模印莲瓣碗、折腰碗、梅瓶、枕、碗、盏、盘、盂、尊、壶、瓶、罐、盆、盒、灯、香炉、釜、枕、雕塑人物、动物、工具、建筑构件等。
装饰方法	素面、浮雕、浅浮雕、雕塑、刻、划、剔、戳印褐花、模印等、刻文字等。	素面、剔花、模印等。	印花、划花、剔花、点彩、戳印褐花、白地黑绘划花、白地褐绘划花、白釉白地划花。
胎质	坚质、细密。	坚质、缸性强。	温润、柔和。
工艺借鉴	石刻、缂丝。		
文献记载	多，翔实。	不详。	不详细。
税赋关系	有记载，瓷窑商税务使冯翱。		
调查开始时间	定窑遗址早在1934被叶麟趾先生提出，并且具体认定位于河北曲阳的涧磁村，后经过日本人小山富士夫在1941年前往该地实际考察证实。	1943年发现，1944年进行了发掘。	1996年、1998年、2000年河北省文物研究所会同当地市县文物部门进行调查、勘探、发掘。
延续时间	唐、五代、宋、金、元、明代有记载、清代待考、民国。	辽、元代。	晚唐五代、宋、金三个时期。明代有记载。现代有烧制粗瓷和生活用瓷的瓷厂。
使用情况	商品、供民间使用和宫廷使用。	商品、供给民间使用。	商品、供给民间使用。
窑厂性质	民营手工业。初步具有了官营手工业的性质。	民营手工业。	民营手工业。

附表 2：

	介休窑	平定窑	盂县窑	榆次窑
窑址分布	磁器，出师屯、磨沟、洪山等村。	磁器，榆次、临县及平定州出，俱有窑。	太原路 磁窑二十处，在盂州。在州南八十里招贤村。	磁窑在榆次县北六十里孟家井。榆次县治次六十里有孟家井，居民大率三百家，迺古昔陶器之所。
窑炉	尚未发现窑炉。小型窑炉多点分布。	尚未发现窑炉。小型窑炉多点分布。	尚未发现窑炉。小型窑炉多点分布。	尚未发现窑炉。小型窑炉多点分布。
窑具	匣钵叠装套烧工艺，它是将盘、碗等圆器类制品在单件匣钵中叠装 2 ~ 4 件，大部分是在底足上粘接 3 个小支钉也有粘 4 枚或 5 枚支钉的，烧成后碗或盘内只留有很小的支钉痕，有的小到只有 1 厘米左右。也有采用三角支架上下带有支钉的窑具烧制满釉器物的现象。	匣钵叠装套烧工艺。	匣钵叠装套烧工艺。	匣钵叠装套烧工艺。
烧成方法	满釉支烧，无芒口、支钉叠烧（三钉、四钉、五钉）、圈足内套烧。	垫烧、支烧。	垫烧、支烧。	垫烧、支烧。
原料	紫木节、白坩土。青坩土则主要用于生产粗胎白瓷。	目前尚无记录。	目前尚无记录。	目前尚无记录。
成品率	成品率高，废品率低，堆积相对贫乏。	不详。	不详。	不详。
铝含量	低铝	或为低铝，待考	或为低铝，待考	或为低铝，待考

	介休窑	平定窑	盂县窑	榆次窑
釉色	白度高78度，透明度1，呈现乳白色。	色白。	色白。	青白。
器物类型	盘、碗、高足碗、洗子、盒子、奁盒、粉盒、瓶、炉、镂空香熏、灯檠、小动物等，饰品有簪花片、簪花球、小珠子。	盘、碗、折腰碗、盒、炉、瓶、罐等。	盘、碗、盒、炉、瓶、罐等。	盘、碗、枕、盒、炉、瓶、罐等。
装饰方法	素面、雕塑、浅浮雕、刻、划、剔、模印等。独特的“∽”形印花边饰。	印花、划花等。	印花、划花、刻花等。	印花、划花等。
胎质	温润、柔和。	温润、柔和。	温润、柔和。	细白瓷比较少。
工艺借鉴				
文献记载	相对详细。	不多。	不多。	不多。
税赋关系	有记载，瓷窑税务任韬，前瓷窑税务五忠。			
调查开始时间	1957年5月山西文管会调查了源神庙东北百米喊车沟，沟内堆积达3～4米厚，遗址宽南北100米，东西400米，器物有白釉、黑釉、白釉剔花、白地黑花等品种。	1977年发现。	1977年发现。	不详。2000年山西省文物考古研究所进行调查和发掘工作。
延续时间	宋、金、元、明、清、民国、现代。	唐、五代、宋、金五百多年的历史。	宋金时期大约三百多年的历史。	宋金时期，元、明、清以及民国时期。现保留民国时期的一座完整窑炉。
使用情况	商品、供给民间使用。	商品、供给民间使用。	商品、供给民间使用。	商品、供给民间使用。
窑厂性质	民营手工业。	民营手工业。	民营手工业。	民营手工业。

辽代白瓷简论

彭善国　吉林大学边疆考古研究中心

内容提要：辽代的窑场，深受邢、定二窑的影响，普遍以高温石灰釉白瓷为主要产品。龙泉务、缸瓦窑等辽窑场的白瓷，原料、装烧各有其特点，产品流通也具有地域性。造型以碗、盘为多，也有鸡冠壶、盘口束颈壶、凤首瓶等代表辽瓷特征者。白瓷的装饰，可分为胎体装饰和釉彩装饰两类，前者有刻划、剔刻、模印等，后者主要有白釉绿彩和白釉黑彩等。

关键词：辽代　白瓷　窑场　造型　装饰

一

辽代的白釉器[1]，包括低温铅釉陶器和高温石灰釉瓷器两种。内蒙古阿鲁科尔沁旗宝山窑[2]、巴林左旗南山窑[3]，均以白釉陶器为主要产品。这些白釉陶器的胎，使用了含钙量高达26%以上的石灰质黏土，由于含铁量较高，致使烧成后普遍呈现砖红色，胎釉间施加的一层白色化妆土使透明釉呈现为白色[4]。两处窑址还见有以铜为着色剂的低温白釉绿彩。赤峰

1　均为透明釉，因胎地或化妆土颜色洁白而呈现白色。

2　彭善国、周兴启：《内蒙古阿鲁科尔沁旗辽代窑址的调查》，《边疆考古研究》八辑，科学出版社，2009年。

3　彭善国：《内蒙古巴林左旗白音高洛、南山窑址的调查》，《草原文物》2011年第2期。

4　崔剑峰等：《赤峰北部辽代窑址出土陶瓷残片及窑具的成分分析》，《边疆考古研究》八辑，科学出版社，2009年。

北部及辽宁西部的辽代墓葬发现的白釉刻花填绿彩器，推测也是来自这两处窑场[1]。

辽代的窑场，深受河北唐代以来以白瓷著称的邢、定二窑的影响[2]，普遍以高温石灰釉白瓷为主要产品。

位于北京市门头沟区的龙泉务窑，堆积跨辽、金两代[3]。发掘揭露的窑炉均为馒头窑。该窑的白瓷，有粗、细两类。两类白瓷均不施化妆土。细白瓷胎的 Al_2O_3、Na_2O、TiO_2 、SiO_2、Fe_2O_3 的含量分别约为 37.4% ~ 39%、2.7% ~ 4.3%、1.2% ~ 1.7%、52.4% ~ 54.9%、0.2% ~ 0.3%，以高铝、钠、钛和低硅为特征，氧化铁含量很低。与定窑白瓷有明显差别。粗瓷胎的 Al_2O_3 的含量波动变化大（25.2 ~ 39.0），多数生烧，气孔率高。早期白瓷釉为石灰釉（钙釉），辽中期之后出现钙碱釉。白瓷的烧成温度约为 1240 ~ 1270℃。辽代早期在氧化焰中烧成，釉色泛黄；中期后开始使用还原焰，釉色洁白[4]。绝大多数的白瓷，使用支钉仰叠烧的方法，器物内底有长条形的支钉痕迹。龙泉务窑的白瓷产品，在李继成夫妇合葬墓[5]（1004 年、1043 年）、天庆三年张馆与马直温夫妇合葬墓[6]（1113 年）、崇文区彭庄 M3[7]、丰台长辛店墓[8]、大兴团河农场三号地 M1[9] 等北京地区的辽墓中均有出土。此外，密云小水峪窑也发现了辽代烧造白瓷的窑址，造型主要是碗[10]。

1 彭善国：《辽代釉陶的类型与变迁》，《徐苹芳先生纪念文集》，上海古籍出版社，2012 年。

2 按辽建立之初的南侵，不仅攻掠燕、云一带，甚至深入到河北中南部。神册元年（916 年）辽攻代北到河曲一带，神册二年掠燕赵；神册六年略地定州，天赞二年（923 年）徇地燕赵；会同八年（945 年）攻邢、洺、磁三州；直到世宗天禄四年（950 年）还对安平、内丘、束鹿进行劫掠。燕赵地区的“磁窑务（磁窑镇）”，曾被辽攻破，定州也遭辽短暂占据。史载“辽自太祖以来，攻掠五代、宋境，得其人则就用之。东北二鄙，以农以工，有事则从军政”。《辽史》国语解记“应天皇后从太祖征讨，所俘人户有技艺者置于帐下，名属珊，盖比珊瑚之宝”。辽灭后晋，方技、百工等数千人被驱至上京。（北宋）夏竦（985 ～ 1051 年）《文庄集》（影印文渊阁四库全书集部二十六别集类）卷十三云：“幽蓟陷敌之余，晋季蒙尘之后，中国器度、工巧、衣冠士族，多为犬戎所有。”《辽史》地理志三记宜州弘政县，“世宗以定州俘户置，民工织絍，多技巧”。河北中南部、山西北部唐代以来就有瓷窑的设置。从以上文献可以推测，该地区“有技艺”的制瓷工匠，在 10 世纪上半叶的这种历史进程中北播，开启了辽地制瓷手工业的序幕。

3 北京市文物研究所编：《北京龙泉务窑发掘报告》，文物出版社，2002 年。

4 陈尧成、张筱薇、黄秀纯、刘兰华、齐鸿浩：《北京龙泉务窑辽金白瓷研究》，北京市文物研究所编：《北京龙泉务窑发掘报告》附录 1，第 444-450 页。文物出版社，2002 年。

5 王清林等：《丰台路口南出土辽墓清理简报》，《北京文博》2002 年第 2 期。

6 北京市文物工作队：《北京市大兴县辽代马直温夫妇合葬墓》，《文物》1980 年第 12 期。

7 苏天钧：《北京郊区辽墓发掘简报》，《考古》1959 年第 2 期。

8 张柏主编：《中国出土瓷器全集》1，科学出版社，2008 年，图版 55。

9 北京市文物研究所：《大兴团河农场三号地辽代窑址和墓葬》，《北京文博》2010 年第 1 期。

10 赵光林：《近年北京发现的几处古代瓷窑址》，文物编辑委员会编：《中国古代窑址调查发掘报告集》第 408-415 页，文物出版社，1984 年。

缸瓦窑位于内蒙古自治区赤峰市松山区猴头沟乡。考古发掘揭示，窑址的堆积主要有辽金两个时期。金代的堆积较厚，遗存丰富；辽代的堆积较薄，主要是辽代晚期遗存[1]。若宋人使辽行程录中所记载的“官窑馆（或锅窑馆）”系指该窑而言的话，则缸瓦窑可能在北宋大中祥符九年（1016年）之前就存在了[2]。缸瓦窑辽代晚期的产品，以施化妆土的粗白瓷数量最多，不施化妆土的细白瓷也有少量发现。以耐火黏土团成垫珠间隔叠烧是粗、细白瓷碗盘的主要装烧方法，此类产品内底常留有3至4枚支垫痕迹。白瓷的造型主要有碗、盘、瓶、罐、盒、鸡冠壶等。缸瓦窑遗址附近，富蕴用于制胎的矸子土和配釉的土结石。经过测试的细白瓷标本，氧化铝的含量都在36%以上，在弱的还原气氛下以1280℃左右的温度烧成，釉色白中微泛青[3]。窑址东约10千米的城子镇是辽代松山县的治所，松山县开泰二年（1013年）置县，“边松漠，商贾会冲”[4]。城子镇调查发现瓷器残片很多，绝大多数是缸瓦窑辽金时期的产品[5]。缸瓦窑产品的流通应是通过这样一个区域性的商业贸易中心展开的。

辽宁辽阳江官屯窑址，位于太子河畔，规模较大[6]，历年采集的产品以裸烧的粗白釉瓷器为主，造型主要是碗、盘、瓶等。辽阳大林子寿昌二年（1096年）王翦妻高氏墓内出土的白釉碗[7]，或是该窑产品。自江官屯村采集的白釉梅瓶[8]，在辽宁凌源马家沟[9]、彰武差大

1 刘冰等：《缸瓦窑考古发掘综述》，高延青编著：《北方民族文化新论》第357-366页，哈尔滨出版社，2001年；郭治中、苏东：《赤峰缸瓦窑出土辽金瓷器举要》，中国古陶瓷学会编《中国古陶瓷研究》第十一辑，第14-29页，紫禁城出版社，2005年。

2 宋人使辽行程录《薛映记》（按《薛映记》见《续资治通鉴长编》卷八八、《宋会要辑稿》蕃夷二之八至九、《辽史》卷三七；（南宋）叶隆礼《契丹国志》卷二四误其为《富郑公行程录》，此点傅乐焕已辨明，详见《宋人使辽语录行程考》，收入《傅乐焕辽史丛考》第1-28页，中华书局，1984年）记载：“映、士逊始至上京。自中京正北八十里至临都馆，又四十里至官窑馆，又七十里至松山馆。”这个“官窑馆”，从地理位置上推断，在缸瓦窑址附近，可能因窑场而得名。薛映使辽是在辽开泰五年（北宋大中祥符九年，1016年），似说明缸瓦窑可能在1016年之前就存在了。1067年陈襄使辽，在其《神宗皇帝即位使辽语录》中（《辽海丛书》第2542-2545页，据日本静嘉堂文库本，辽沈书社，1985年）“官窑馆”则被记成了“锅窑馆”。

3 关宝琮等：《辽白瓷研究》，路菁：《辽代陶瓷》附文二，辽宁画报出版社，2003年。

4 《辽史》卷三十九《地理志三》。

5 张松柏：《辽金松山州遗址调查》，《内蒙古文物考古》总第4期。

6 李文信：《辽瓷简述》，《文物参考资料》1958年第2期。

7 易青安：《辽阳市大林子村发现寿昌二年石棺》，《文物参考资料》1956年第3期。

8 《辽阳博物馆馆藏精品图集》第43页，辽宁大学出版社，2009年。

9 吕学明等：《凌源马家沟辽墓清理简报》，辽宁省文物考古研究所编：《辽宁考古文集》第134-141页，辽宁民族出版社，2003年。

马[1]等晚期辽墓中也有出土。这表明，江官屯窑或在辽代晚期就已开始烧造白瓷了。

山西浑源青磁窑遗址产品面貌复杂，有白、黑、青、黄、钧各色釉，时代下限约在元代[2]。青磁窑采集到的白瓷器与内蒙古和林格尔前瓦窑沟辽代遗址出土的瓷片很相似[3]。此外，在内蒙古察右前旗豪欠营 M5、M6[4]、山西朔州城区市府街 M21[5]、大同西南郊天庆九年（1119年）刘承遂墓[6]等辽代晚期墓葬出土的瓷器，从纹饰或装烧特征上看，碗的内底常常印轮菊纹；采用垫珠叠烧，碗盘的底部多留有支烧痕，支烧痕数量多在 5 个或以上，有的竟达 10 枚，在内底环列成圈。这些都是浑源青磁窑产品的特征，由此似可推测该窑产品的流布是以西京为中心。大同卧虎湾 M37、水泊寺乡古城村[7]出土的白釉剔划花罐，也应是青磁窑产品。

内蒙古巴林左旗林东镇窑址，位于辽上京故城皇城西偏南的山坡上。因人为破坏和自然侵蚀，现在已无迹象可寻。1944 年由日本人操纵发掘，在窑址一条探沟的东端上半部灰土层（下半部是原生黄土）深约 30 厘米的地方，发现一枚“元丰通宝”（“元丰”为北宋神宗年号，1078 ~ 1085 年）北宋铜钱。但这并不能解决窑址的创烧时代问题。窑址出土的瓷器中，白瓷数量最多，均不施化妆土，造型有碗、盆、瓶、罐、盂、盒等[8]。林东窑产品中，管口长颈瓶等在金代墓葬中常见而不见于辽代。此外，西山坡是全城的制高点，顶部偏北现存规模巨大的建筑址，根据文献推断是奉安辽太祖的日月宫，辽的工匠在此处烧造瓷器似不合常理。这座窑场的时代及性质目前还难以定论[9]。

---

1 王来柱：《彰武差大马辽墓发掘简报》，《辽海文物学刊》1996 年第 1 期。

2 李知宴：《山西浑源界庄窑》，《考古》1985 年第 10 期。此简报所报道的界庄，实为青磁窑。

3 乌兰察布盟博物馆：《和林格尔县前瓦窑沟辽金时代遗址》，内蒙古文物考古研究所编：《内蒙古文物考古文集》第一辑，第 553-565 页，中国大百科全书出版社，1994 年。

4 乌盟文物工作站：《豪欠营辽墓第一次清理简报》，乌盟文物工作站、内蒙古文物工作队编：《契丹女尸》，内蒙古人民出版社，1985 年；乌兰察布盟文物工作站：《察右前旗豪欠营第六号辽墓清理简报》，《文物》1983 年第 9 期。

5 山西省考古研究所平朔考古队：《朔州辽代壁画墓发掘简报》，《文物季刊》1995 年第 2 期。

6 边成修：《大同市西南郊发现三座辽壁画墓》，《文物》1959 年第 7 期。

7 张柏主编：《中国出土瓷器全集》5，图版 73、74，科学出版社，2008 年。

8 李文信：《林东辽上京临潢府故城内瓷窑址》，《考古学报》1958 年第 2 期。

9 内蒙古文物考古研究所：《辽上京城址勘察报告》，内蒙古文物考古研究所编：《内蒙古文物考古文集》第一辑，第 510-536 页，中国大百科全书出版社，1994 年；彭善国：《辽上京城内瓷窑址的年代问题》，《首届辽上京契丹辽文化学术研讨会论文集》，内蒙古文化出版社，2009 年。最新的考古发掘表明，西山坡的这几处建筑是规格很高的佛教寺院，2012 年 12 月 4 日中国考古网消息。

二

辽代墓葬、城址、塔址出土的白瓷器，很大一部分来自中原地区的窑场。邢窑产品多见于10世纪中叶前后的辽代墓葬，阿鲁科尔沁旗耶律羽之墓出土底刻“盈”字款的白瓷碗即为著例[1]。定窑白瓷从早到晚都有发现。这些输入品应与辽本土窑场白瓷产品区分开来[2]。就辽地窑场的白瓷而言，碗、盘的数量最多，内底大多数都有叠烧遗留的多枚支钉痕迹（匣钵单件装烧及处于叠烧最顶端的器物除外），芒口的产品发现不多，大概是采用了对口套烧工艺。注壶（注碗）、盏托、钵、盆、罐、唾盂、盒、瓶（净瓶）、灯、香炉等习见，与同时期中原瓷窑产品类似。穿系类的鸡冠壶，如赤峰大营子驸马墓、阜新海力板墓、义县清河门M4出土者，是典型的契丹式器物；提梁类白瓷鸡冠壶，在唐代遗址就有出土，在辽地得以普及。两类鸡冠壶在辽代都有明晰的演变序列[3]。这种适合“马逐水草，人仰湩酪”的器具，是辽代陶瓷民族特征的反映；盘口束颈壶、凤首瓶、长颈瓶、盘口长颈注壶、圆形笔洗等，在内地窑场产品中很少见到，是辽陶瓷地域特征的体现；从高领折肩罐、海棠花式长盘等器型，还可以看到外来文化因素影响下的唐代金银器的余风遗绪[4]；盘口穿带瓶、方盘，则是借鉴了五代、宋初中原瓷器的形制。此外，还发现了小型白瓷雕塑（动物、人物、佛像）、实用的围棋子以及佛塔模型等。

辽代白瓷的装饰，大体可以分为胎体装饰和釉彩装饰两类。胎体装饰采用了剔刻、模印、贴塑等技法。腹部剔刻横列成排的莲瓣常见于11世纪初期前后，与河北定县北宋初年塔基出土白瓷器上的装饰非常接近[5]，显然是对定窑产品的借鉴。11世纪中期前后，剔刻的蕉叶取代了莲瓣。辽宁法库叶茂台[6]、巴林右旗巴彦尔登苏木[7]等地出土的白瓷器上的剔刻装饰，是将花纹周边的化妆土剔除，显现出纹饰的轮廓，这样的花纹具有较强的立体感及鲜明的视觉反差。一些被视为辽代产品的剔花填黑彩瓷器，根据缸瓦窑的发掘资料，其时

1　内蒙古文物考古研究所、赤峰市博物馆、阿鲁科尔沁旗博物馆：《辽耶律羽之墓发掘简报》，《文物》1996年第1期；盖之庸：《探寻逝去的王朝——辽耶律羽之墓》第140页，内蒙古大学出版社，2004年。

2　彭善国：《定窑瓷器分期新探——以辽墓、辽塔出土资料为中心》，《内蒙古文物考古》2008年2期。

3　彭善国：《辽代陶瓷的考古学研究》，吉林大学出版社，2003年。

4　彭善国：《辽陶瓷形制因素论稿》，《内蒙古文物考古》2001年第1期。

5　河北省博物馆、河北省文物管理处：《河北易县净觉寺舍利塔基地宫清理记》，《文物》1986年第9期。

6　辽宁省文物考古研究所、沈阳市文物考古研究所：《辽宁法库县叶茂台23号辽墓发掘简报》，《考古》2010年第1期。

7　张柏主编：《中国出土瓷器全集》4，图版63，科学出版社，2008年。

代可能要晚到金元。模印技法多应用于碗、盘、方盘的内底，纹饰的内容有轮菊、蕉叶、婴戏、牡丹等。贴塑装饰的白瓷器很少见，多为贴塑乳丁。

绿彩在低温白釉陶器及高温白瓷上均可见到，前者或在铅釉上直接点、画斑点或条纹，或在刻划好的花纹上涂以绿彩，纹饰内容常见鱼纹、小鸟、团状莲花、折枝牡丹、三角纹等；后者是在釉上直接点、画绿彩条纹、斑点及斑块[1]。河北迁安上芦辽墓出土的白釉凤首瓶，凤首的眼珠施酱釉[2]；龙泉务窑辽代晚期白釉炉[3]，腹部贴塑的朵花施褐彩，则是辽代白釉点黑（褐）彩的例子。就目前的考古材料来看，辽地窑场并没有采用釉下黑花的装饰技法[4]。辽宁建平马场乡五十家子[5]、内蒙古和林格尔土城子等地辽墓出土的白瓷[6]，釉上用铁彩绘赭黑色的折枝花纹，或是山西介休窑等内地窑场北宋时期的产品。

（本文的研究得到教育部人文社会科学重点研究基地重大项目资助，项目批准号：12JJD780004，原刊《草原文物》2012年第2期，收入本文集略有增补。）

1　彭善国：《辽代釉陶的类型与变迁》，《徐苹芳先生纪念文集》，上海古籍出版社，2012年。

2　唐山市文物管理所：《迁安上芦出土辽代瓷器》，《文物春秋》1990年第1期。

3　北京市文物研究所编：《北京龙泉务窑发掘报告》，彩版四，文物出版社，2002年。

4　彭善国：《所谓辽代釉下黑花瓷器的年代问题》，《文物春秋》2003年第5期。

5　现藏辽宁省博物馆。张柏主编：《中国出土瓷器全集》2，图版108，科学出版社，2008年。

6　内蒙古文物考古研究所发掘资料。

河南出土定瓷与定窑类型瓷器概述

孙 锦 河南省文物建筑保护研究院
孙新民 河南省文物考古研究院

内容提要:河南北邻河北省,距位于河北曲阳县的定窑遗址较近,因此在洛阳城市遗址、五代高继蟾墓、巩义北宋皇陵、林州北宋刘朝宗家族墓和洛阳市安乐窖藏等,不仅出土有较多的定窑瓷器,而且还有修武当阳峪窑、鹤壁市鹤壁集窑等为适应当地市场需求而烧造的仿定窑类型瓷器,有些产品较之定窑瓷器甚至有过之而无不及。

关键词:河南 定瓷 定窑类型 相关问题 探讨

定窑是人们习称的宋代五大名窑之一，与汝、官、哥、钧诸窑齐名于世。定窑以其精湛的印花白瓷和首创的覆烧工艺，在中国陶瓷发展史上占有重要地位。河南也是古代陶瓷大省，从北朝开始生产青瓷，并创烧了我国最早的白瓷；唐代的洛阳为东都，巩义窑生产的白瓷质量颇高，还发明了唐青花瓷。北宋建都开封，河南在北宋时期生产的汝窑瓷器誉满天下，同时出现一批颇有影响的地方窑口。河南北邻河北省，距位于河北省曲阳县的定窑遗址较近，因此不仅出土有较多的定窑瓷器，而且有些地方窑口还适应市场需求，模仿烧造定窑类型瓷器，有些产品较之定窑瓷器甚至有过之而无不及。

一 河南出土的定窑瓷器

河南出土的定窑瓷器中，目前确定最早的是五代时期产品。1986 年在洛阳市区铁道

图 1. 白瓷花口碗（洛阳市出土）

图 2. 白瓷盘（巩义宋元德李后陵出土）

部十五工程局工地发掘了后梁高继蟾墓，出土有定窑白瓷 5 件，分别为碗、盂、壶、枕、盖罐。其中白瓷碗五曲葵口，腹斜直，薄而矮的圈足，圈足内刻划行书“新官”二字款[1]（图 1）。高继蟾史书无传，生前任教坊使，封银青光禄大夫，勋上柱国。中国社会科学院考古研究所在洛阳城市遗址发掘中，也发现 1 件基本完整的“新官”款白瓷碗，也为花式口，与上述碗造型相同[2]。

北宋早期的定窑瓷器，主要见于巩义市西村镇浮陀村的宋太宗元德李皇后陵。该陵曾遭严重盗掘，但仍出土了表明墓主人身份的玉册和越、定窑瓷器多件[3]。其中定窑白瓷 37 件，皆胎质细白，坚硬致密，器身内外施釉，除少部分器口满釉外，绝大部分口沿和圈足着地面露胎。釉色呈乳白色或白中微闪青色，釉质莹润，光洁细腻。纹饰多为划花，以飞凤纹最常见。造型规整，有盘和碗两种。其中盘 11 件，除 3 件底部残缺外，其余均署“官”

1　洛阳市文物工作队：《洛阳后梁高继蟾墓发掘简报》，《文物》1995 年第 8 期。

2　见于中国社会科学院考古研究所洛阳工作站标本室。

3　河南省文物考古研究所：《北宋皇陵》第 324-326 页，中州古籍出版社，1997 年。

字款（图 2）。碗 26 件，圈足署“官”字款者 8 件（图 3）。“官”字款除 1 件字迹模糊、系上釉前刻划外，其余均为上釉后和烧成前所刻划。

1995 年发掘的宋真宗永定禅院遗址，除出土“定陵官”和“官”字款板瓦外，还出土有完整和能够复原的陶瓷器 225 件。其中的 69 件白瓷器中，有 4 件定窑瓷器，分别为芒口折腹盘、六出口花式盘、刻花荷花式盘和六出口花式碟各 1 件[1]。1985 年由巩义市文物管理所在宋英宗永厚陵西北部抢救发掘了燕王赵颢墓，该墓曾遭严重盗掘，仅出土墓志 1 盒和一些残碎瓷片。瓷片中以定窑白瓷为主，尤其是在一片白瓷碗片上绘有金花，比较少见[2]。

图 3. 白瓷碗（巩义宋元德李后陵出土）

2001 ~ 2002 年在林州市姚村镇坟头村抢救清理了 3 座北宋晚期砖室墓，分别为朝散大夫刘朝宗和母亲以及三子、中庐县知事刘逢辰墓，埋葬时间分别为政和二年（1112 年）、绍圣三年（1096 年）和宣和七年（1125 年）。上述三墓计出土定窑白瓷 28 件和酱釉瓷器 5 件，是在北宋纪年墓中极其少见的一例[3]。白瓷造型有碗、碟、罐、盒等，白胎细腻，器壁匀薄，瓷化程度高，不用化妆土。这批定瓷不见刻划装饰，多为素面，仅在个别碗、罐外壁及底部模印菊瓣纹。其中 15 件小瓷碟均为芒口，5 件酱釉碗胎、釉匀薄，釉面光泽极强，属典型的“紫定”产品。

1978 年在洛阳市郊安乐乡曙光村发现 1 处瓷器窖藏，出土瓷器计 43 件，是河南地区

1 河南省文物考古研究所：《北宋皇陵》第 425 页，中州古籍出版社，1997 年。

2 河南省文物考古研究所：《北宋皇陵》第 199 页，中州古籍出版社，1997 年。

3 张增午、李银录：《河南林州市北宋墓葬出土陶瓷器考略》，《中国古陶瓷研究》第八辑，第 84-93 页，紫禁城出版社，2002 年。

为数不多的北宋时期窖藏[1]。这批瓷器来自于不同窑口，既有河南地方窑口的临汝窑青瓷和修武当阳峪窑白瓷，也有景德镇湖田窑的青白瓷和河北定窑的白瓷。河北定窑生产的白瓷碟计 7 件，其中 6 件均镶有铜口。定窑白瓷由于覆烧有芒口，为掩盖其缺陷，增加美观性和实用性，就用铜片把口包起来，有的还包金、包银。

济阳镇大运河故道位于河南省商丘市夏邑县济阳镇，该段故道最早开凿于隋炀帝大业元年（605 年），系利用原来的汴水河道取直、加宽开凿而成，历经唐宋时期的繁荣阶段，沿用至明清时期，现仍保存有长约 2000 米、宽 30 ~ 50 米的故道水面。该段故道是大运河通济渠段唯一一处保存有故道水面的地方，是研究大运河通济渠的活标本。1997 年前后，在夏邑县济阳镇西街大运河故道内发现两艘长约 20 米的古代木船，两船间距不足 100 米。2003 年、2004 年商丘至永城公路南路拓宽改造工程中，通济渠故道内出土一大批隋、唐、宋等时期的陶瓷器，多达数千件（片），几乎包括了我国唐宋时期南北方各个窑口的瓷器。尽管这批陶瓷器不一定是中国南北各窑口的最精产品，但应是当时各窑口生产的大众化畅销产品，是用于市场竞争和销售的陶瓷商品。也有不少产品质量较好，基本反映了唐宋时期陶瓷生产的制作水平，对研究陶瓷手工业的市场销售和南北流通意义重大。其中定窑瓷器数量较少，主要是一些碗、盘等日常生活用具[2]。

在郑州市老城区，即今贯城区的东西大街一线，近年在拆旧建新的旧城改造中曾出土大量唐、宋、金、元代瓷器。这里地处古代的城市中心，出土的瓷器汇集了全国南、北多个窑口，不仅数量大，而且质量优，应具有瓷器销售市场的性质。除河南本地瓷器外，南方窑口有越窑、长沙窑、龙泉窑和景德镇窑；北方窑口主要有耀州窑、定窑和磁州窑。其中，定窑瓷器数量不是很多，造型主要为碗、盘类白瓷器[3]。

其他零散出土的定窑瓷器，还有白瓷八角响铃洗、白瓷花口渣斗和白瓷印花盘等，皆出土于宋代墓葬。白瓷八角响铃洗于 1960 年出土于洛阳市机瓦厂，器身呈内曲的八角形，口沿作八角板沿，腹部透雕八个兽首铃装饰，造型奇特，美观实用[4]。2002 年出土于三门峡庙底沟宋墓的白瓷花口渣斗，作六瓣葵花口，长颈底束，曲腹稍鼓，高圈足外撇。

1 洛阳市文物工作队张剑：《洛阳安乐宋代窖藏瓷器》，《文物》1986 年第 12 期。

2 资料现存夏邑县博物馆。

3 资料现存河南省文物考古研究院。

4 张柏主编：《中国出土瓷器全集》（河南卷），第 136 页，科学出版社，2008 年。

腹部饰六道瓜棱，圈足上有三个花形镂孔[1]（图 4）。白瓷印花盘出土于洛阳市区，现藏于中国社会科学院考古研究所洛阳工作站。

图 4. 白瓷尊（三门峡庙底沟宋墓出土）

二　河南生产的定窑类型瓷器

（一）修武当阳峪窑

当阳峪窑位于河南省焦作市修武县西北部的当阳峪村。20 世纪 30 年代在焦作煤矿任职的英国人司瓦洛对当阳峪窑做了调查，由此引起外界关注。1951 年陈万里先生曾赴现场调查，对当阳峪窑产品赞誉有加："我以为在黄河以北的宋瓷，除了曲阳之定、临汝之汝以外，没有一处足与当阳相媲美。磁州的冶子窑以及安阳的观台窑（在漳河两岸）终逊当阳一筹。而一切文献所列举的磁州窑或是磁州型的瓷器，毫无疑问的有一部分是属于当阳峪，也就是说，磁州窑的荣誉，应该有一部分归于当阳峪窑。"[2] 当阳峪窑曾见于《大明一统志》："怀庆府土产瓷，河内、修武两县出，有窑。"在窑址上面现存有北宋崇宁四年（1105 年）《怀州修武县当阳村土山德应侯百灵庙记》碑，是目前所知全国仅存的两通北宋窑神庙碑之一，具有珍贵的史料价值。碑文中"世利磁器，埏埴者百余家，资养者万余口"之语，反映出北宋晚期当地瓷业的兴盛。

2003 ~ 2004 年，河南省文物考古研究所首次对该窑址进行较大规模发掘，发现作坊、窑炉、过滤池、辘轳坑等窑业遗迹和大量瓷器标本、窑具。从此次的考古发掘成果来看，当阳峪窑产品以白釉为主，黑釉次之，还有绞胎瓷、低温釉三彩及钧釉瓷器等。制瓷兴盛期是北宋晚期至金代，元末衰落，始烧期推测在唐末五代。在北宋晚期阶段，该窑除烧制工艺精湛的绞胎瓷和剔刻花瓷器外，也生产一部分制作精良的细白釉、酱釉和黑釉瓷，

1　河南省文物考古研究所：《三门峡庙底沟唐宋墓葬》第 229 页，大象出版社，2006 年。

2　陈万里：《谈当阳峪窑》，《文物参考资料》1954 年第 4 期。

图 5. 白瓷高足碗（修武当阳峪窑址出土）

图 6. 酱釉瓷碗（修武当阳峪窑址出土）

其产品质量完全可以和定窑同类器相媲美[1]。

当阳峪窑细白瓷有高足杯、高足碗（图 5）、直口碗、六曲葵口碗、斗笠盏和器盖等，通体施釉，仅圈足内露胎，白胎致密。碗类器多为叠烧而成，内底往往遗有四枚条状支烧痕。酱釉瓷器造型多样，有碗（图 6）、盘、钵、罐、尊（图 7）、瓶、盒和垂盂等。胎质洁白坚实，器体轻薄，釉面光亮，不仅釉料配方成熟稳定，而且制作工艺高超。定窑以生产精美的白瓷著称于世，但也烧造少量酱釉、黑釉瓷等，古代文献中称之为“紫定”和“黑定”。酱釉瓷一般施釉至腹底部，足部往往露出白色胎体。当阳峪“窑神碑”中提到的“铜色如朱”，应是指色调偏红的酱釉瓷器。黑釉瓷器主要见有碗（图 8）、盘等，胎薄如纸，胎白如雪，釉色漆黑发亮。有的器表还带有窑变兔毫、油滴和施以酱釉斑，注重装饰效果，给人以美的享受。

2011 年 10 ~ 11 月，河南省文物考古研究所在浚县黄河故道进行了抢救性考古发掘，发掘面积 350 平方米，在地面下十余米深处发现白瓷器 27 件。加上当地公安部门此前收缴的 70 多件，共计有 100 余件，造型有碗、盘、碟、盏、盒和水盂等，多为花式口，有的器身饰有莲瓣纹，年代为北宋无疑。这批瓷器皆较精致，胎薄质细，釉色润泽，有的近乎脱胎，其精细程度不亚于定窑白瓷中的精品，我们认为有可能是修武当阳峪窑产品。

1 北京艺术博物馆：《中国当阳峪窑》第 6-77 页，中国华侨出版社，2011 年。

（二）鹤壁市鹤壁集窑

鹤壁集窑在历史上一直归属汤阴县，1957 年新建鹤壁市后为鹤壁市辖地。鹤壁集窑址位于鹤壁市西北部 30 千米的鹤壁集西侧，地处羑河两岸的二级台地上。清乾隆三十七年（1772 年）重立的《柏灵桥》碑记载："斯地……下有五色土焉，可以陶……邑西之人借以养生者不啻数万家。"可见历史上这里制瓷业的兴盛。1955 年陈万里、冯先铭先生进行现场考察，1963 年和 1978 年省、市文物部门曾进行过两次考古发掘[1]，确定鹤壁集窑创烧于唐代，北宋和金代为鼎盛时期，元代逐渐走向衰落。明嘉靖《彰德府志》卷一"地理志"记述："瓷窑场，在鹤壁庄，取土作器，入冶成五色，不假丹青，古称日出万贯者。今废。"

鹤壁集窑在金代也生产定窑类型白瓷和黑瓷，其中白釉瓷器又有细、粗两种[2]。定窑类

图 7. 酱釉瓷尊（修武当阳峪窑址出土）

图 8. 黑釉瓷碗（修武当阳峪窑址出土）

1　陈万里：《鹤壁集印象》，《文物参考资料》1957 年第 10 期；河南省文化局文物工作队：《河南省鹤壁集瓷窑遗址发掘简报》，《文物》1964 年第 8 期；鹤壁市博物馆：《河南省鹤壁集瓷窑遗址 1978 年发掘简报》，《中国古代窑址调查发掘报告》第 326-338 页，文物出版社，1982 年。

2　鹤壁市文物工作队：《鹤壁窑》第 216-224 页，中州古籍出版社，2009 年。

型细白瓷胎色洁白，质地细腻坚致，断面呈乳脂状光泽。胎壁很薄，因此破碎严重，可复原者极少。釉色莹润，釉色白中微闪黄色。釉下不施化妆土，釉层极薄，胎、釉混为一体。造型玲珑、端巧，造型主要有碗、盘、钵、器盖等。碗类器多为芒口，有的碗内壁口沿下印一周回纹，腹部模印牡丹花纹。盘类器作葵口，内壁模印一周菊瓣纹，内底模印三尾鱼游于水波之间，盘心印一“褚”字；也有的盘沿面印有纤细的卷草纹，内壁起筋等分，各区间分别印有蝴蝶、折纹花卉；内底印太湖石旁伫立两鹤，作工非常精细。定窑类型粗白瓷只是胎土颜色不一，在器坯上施有一层白色化妆土。虽较细白瓷略有逊色，但胎壁薄俏，修坯也很精细。通体施釉，釉色白中泛黄。作工非常讲究。造型主要有碗、盘、盒等，碗、盘类器多为芒口，其中葵口盘内壁起筋分作 26 等分，沿面印四组卷草纹，内底印菱形开光，开光内印一枝盛开的莲花，开光外印四组折枝花卉（图 9）。

图 9. 仿定窑白瓷盘（鹤壁市鹤壁集窑址出土）

鹤壁集窑的黑釉瓷器也有较高的制作水平，其中碗和盘类器也有内施白釉、外施黑釉或紫红色酱釉者，与定窑的黑定、紫定釉色基本相同。此类黑、紫釉器往往制作精致，通体施满釉，釉色呈漆黑或纯正的紫红色，光亮鉴人。

三　相关问题探讨

五代和北宋王朝均建都于河南地区，除后唐是在洛阳外，其余都是建于东京开封府。五代皇室用瓷缺乏记载，但洛阳城市遗址出土的“新官”款花式口白瓷碗，极有可能是当时官府或者皇族留下的。北宋皇室用瓷情况，文献记载比较清楚，如《宋会要辑稿》载：“瓷器库在建隆坊，掌受明、越、饶州、定州、青州白瓷器及漆器以给用，以京朝官三班内侍二人监库。宋太宗淳化元年（990 年）七月诏瓷器库纳诸州瓷器，拣出缺璺数目等第科罪。”定州白瓷器被列于贡瓷之中。《吴越备史》卷四载：“太平兴国五年（980 年）……

九月十一日，王进朝谢于崇德殿，复上金装定器二千事、水晶玛瑙宝装器皿二十事、珊瑚树一株。”另外，南宋人顾文荐的《负暄杂录》与叶寘的《坦斋笔衡》记载基本相同，后者载："本朝以定州白瓷器有芒不堪用，遂命汝州造青窑器，故河北、唐、邓、耀州悉有之，汝窑为魁。”[1] 诗人陆游的《老学庵笔记》一书也曰："故都时，定器不入禁中，惟用汝器，以定器有芒也。”[2] 南宋为金人所迫暂居临安，南宋文人对北宋故都开封多有怀旧之情。上述虽为南宋人所记北宋之事，但对于定窑的记述真实可信，北宋王朝皇室前半期使用定窑瓷器是确凿无疑的。宋太宗元德李皇后陵出土的 37 件定窑白瓷器应属于宫廷御用器无疑，它使我们看到了定窑早期贡瓷的真正面目。

自 20 世纪 50 年代以来，陶瓷和考古工作者曾多次对定窑遗址进行调查和发掘，2009 年 9 ~ 12 月由北京大学考古文博学院和河北省文物研究所联合进行的考古发掘，出土的瓷器标本达数千件，有不少属于贡御的定窑精品[3]。五代、北宋初地层出土的“官”字款白瓷，与河南巩义宋太宗元德李后陵随葬的同类器物完全相同。北宋地层中的“尚食局”、“尚药局”款和龙纹装饰瓷器，显然也是贡御之物。

定窑的金彩描花器物，分别见于白釉、黑釉和酱釉瓷器上。白釉者在故宫博物院藏有白釉描金云龙纹盘 3 件；黑釉描金者在日本大和文华馆和出光美术馆各收藏 1 件，酱釉描金彩者在日本东京国立博物馆收藏 1 件，均为花卉纹饰[4]。在河南巩义市宋英宗陪葬墓即燕王赵颢墓中出土的白釉描金碗，虽然不是完整器，但它出土于北宋皇室墓葬，可以印证宋人周密《志雅堂杂钞》中“金花定碗用大蒜汁调金描画，然后再入窑烧，永不复脱”的文献记载。

隋唐时期开凿的大运河，以今河南省洛阳市为中心分为南、北两段，南段为通济渠，北段为永济渠。北宋时期定窑瓷器的向南输出，如果水路运输，那一定是先走永济渠到洛阳，再走通济渠到开封，然后向东南抵今安徽、江苏境内。河南省郑州市老城区东西大街和夏邑县济阳镇通济渠故道内出土的定窑瓷器，应是当年水运的遗留物品。

目前所知，在河南境内出土的定窑瓷器，主要在今陇海铁路一线，西至三门峡市，经洛阳市、郑州市，向东达商丘市，即是唐宋时期的通济渠走向。在河南省的南半部区域，

---

1 （元）陶宗仪：《南村辍耕录》卷二十九“窑器”条，中华书局，1959 年。

2 （宋）陆游：《老学庵笔记》卷二，《景印文渊阁四库全书》第 865 册，台北商务印书馆，1986 年。

3 韩立森等：《定窑遗址考古发掘取得重要收获》，《中国文物报》2011 年 1 月 22 日。

4 中国硅酸盐学会：《中国陶瓷史》第 236 页，文物出版社，1982 年。

基本不见定窑瓷器出土。近年来，河南省文物考古研究所配合南水北调中线工程发掘了叶县文集遗址——宋元时期的集镇，出土了大量宋元时期瓷器，甚至发现有汝窑瓷器残片，但不见一片定窑瓷器[1]。

值得注意的是，在目前河南省出土的定窑瓷器主要为五代和北宋产品，基本不见金元时期。除了上述洛阳市安乐窖藏瓷器外，在河南已发现的20余处宋元时期窖藏瓷器中，也不见一件定窑瓷器。这表明北宋王朝灭亡后，河南失去了统治中心的地位，加之南宋和金长期在这里进行拉锯战，政治局势不稳，经济一蹶不振，当地一般百姓只能使用当地生产的瓷器，定窑瓷器由于运输成本过高就失去了市场竞争力。

1 王龙正、王利彬：《南水北调工程叶县文集遗址》，《2007年中国重要考古发现》，文物出版社，2008年。

磁峰窑与四川盆地宋代白瓷生产

黄晓枫　成都文物考古研究所

内容提要：大致从隋代开始，成都平原的青瓷窑场中出现了零星的白瓷生产，尤以邛窑固驿瓦窑山窑的白瓷最为突出，这些白瓷体现出较为明显的北方窑业生产工艺特征。唐代至北宋初年，白瓷生产技术却未能在四川盆地某个窑场的生产中得以延续和扩展，仅在青羊宫窑和十方堂窑的釉下彩瓷器上有少量运用。随着宋代早中期瓷业经济在四川盆地的蓬勃发展，各地窑场纷纷生产白瓷，磁峰窑则是其中最有代表性的、深受定窑影响的白瓷窑场，其产品在宋代四川盆地的瓷业生产中独树一帜，成为主导本地白瓷生产与消费的主要力量。

关键词：四川盆地　白瓷　磁峰窑　定窑

杜甫著名的诗歌《又于韦处乞大邑瓷碗》是唯一流传下来的记述了成都平原白瓷产品的唐代文字材料[1]。遗憾的是，迄今的考古调查和发掘还没有找到"大邑瓷"生产地，其窑场、产品形态等诸多疑问更有待日后的新材料加以解决。不过，已有的考古材料却证实了在隋唐之际，作为四川地区古代陶瓷生产中心的成都平原，率先出现了白瓷的生产。

1 （唐）杜甫《又于韦处乞大邑瓷碗》："大邑烧瓷轻且坚，扣如哀玉锦城传。君家白碗胜霜雪，急送茅斋也可怜。"（清）彭定求等编：《全唐诗》卷二二一，中华书局，2003年。

一　成都平原早期白瓷生产简要回顾

出土过白瓷产品的窑场有成都的青羊宫窑和邛崃的瓦窑山窑。青羊宫窑位于当时成都城市西侧的手工业区，瓦窑山窑则位于临邛城东南约 5 千米的固驿镇，两窑相距约 70 千米，在主要从事青瓷生产的同时，均有少量白瓷产品的生产。隋唐之际，化妆土技术已经普遍运用到了成都平原的各个窑场生产中，青羊宫窑和瓦窑山窑的白瓷产品也都利用了该技术。两窑白瓷的种类与形态较为接近，主要有杯、高足盘、敛口钵等器皿，胎体呈深灰、紫红等颜色，釉下施浅白色化妆土，由于器物外壁化妆土多未施满，近足部往往可以观察到胎体的颜色。两窑之中，青羊宫窑的白瓷产品釉色泛黄（图 1、图 2），与北齐范粹墓出土的白釉绿彩长颈瓶上的白釉较为接近[1]；瓦窑山窑的白瓷器皿则釉色洁白度较高、釉面整洁（图 3、图 4、图 5）。

唐代，成都平原的白瓷生产技术主要被运用在釉下彩类的器物上，青羊宫窑有一些杯、碗的釉色趋近白色，可视作早期白釉技术的延续（图 6、图 7）。继瓦窑山窑之后成为唐、五代邛窑代表性窑场的十方堂窑，其产品中以釉下彩、釉下双彩装饰的各类器皿大多为白釉产品，明显承继了早期的瓦窑山窑白釉瓷器生产技术与特征，最常见釉下彩器物有杯（图 8、图 9）、注壶（图 10、图 11），瓶、罐、钵、壶等器皿也不在少数（图 12、图 13）。从

图 1. 隋唐　白瓷杯
（青羊宫窑，图片源自成都隋唐窑址博物馆）

图 2. 隋唐　白瓷高足盘
（青羊宫窑，图片源自成都隋唐窑址博物馆）

1　叶喆民 :《中国陶瓷史》第 108 页，图 5-20，生活 · 读书 · 新知三联书店，2006 年。

图 3. 隋唐　白瓷敛口钵
（瓦窑山窑，图片源自邛崃市文物管理委员会）

图 4. 隋唐　白瓷高足盘
（瓦窑山窑，图片源自邛崃市文物管理委员会）

图 5. 隋唐　白瓷高足盘
（瓦窑山窑，图片源自邛崃市文物管理委员会）

图 6. 唐代　白釉碗
（青羊宫窑，图片源自成都隋唐窑址博物馆）

图 7. 唐代　白釉釉下褐彩喇叭足杯
（青羊宫窑，图片源自成都隋唐窑址博物馆）

图 8. 唐代　白釉釉下彩杯
（十方堂窑，图片源自邛崃市文物管理委员会）

图 9. 唐代　白釉釉下彩杯
（十方堂窑，图片源自邛崃市文物管理委员会）

图 10. 唐代　白釉釉下彩带系短流注壶
（十方堂窑，图片源自邛崃市文物管理委员会）

图 11. 唐代　白釉釉下彩带系短流注壶
（十方堂窑，图片源自邛崃市文物管理委员会）

图 12. 唐代　白釉四系盘口壶
（十方堂窑，图片源自邛崃市文物管理委员会）

图 13. 唐代　白釉釉下双彩瓶
（十方堂窑，颈部有修，图片源自邛崃市文物管理委员会）

外观形态上看，这些釉下彩白釉瓷器的胎体与同时期的青瓷产品相同，胎色呈紫红、深灰、灰色等不同色调，而白釉的形态、施化妆土的位置都与前期的同类产品无大的差别，褐色的釉下彩与褐、绿二色的釉下双彩施于化妆土之上。这类产品的白釉并没有刻意追求釉色的洁白度，大多略呈淡黄色，其主要目的在于更有利地呈现釉下彩的纹饰。

尽管白釉釉下彩瓷器在十方堂窑的生产中并非鲜见，但其所占总体产量的份额仍然相当小，更由于使用黏土作为瓷器的胎料一直是四川盆地的瓷业传统，但这种含铁量高的黏土却不宜烧造白瓷。因此，尽管在隋唐之际的瓦窑山窑和青羊宫窑中已经有了采用化妆土技术进行白瓷生产的先例，而且唐代的青羊宫窑、十方堂窑也在部分釉下彩瓷的生产中继续使用该技术，但是在唐至五代成都平原的窑场没有发现较大规模的白瓷生产，白瓷烧造技术始终没有在唐、五代成都平原的瓷业生产中得到普及。

二　宋代磁峰窑的白瓷生产

经过了唐五代青瓷生产的发展与白瓷生产的低谷期，至北宋前期，在成都平原与龙门山脉交界的地带，崛起了一个生产白瓷的窑场——磁峰窑。与磁峰窑同处龙门山地带的金凤窑、瓦缸坝窑、玉堂窑等窑场，也在生产黑瓷、青瓷的同时生产白瓷。与金凤窑、瓦缸坝窑等黑瓷窑场的白瓷生产状况相似的还有成都平原南沿的坛罐窑、西坝窑等窑场的白瓷生产，以及川北山地的广元窑、峡江地区的涂山窑等。

（一）磁峰窑的考古发现与得名

磁峰窑是成都平原、四川地区唯一一处以生产白瓷为主的古代窑场，也是宋代西南地区最具影响力的白瓷窑场。磁峰窑位于成都平原西沿，西北距今彭州市区约 30 千米，窑址紧邻湔江的支流土溪河，岷江的支流湔江从窑址的东北流过。现存的古代窑场呈带状分布于汇入湔江的土溪河和蟠江河等河流、溪流两岸，东西长约 3000 米，南北宽约 300 ~ 400 米，由分布密集的众多小窑场组成。磁峰窑所在的地域属龙门山脉与成都平原交界的深丘地带，分布着丰富的瓷土、原煤和釉料。

1976 年 3 月，四川省博物馆、重庆市博物馆组成联合调查小组对四川地区的古代窑址进行普查，在彭县磁峰镇发现了该处古代窑址，依据考古学定名原则，命名为“磁峰窑”。

从 20 世纪 70~80 年代到本世纪初，对磁峰窑的考古发掘主要集中在磁峰镇东的瓷库坪区域。磁峰窑自 1976 年被发现以后，1977 年初四川省陶瓷史编写小组对瓷库坪区域进行了为时 23 天的试掘，试掘面积 165 平方米，发现马蹄形窑炉一座、作坊一处[1]。1978 年 4 月，重庆市博物馆对窑址进行了一次复查。1978 年 12 月，四川省文物管理委员会、彭县文化馆对窑址进行了一次调查与地面标本采集[2]。2000 年，成都市文物考古研究所、彭州市博物馆组成联合工作小组，对土溪河东岸瓷库坪区域进行了一次考古发掘，发掘面积约 700 平方米，清理出马蹄形窑炉三座、作坊三处[3]。

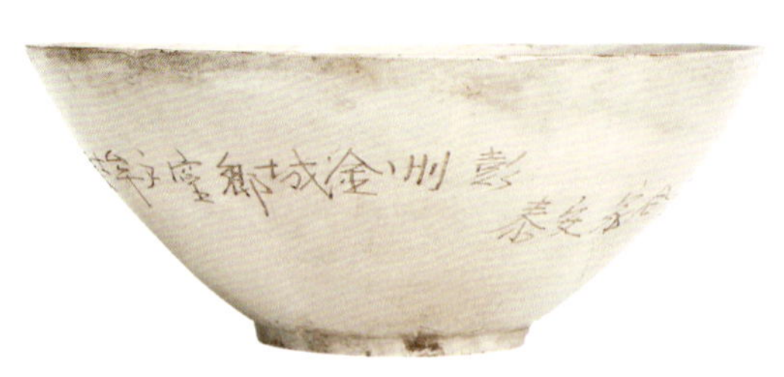

图 14. 一九五三年在彭县城北金山寺出土磁峰窑白瓷碗（图片源自彭州博物馆）

由于磁峰窑所在的彭州市当时名为彭县，其后更名“彭州”，所以这个窑场又曾被称为彭县窑、彭州窑[4]。1953 年在彭县城北金山寺曾出土一件磁峰窑白瓷碗，外壁口沿下刻划铭文一周“彭州金城乡窑户牟士良施垸堞壹料永充进盏供献售用祈愿神明卫护合家安泰”（图 14），这件带铭文瓷碗的出现，引起了一些研究者的关注，并因此有人将磁峰窑称为“金城窑”。考察现有的古文献记载，王勃在《益州夫子庙碑》有“冰壶精鉴，遥清玉垒之郊；霜镜悬明，下映金城之域”的描述[5]；而在《彭州九陇县龙怀寺碑》又有“由是金城逆顺，山河假成器之因；玉烛浮沉，风火兆流形之蘖”的诗句[6]，句中的“金城”即指唐代彭州九陇县金城乡。元代官修的《大元大一统志》载“金城山在彭州”，“金城即阳平化也”[7]，参照清嘉庆年间的《彭县志·山川志》记载，古阳平化有阳平观，与金城寺在

1 冯德安、丁祖春：《四川彭县磁峰窑宋代白瓷窑址试掘》，四川省文化厅文物组主编：《四川古陶瓷研究（一）》第 191-201 页，四川省社会科学院出版社，1984 年。

2 四川省文物管理委员会、彭县文化馆：《四川彭县磁峰窑址调查记》，《考古》1983 年第 1 期。

3 成都市文物考古研究所、彭州市博物馆：《2000 年磁峰窑发掘报告》，成都市文物考古所编著：《2000 成都考古发现》第 167-221 页，科学出版社，2002 年。

4 由于在其发现之初彭州名彭县，所以不少人称之为“彭县窑”。丁祖春在《略谈彭州窑的制造工艺与装饰艺术》一文中（《四川古陶瓷研究》，四川省社会科学院出版社，1984 年），将磁峰窑称为“彭州窑”。

5 （唐）王勃：《益州夫子庙碑》，（清）董诰等编：《全唐文》卷一八三，中华书局，1983 年。

6 （唐）王勃：《彭州九陇县龙怀寺碑》，（清）董诰等编：《全唐文》卷一八五，中华书局，1983 年。

7 （元）札马剌丁、虞应龙、李兰肸、岳铉等编：《大元大一统志》卷五，中华书局，1966 年。

鹿坪里，同时磁峰窑所在的磁峰场也在鹿坪里。由此可以推断，碗上的“金城乡”即在今天的磁峰场，因此有研究者认为应该以“金城窑”称呼古代的磁峰窑[1]。不过，由于目前尚未发现史籍中有“金城窑”的明确记载，所以，上述的考证也只能说明宋代磁峰窑的瓷业生产即在当时的金城乡一带，却无法确认此处窑场即以“金城”命名。因此，目前我们仍依从以考古学的定名原则确定的“磁峰窑”之名。

（二）磁峰窑的创烧时间

磁峰窑的生产不仅开创了四川地区宋代瓷业大发展的局面，也影响并促进了成都平原与龙门山脉交界地带的传统瓷业生产地带的产品多样化。磁峰窑出土器物形态与成都平原的社会历史背景，显示其生产应始于北宋早、中期。

尽管经历了前蜀与后蜀的偏安一隅与经济、文化的相对繁荣，成都平原在北宋早期却没有顺利步入平稳发展时期，反而兵祸连连、动荡不安。乾德二年（964 年）宋军经过激烈战斗后攻入后蜀。平蜀以后，由于北宋政府采取了经济上将蜀中府库财物尽送京师、纵容骄兵悍将在蜀中杀人掠货等政策，乾德三年（965 年），积怨之下的后蜀各地爆发了全师雄领导的反宋兵变，王全斌镇压兵变后，仅在成都即诛杀蜀降兵 27000 人，暴政式的管辖使得川峡地区各阶层与宋中央政府的矛盾没有因兵变平息而化解，反而继续加深。淳化四年（993 年），在北宋平蜀二十八年后，又在永康军青城县味江镇（今都江堰东）爆发了王小波、李顺起义，次年攻克成都，建立大顺政权，此次起义影响遍及川渝，成都平原与龙门山脉交界的传统瓷业生产区域的瓷器生产也受到了严重的影响[2]。996 年王小波、李顺起义被镇压之后，又有王均兵变，直至咸平三年（1000 年），川峡四路各地历经太祖、太宗、真宗三朝的反宋斗争才被平息，朝廷也最终调整了治蜀政策，四川盆地的社会经济才得以在稳定的条件下发展。因此，在宋初约 40 余年时间内，以成都平原为代表的四川地区社会动荡，不具备大力发展瓷业生产的条件，磁峰窑在这个时期兴起的可能性也非常小。

1　魏达议：《四川彭县金城窑白瓷》，四川省文化厅文物组主编：《四川古陶瓷研究（一）》第 183-190 页，四川省社会科学院出版社，1984 年。

2　位于王小波、李顺起义爆发地附近的玉堂窑，其瓷器烧造为唐代早中期至南宋晚期，在 2007 年的考古试掘中，六号窑包 T2 的地层以及各个窑包的调查资料显示，其北宋早期的产品出现了空白期，这一现象印证了王小波、李顺起义对北宋早期成都平原瓷业生产的影响。

得益于“天府之国”的优越农业、经济条件，经过短期治理之后，成都府路在北宋早期末端已经成为“地狭而腴，民勤耕作，无寸土之旷，岁三四收”的区域，并很快呈现出地狭人稠的局面，人口增加形成的经济压力日益凸现。此时，解决人口压力的重要途径有二，一是通过精耕细作提高土地利用率与单位面积产量，二则为借发展工商业提供谋生之道。在这种情况下，瓷业生产的迅速扩大也成为顺应社会经济发展的必然途径之一，由于磁峰窑所在地域位于传统瓷业生产地带，加之所在的龙门山地具备蕴藏丰富的优质瓷土矿、浅层煤矿等有利条件，致使瓷业兴起与白瓷生产在此时成为了社会发展与瓷业生产发展的必然产物。

由此可以推断，磁峰窑的兴起时间大致应在 11 世纪初，即在入宋大约四五十年后，成都府路的社会、经济步入稳定发展之时才出现的。

（三）磁峰窑的窑炉与装烧技术

磁峰窑的窑炉为半倒焰马蹄窑，以大火膛、大烟囱为特征，与北方窑业生产区的窑炉特征非常接近。2000 年发掘清理的窑炉采用了土坯砖砌窑炉的修建方式，有两次明显的修补痕迹，体现出在结构和维修上的优势（图 15）。

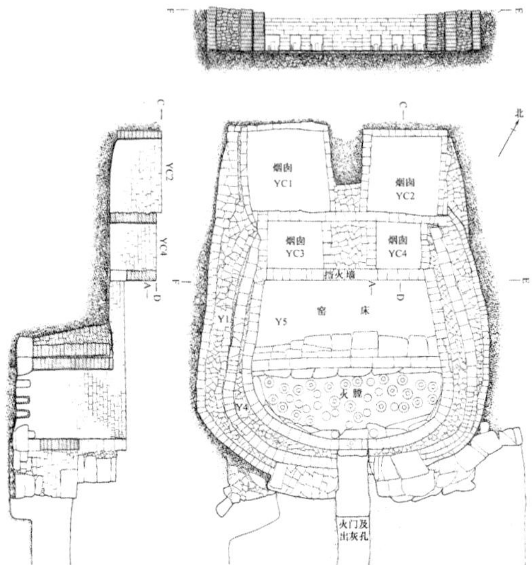

图 15. 磁峰窑北宋中期至南宋窑炉（2000Y1、Y2、Y5）

匣钵的使用在两宋时期的四川盆地已经非常普遍，不过青瓷窑场和黑、白瓷窑场的匣钵有着较大的差异。作为青瓷窑场代表的邛崃十方堂窑最常采用的是桶形匣钵，生产白瓷的磁峰窑和其他生产黑瓷、白瓷的窑场，匣钵形态则显示出多样性，种类可分为小平底漏斗形匣钵、桶形匣钵、通底匣钵、碗形匣钵等。它们大小不同、形态各异，功用也有较为明显的区别。

小平底的漏斗形匣钵是我国古代最早出现的随形匣钵，北宋早期中期，小平底漏斗形匣钵以及一匣一器的装烧法伴随马蹄窑技术一并传入四川盆地，在很短的时间内在盆地内部得到普及，成为采用马蹄窑的各地窑场生产中最常见的正烧窑具，且各地都有大、中、小不同尺寸的小平底漏斗形匣钵，其中小型匣钵多用作盏、碗类小型器物一匣一器的装烧，而大型的小平底漏斗形匣钵则用于体形较高、大的器物装烧，同时也用于一匣多器的套烧（图16）。桶形匣钵在磁峰窑的使用较为常见，多用于器物的正烧。通底匣钵在外观上与桶形匣钵略为接近，但在功用上两者则大相径庭。桶形匣钵多为仰烧窑具，而通底匣钵采用的多是覆烧技术，实现釉口覆烧工艺。磁峰窑通底匣钵的使用，是成都平原的马蹄窑窑场结合本土从南朝开始的“顶碗式”裸露覆烧法和定窑等窑场宋代的支圈覆烧工艺而形成的独特的釉口覆烧技术。碗形匣钵在磁峰窑的使用不多，它的出现则主要是用于口对口的套烧工艺，是一种增加装少量的工艺尝试。这种套烧在桶形匣钵中同样能够实现。

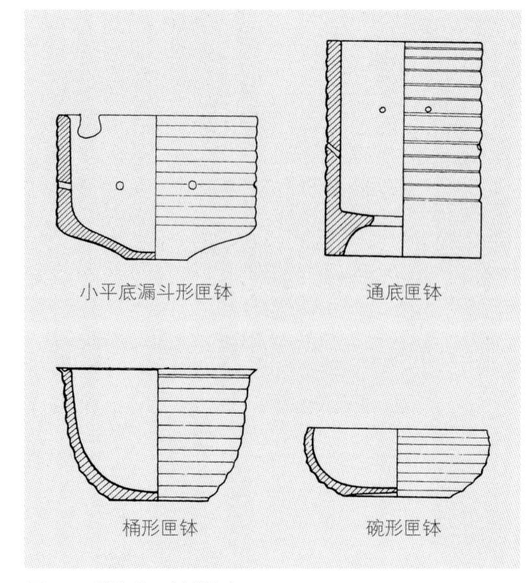

图 16. 磁峰窑匣钵举例

2000 年磁峰窑的发掘中未见支钉的使用，装烧中的隔具主要为泥饼、垫圈、细粉状的耐火砂、石英小颗粒等。泥饼与垫圈多为随手捏制而成，形体较小；大量使用的是细粉状的耐火砂、石英小颗粒等小颗粒状和粉状的介质作垫烧材料，不仅减少了制作间隔具的时间与人工，同时也是减轻间隔用具重量的有效办法。

磁峰窑在生产中使用了火照，从 2000 年度的发掘中可以看出，磁峰窑遗址的废品中生烧率很低，这种状况的出现与火照的使用有相当大的关系。

（四）磁峰窑白瓷分期简述

“圆似月魂堕，轻如云魄起”[1]，白瓷自出现后便受到了古人由衷的喜爱与赞赏，杜

1 （唐）皮日休《茶中杂咏·茶瓯》：“邢客与越人，皆能造兹器。圆似月魂堕，轻如云魄起。枣花势旋眼，苹沫香沾齿。松下时一看，支公亦如此。”（清）彭定求等编：《全唐诗》卷六一一，中华书局，2003 年。

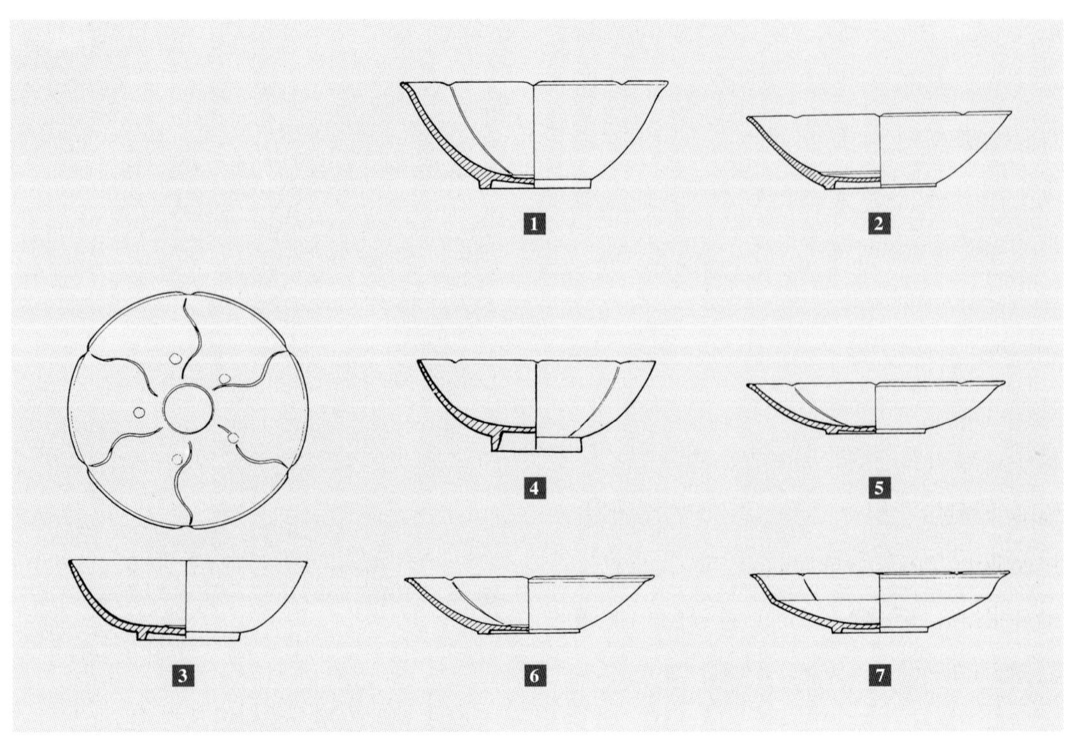

图 17. 北宋中期至北宋晚期磁峰窑瓷器典型器型举例

甫的《又于韦处乞大邑瓷碗》在咏诵白瓷的同时，也在一定程度上反映了成都平原唐代的白瓷生产状况。尽管杜甫诗句中的“大邑白瓷”到现在还是一个谜，但唐代中期以后，利用化妆土生产白瓷的技术一直应用于邛窑十方堂窑的釉下彩器物生产中却是不争的事实。

北宋早中期之际，龙门山脉磁峰镇一带优质瓷土的发现，使得四川盆地的瓷业生产以焕然一新的面貌开始了成都平原大规模的白瓷生产。此后至南宋末年的一个多世纪，磁峰窑白瓷生产在宋代极大地满足了四川地区的白瓷需求。

磁峰窑的白瓷产品以碗、盘、碟、盏为最大宗，其次是盒、瓶、盂、樽式炉等生活用器。由于磁峰窑在生产一开始就使用了与四川盆地其他窑场不同的优质瓷土，致使其白瓷产品不仅胎色洁白，而且胎质坚致细腻、胎体轻盈，加之釉面光洁、釉色呈略带灰白的牙白色、纹饰流畅而工整，优良的白瓷产品开辟了四川盆地白瓷生产史上的新局面。

磁峰窑在两宋时期的白瓷烧造大致可以分为三个时期。第一期在北宋中期至北宋晚期，器物造型以敞口、斜腹、圈足为主，器物表面的装饰较少，以素面和较为简单的出筋装饰为主，出筋纹饰几乎都在碗、盘等器物的内壁[1]（图 17）。这个时期的瓷器造型浑圆结实，通体施釉，为增加釉面的白度，釉下多施化妆土，但圈足外壁近圈足处及外底圈内无化妆土。圈足多斜切（图 18）。出筋纹样中，内壁曲形六出筋配花口的小碗造型，美观而优雅（图 19）；而碗、盘内壁六出筋的产品则最为常见（图 20）。从造型特征与装饰特点看，磁峰窑白瓷产品都显示出明显的受定窑产品影响的倾向，不过，与定窑的同类器物相比，磁峰窑白瓷则显示出胎壁较为厚重的特点。

图 18. 磁峰窑白釉碗圈足细部（图片源自遂宁市博物馆）

第二期在北宋晚期至南宋早期，是磁峰窑白瓷生产发展最为迅速、产品多样化的时期。器物造型以撇口或侈口、斜弧腹或斜直腹、圈足为主。装饰手法多样，除第一期的出筋类花纹装饰外，碗、盘类器物大量流行各类刻划、篦划花纹，开始出现并迅速流行模印花纹（图 21）。水波双鱼纹、莲瓣纹、大雁穿花纹是最常见的纹样。刻划莲瓣纹出现在器物的外壁（图 22）。这个时期刻划花纹多采用刀锋偏斜的运刀技法，模印花纹则布局工整，各种纹饰、装饰手法都与定窑极为相似。从窑址出土窑具和器物内壁留下的支垫痕迹分

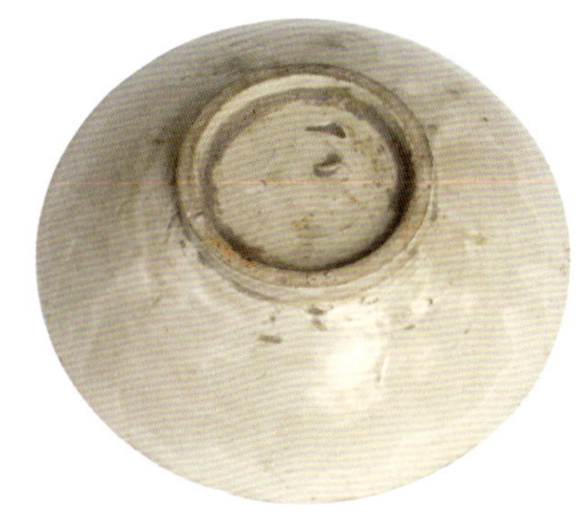

图 19. 磁峰窑白釉花口小碗
（图片源自彭州博物馆）

1 本文中采用的图片、线图除注明出处的，均采自成都市文物考古研究所、彭州市博物馆：《2000 年磁峰窑发掘报告》，成都市文物考古研究所编著：《2000 成都考古发现》第 167-221 页，科学出版社，2002 年。

图 20. 磁峰窑白釉六出筋大碗（图片源自彭州博物馆）

图 21-1. 定窑白釉印花牡丹花纹碗（图片源自遂宁市博物馆）

图 21-2. 定窑白釉印花牡丹花纹碗纹样细部（图片源自遂宁市博物馆）

图 22. 磁峰窑白釉刻划篦划花纹圈足奁式炉
（图片采自《天府藏珍——四川馆藏文物精华》）

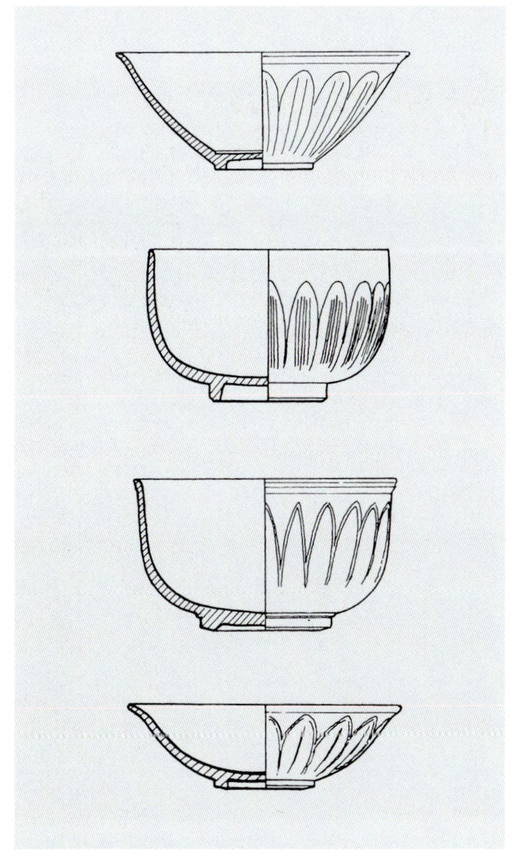

图 23. 磁峰窑刻划花纹之莲瓣纹样

析，磁峰窑产品在烧造时的间隔方式有三：一是圆点状瓷土颗粒间隔，系将烧制瓷器的坯土制成规则、大小基本相等的圆球，依据器物的大小在装烧时放置 5 ~ 6 个瓷石圆球在器物内底；二是用石英砂、细砂等间隔，装烧时放置 5 ~ 8 堆砂粒不等；三是用垫饼或垫圈间隔。

磁峰窑在其迅速发展时期大量采用定窑白瓷的生产技术，不仅反映在瓷器的造型上，也体现在各类纹饰装饰上。但另一方面，磁峰窑白瓷在造型和纹饰上也形成了自身独有的特征。以图案花纹为例，首先，定窑白瓷上最流行的刻划缠枝莲花纹不见于磁峰窑白瓷上，在注壶、瓶等外壁上常见的莲瓣纹则成为磁峰窑碗、盘等器物最流行的外壁装饰。不过，磁峰窑白瓷上的莲瓣纹为单线或双线刻划，不见定窑减地剔刻方式形成的莲瓣纹样（图 23）。其次，定窑白瓷上的篦划花纹多用于修饰缠枝、折枝莲花纹、牡丹花纹等，而磁峰窑白瓷上的篦划花纹则更多与略显抽象的朵花纹、卷叶花纹搭配（图 24）。再者，磁峰窑白瓷模印花纹中最常见的是大雁穿花纹样，而不是定窑白瓷上最多见的牡丹花纹。在图案布局方面，尽管都为内壁满饰，但定窑白瓷的花纹更为细腻工整，磁峰窑白瓷上的花纹则显得粗放自然（图 25）。此外，磁峰窑白瓷盘、炉等器物上出现

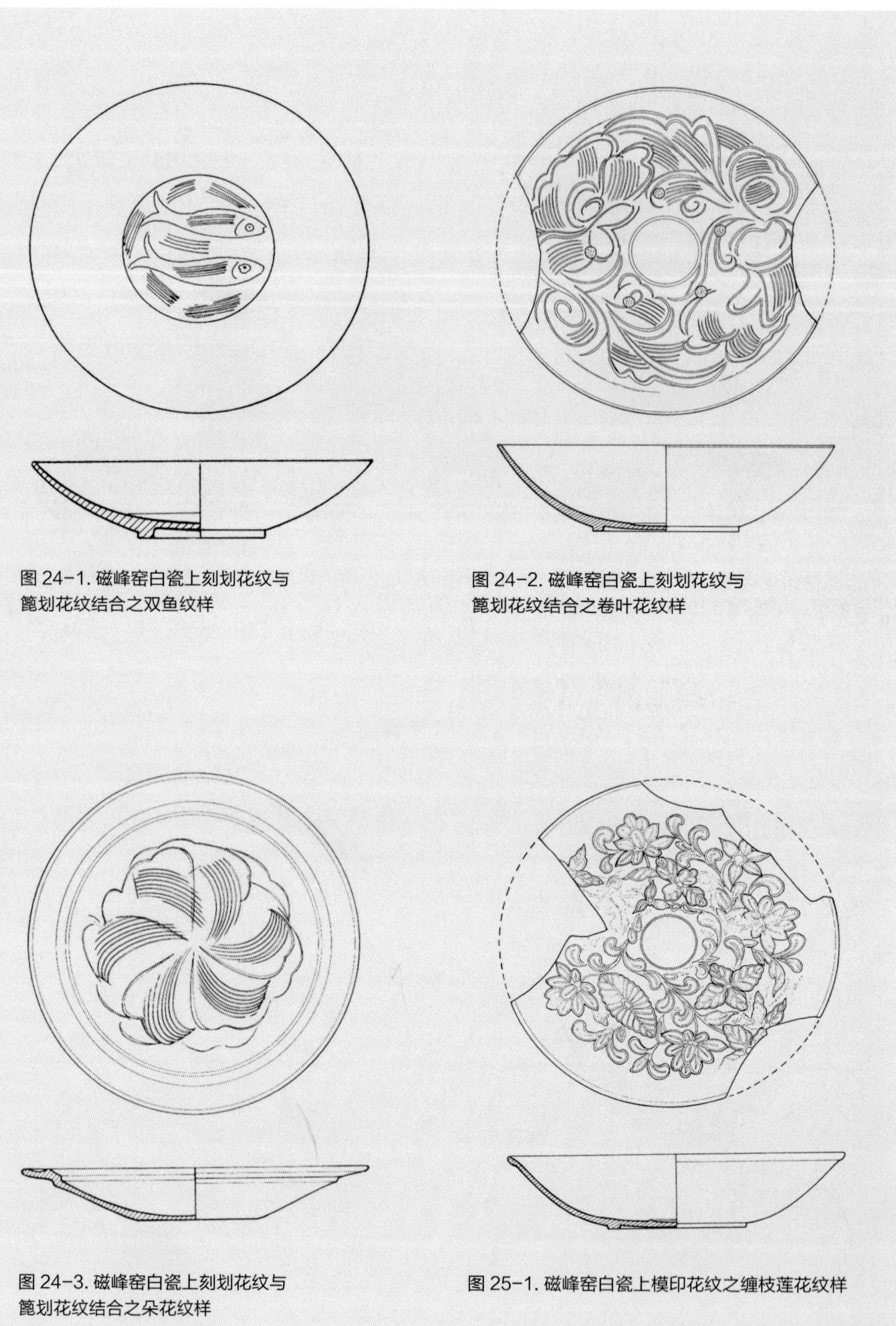

图 24-1. 磁峰窑白瓷上刻划花纹与篦划花纹结合之双鱼纹样

图 24-2. 磁峰窑白瓷上刻划花纹与篦划花纹结合之卷叶花纹样

图 24-3. 磁峰窑白瓷上刻划花纹与篦划花纹结合之朵花纹样

图 25-1. 磁峰窑白瓷上模印花纹之缠枝莲花纹样

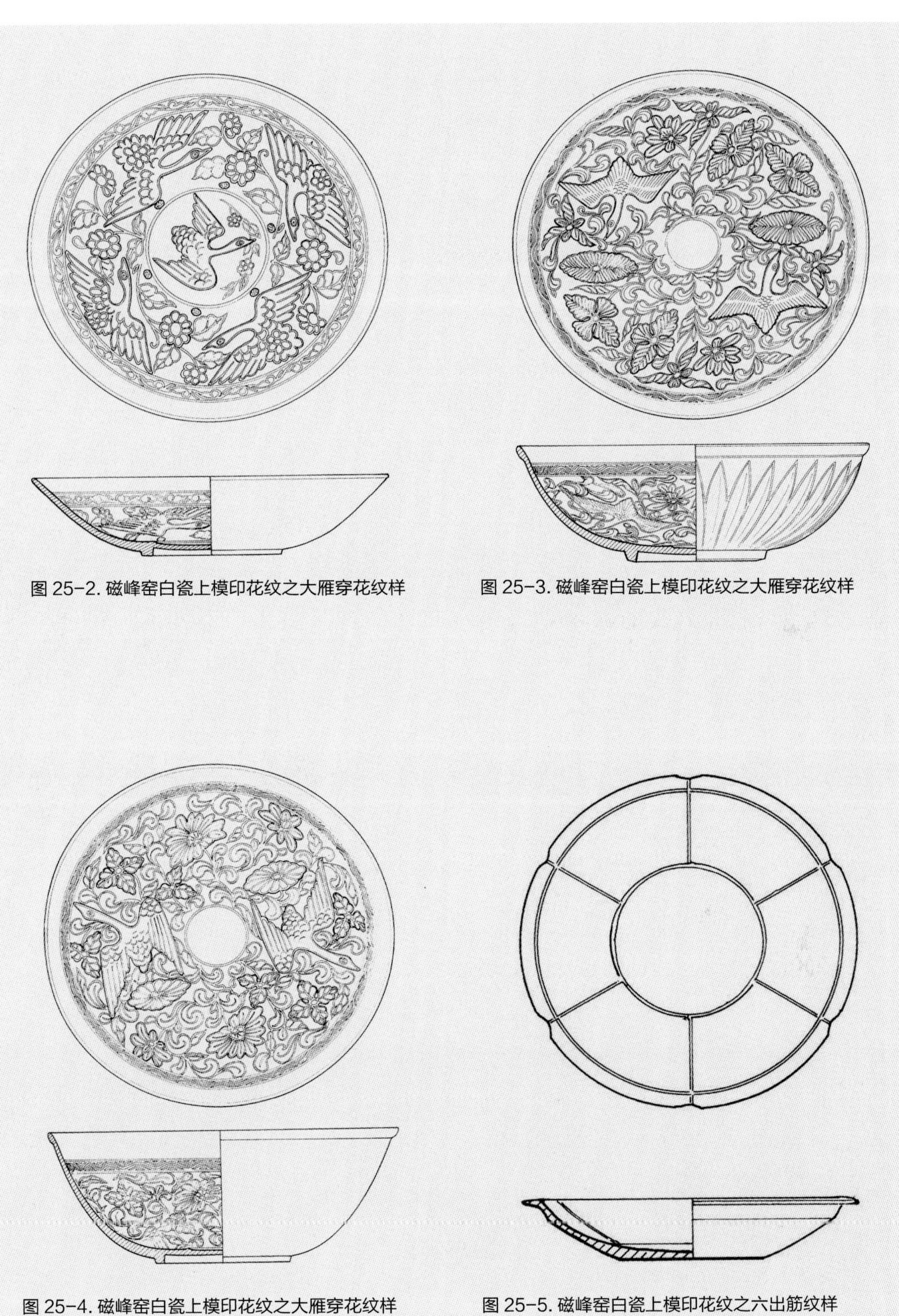

图 25-2. 磁峰窑白瓷上模印花纹之大雁穿花纹样

图 25-3. 磁峰窑白瓷上模印花纹之大雁穿花纹样

图 25-4. 磁峰窑白瓷上模印花纹之大雁穿花纹样

图 25-5. 磁峰窑白瓷上模印花纹之六出筋纹样

了较多刻划菊瓣纹饰，尤其是平底盘上的单边叠压状的曲线形菊瓣纹，多见于定窑白釉梅瓶等产品的肩部，在磁峰窑则将其移植到了碗碟的内壁（图 26）；而模印的菊瓣纹样在大小不同的碗内壁都多有运用，尤其以仿金银器皿的菊瓣口小碗最为精美（图 27）。

第三期在南宋中晚期，此期磁峰窑的白瓷产品与前期造型差异不大，刻划花纹装饰略

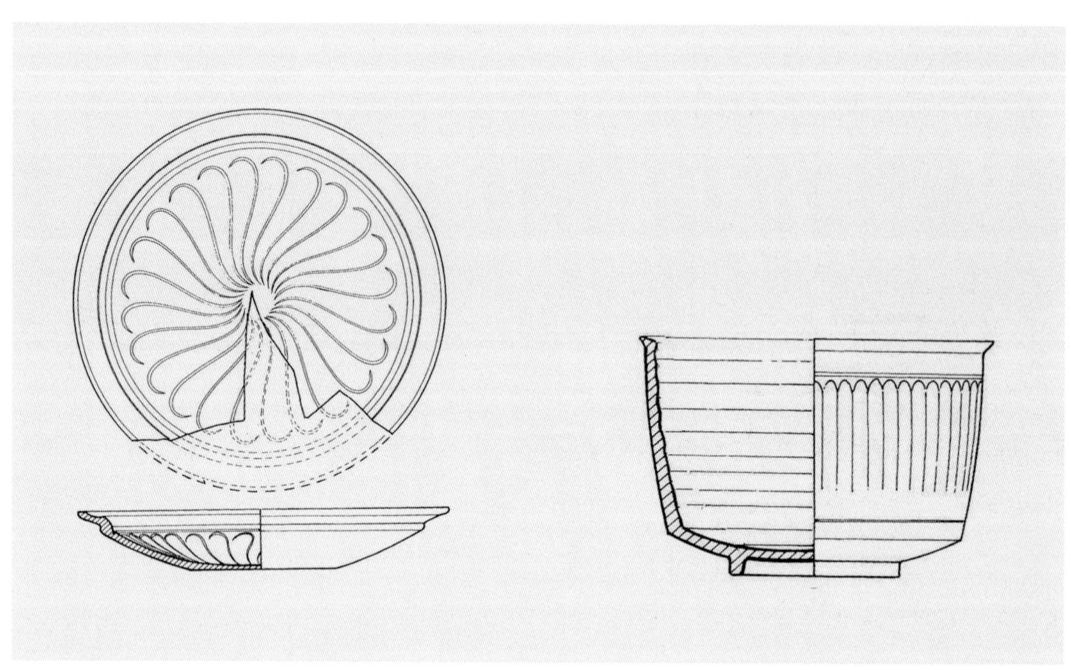

图 26. 磁峰窑白瓷上刻划花纹之菊瓣纹样

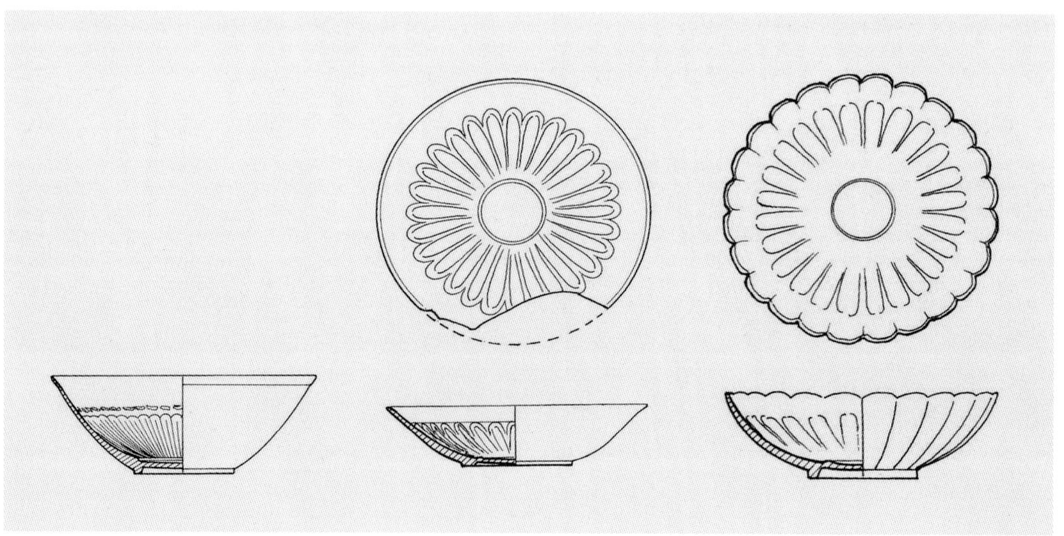

图 27. 磁峰窑白瓷上模印花纹之菊瓣纹样

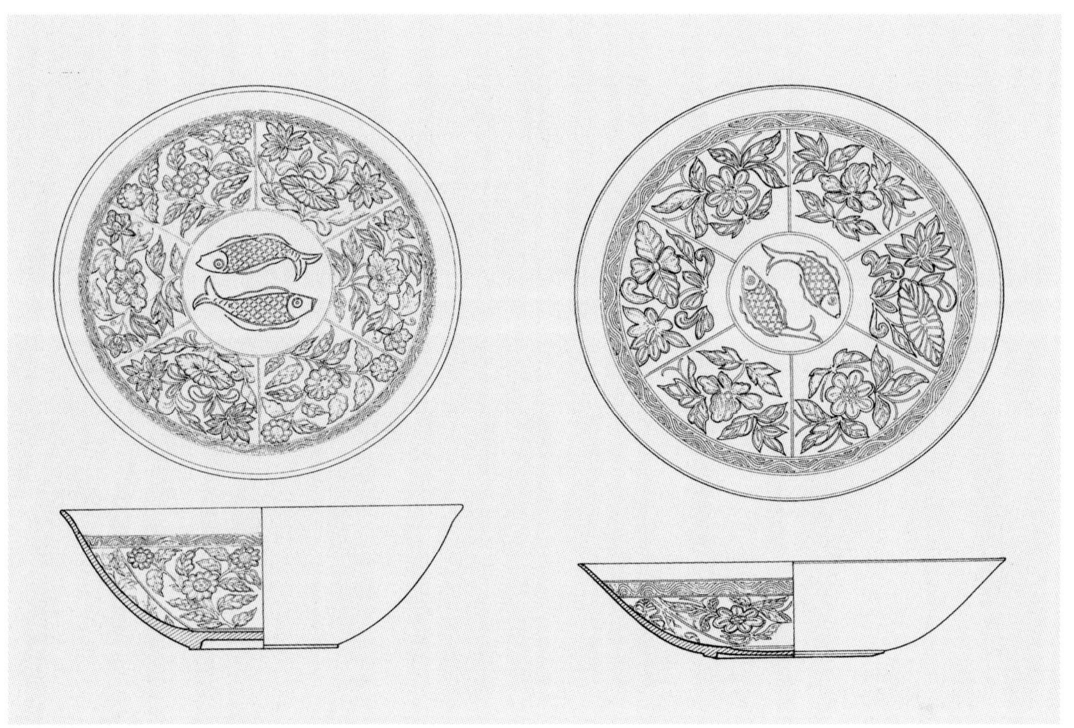

图 28. 磁峰窑南宋中晚期白瓷上六分格模印花纹举例

有减少，更为流行模印花纹装饰，且以模印六分格图案纹饰最为常见。磁峰窑本期的纹样风格与前期相同，六分格各单元花纹以不同题材的花草为主，而碗心纹样则多为首尾相对的双鱼（图 28）。大雁穿花纹样继续流行（图 29、图 30）。

磁峰窑不见芒口器物，金代定窑流行的金、银、铜釦器也不见于磁峰窑的产品中。观察磁峰窑器物表面的釉面状态，大多数产品都采用了仰烧的方式，定窑的覆烧工艺并未影响到磁峰窑的装烧工艺。同时，釉口覆烧工艺被运用在了磁峰窑的白瓷生产中。

在磁峰窑发现之初，由于其产品在造型、釉色、纹饰等方面与定窑产品比较接近，又被陶瓷界称为中国西南地区的定窑系窑址。磁峰窑的产品形态、窑炉形制与宋代以前成都平原窑场采用斜坡式龙窑生产青瓷的传统大相径庭，反倒显示出北方定窑等窑场在产品特征、生产技术等方面较为深刻的影响。磁峰窑的白瓷生产，不仅从产品形态上改变了四川地区宋代以前以青瓷生产为主导的瓷业生产格局，而且还在一定程度上带动了黑瓷窑场的普及，以及玉堂窑等青瓷窑场产品的多样化发展。磁峰窑是宋代四川地区瓷业大发展的典型代表，也是中国陶瓷史上窑业技术交流与发展的典型例证。

图 29. 南宋中晚期　白釉印花大雁穿花纹碗（磁峰窑，图片源自遂宁市博物馆）

图 30. 南宋中晚期　白釉印花大雁穿花纹盘（磁峰窑，图片源自遂宁市博物馆）

（五）磁峰窑白瓷生产与定窑的关系浅析

过去有一种观点认为由于成都平原的富庶和川峡四路在宋代的发展，加之北方连年的战祸，导致了北方人口向四川地区流动，人口的移动带来了技术的迁徙，从而促使了定窑白瓷生产技术在成都平原的出现与白瓷生产的开展。在这种观点影响下，不少研究者将人口流动形成的技术传播作为磁峰窑白瓷生产出现的最直接动因。

但实际上，从 8 世纪的安史之乱开始，到 9 世纪的王仙芝、黄巢起义，因战乱引发的北方人口迁移更多的是流向淮南、江南，或从经济发达地区向岭南地区迁移，四川地区不是移民迁徙的主要目的地。相反，入宋以后，在皇祐二年（1050 年），由于蜀地地狭人稠，仁宗还下诏四川四路转运司允许人民外迁。而隋唐以后四川盆地大规模的迁入移民主要有两次，一次是在宋蒙战争以后，四川人口急剧减少，至正十七年（1357 年）明玉珍入川，徙湖北等地约 40 万余人入川实户。另一次则是明末清初的“湖广填四川”，这两次大规模移民都距磁峰窑兴起的北宋早、中期甚远，因此，大规模移民形成的人口流动导致定窑技术影响磁峰窑生产兴起显然缺乏说服力。

定窑白瓷生产技术出现在成都平原的磁峰窑，其动因可归纳为三点：一是优质瓷土的发现，磁峰一带优质瓷土的开发使得这个地区拥有了与其他传统窑业区完全不同的瓷业生产原料，这是磁峰窑进行大规模、高品质白瓷生产的首要条件。二是龙门山脉与成都平原交界地带（包括磁峰窑场附近）浅层煤矿的发现与开采，新型燃料为磁峰窑直接仿效定窑的马蹄窑技术提供了最便利的条件。三是地狭人稠的农业生产背景导致的手工业发展需求与城市人口的激增产生的广大市场需求，共同形成了本土的瓷业发展需求，促使定窑的白瓷生产技术被积极采纳。同时，从五代开始，定窑产品在全国范围影响力逐渐扩大，其窑业技术的传播蔚然成风，最典型的例子之一就是具备大规模生产潜力的景德镇地区在五代对定窑白瓷生产的仿效。位于经济发达、市场需求旺盛的成都平原西侧的磁峰窑，在北宋早、中期完成了定窑白瓷生产技术的引入，则是定窑技术传播的另一例证。而需要明确的是，这一生产技术传播的最终实现可能与北方窑工的入川有关，但人员的流动却并非磁峰窑采用定窑技术的诱因与动因，而仅仅是技术传播的途径而已。

三　宋代四川地区白瓷生产与消费管窥

宋代四川地区的瓷业生产出现了白瓷、青瓷、黑瓷并举的状态，磁峰窑可谓成都平原和四川盆地白瓷生产的中心窑场。采用马蹄窑技术进行专门的白瓷生产，在它之外，大多数采用马蹄窑技术生产黑瓷的窑场在北宋中晚期至南宋末年也进行较大规模的白瓷生产。如成都平原的都江堰金凤窑、瓦缸坝窑及周边青神坛罐窑、乐山西坝窑、川北山地的广元窑、以及峡江地区的涂山窑等，都发现了大量白瓷产品。而在成都平原与龙门山脉连接的传统瓷业生产区，还有一处以龙窑技术进行青瓷与白瓷生产的玉堂窑。

图 31. 金凤窑白瓷釉下褐彩盒盖

（一）利用化妆土技术的白瓷生产窑场

四川盆地宋代的白瓷生产以磁峰窑品质最高，而以金凤窑为代表的黑瓷窑场分布最广、产品数量最大。这些窑场的白瓷生产技术特征都非常接近，均为采用马蹄窑技术和化妆土技术的白釉瓷器生产。如前文所述，隋唐时期，在四川盆地瓷业生产中心地区的成都平原就已经有青羊宫窑和瓦窑山窑利用化妆土技术进行过较长时期的白瓷生产。北宋早中期这种以化妆土装饰技术为特征的白瓷生产重新出现在各地窑场，并普遍与马蹄窑技术相左右，显然与定窑等北方窑场在此期对四川盆地窑业技术的强烈影响有着密切关系。从各个窑场发掘情况看。从北宋中期开始，四川各地的白瓷生产与黑瓷、青瓷生产相左右，且推广迅速，尽管磁峰窑白瓷生产并非是激发成都平原的白瓷生产风潮的决定因素，但其带动作用不容小觑。在金凤窑 Y11 的窑炉前工作面上，出土了几件磁峰窑的白瓷产品，胎质洁白、造型轻盈，无论它们是作为窑工使用的器物，还是作为生产模仿的对象，磁峰窑白瓷的影响于此都可见一斑[1]。不过，这些窑场的白瓷生产也呈现出与磁峰窑不同的特色，例如釉下褐彩装饰的大量流行（图 31），从其纹样上观察，应承继了本土早期釉下彩花草纹的绘画风格。

1 成都市文物考古研究所、都江堰市文物局：《都江堰市金凤窑发掘报告》，成都市文物考古所编著：《2000 成都考古发现》第 222-287 页，科学出版社，2002 年。

此外，在唐、五代时期以生产青瓷为主的玉堂窑，从北宋中期开始，不仅在新兴的十号、十七号窑包开始了白瓷的生产，同时，磁峰窑模印花草纹饰的装饰风格也影响到了这两个窑绿釉瓷器的外观装饰，外壁刻划莲瓣纹的装饰手法则影响到了更多窑包的青瓷产品[1]，而砂堆间隔装烧方式也普及到了玉堂窑白瓷、绿釉瓷器生产的众多窑包中。都江堰玉堂窑是宋代四川盆地唯一一处以龙窑技术进行白瓷生产的窑场，其白瓷产品的特征与金凤窑等以馒头窑技术进行白瓷生产的窑场产品非常接近，尽管与金凤窑、瓦岗坝窑等新兴窑场相距不远，而且产品形态与生产技术的交流与影响都十分频繁，但玉堂窑在宋代的生产继续沿用了前期龙窑生产技术的主要原因应是受燃料的影响。

（二）磁峰窑白瓷产品使用与销售浅说

由于产品具有良好的外观形态，磁峰窑的白瓷很快占据了成都平原的白瓷市场，产品的销售还逐步向整个四川盆地辐射，磁峰窑也因为白瓷的大规模生产而在宋代四川盆地的瓷业经济中占据了举足轻重的地位。

两宋之际，成都是川峡四路最繁华的大都市和最大的物资集散中心，是磁峰窑白瓷消费最旺盛的城市，同时也是磁峰窑产品销往成都平原以外的集散地。成都市内的各个宋代遗址中皆有磁峰窑白瓷产品出土[2]，依据城市遗址出土器物的不完全统计，磁峰窑白瓷在宋代遗迹单位中非常普遍，在江南馆街 1995 年的发掘中，磁峰窑白瓷的数量几乎占到出土瓷器总量的半数。而以四川地区宋元窖藏出土的磁峰窑白瓷为例，则更清楚地显示出其销售的范围与路径，成都府路范围有成都凉水井村窖藏、郫县红星公社窖藏、彭山罐头厂窖藏、中江西山乡窖藏等。其中凉水井窖藏出土磁峰窑白瓷 88 件、红星公社窖藏则出土 52 件；潼川府路遂宁金鱼村一号窖藏、资中亢溪乡窖藏也出土数量不等的磁峰窑白瓷产品[3]。磁峰窑白瓷在成都之外各个水、陆路交通重要结点上的出现，显示出其销售路线为水陆并行，其一为从成都出发经由陆路到中江（宋代为汉州飞乌），再经涪江水道到宋代新兴的商业城市遂宁、沿江而下至峡江地区；其二为自成都沿陆路到简阳，再沿沱江水道到资中，

1　成都文物考古研究所、都江堰市文物局：《2007 年玉堂窑遗址调查报告》，成都文物考古所编著：《2007 成都考古发现》第 322-392 页，科学出版社，2009 年。

2　成都城市考古中，出土磁峰窑白瓷最丰富的是 1995 年发掘的江南馆街唐宋遗址，内姜街遗址、金河路遗址等地也有数量不等的磁峰窑白瓷出土。此外，在成都平原的平乐冶铁遗址也有磁峰窑白瓷出土。

3　成都文物考古研究、遂宁市博物馆：《遂宁金鱼村南宋窖藏》第 340-350 页，附表一、附表二，文物出版社，2012 年。

其后经资中—荣昌—重庆的陆路到峡江地区。通过水陆交替的运输方式，磁峰窑瓷器的销售遍及川东平行岭谷地区、抵达更远的峡江地区。此外，反观宋代四川盆地各地出土定窑瓷器情况，数量上远远不及与之齐名的龙泉窑、景德镇窑产品。究其原因，一方面与北方地区通往四川的瓷器运输路线不畅、金统治者对定窑产品南销的严格把控有关；另一方面，磁峰窑产品的市场占有所形成的冲击也是重要因素之一。

故宫博物院藏康熙仿宋定窑白釉瓷器述略

高晓然　故宫博物院

内容提要：定窑为宋代五大名窑之一，以生产白瓷而著名，其产品造型典雅、胎质坚密、釉色温润、纹饰流畅、内容丰富。北宋时因其产品曾被选为宫廷用瓷而风靡一时。自宋代以来，许多瓷窑视其为楷模而进行仿制，形成一个庞大的瓷窑体系。从传世品看，清代仿定窑器始自于康熙一朝，仿品在追寻宋瓷古风古韵的同时，大胆创新，为雍正、乾隆两朝仿定窑白瓷奠定了坚实基础。本文通过对故宫博物院收藏的康熙时期仿定窑白釉瓷器进行梳理，并与宋定窑白瓷进行比较研究，以期对康熙时期景德镇仿定窑白釉瓷的特征作进一步的分析与探讨。

关键词：定窑　白瓷　官窑　民窑

一　宋定窑瓷器概貌

白瓷是由青瓷发展而来，它的起源可追溯到北朝晚期。北齐范粹墓出土的白瓷三系罐、四系罐、长颈瓶及碗、杯等，虽保留有一些青瓷的特点，但学术界一致认为，这一批白瓷是迄今为止发现最早的有可靠纪年的早期白瓷[1]。隋唐以后白瓷的生产逐渐成熟，成为我国北方瓷窑的主流产品，一直生产至今未曾间断，窑址遍布河北、河南、陕西、山西、山东、

1　河南省博物馆：《河南安阳北齐范粹墓发掘简报》，《文物》1972 年第 1 期。

甘肃、宁夏、内蒙古、安徽等省[1]。考古发掘资料表明，最早的白瓷制品仅供上层社会使用，入唐以后白瓷盛烧，类雪、类银的邢窑白瓷与如冰似玉的越窑青瓷形成了“南青北白”之势，白瓷更多地融入了社会生活当中，“内丘白瓷瓯……天下无贵贱通用之”。定窑受邢窑影响在唐代开始烧造白瓷，至宋代白瓷生产达到鼎盛，是宋代著名的瓷窑之一。其遗址位于河北省曲阳县涧磁村及东西燕川村，因曲阳古属定州，故名。其产品造型典雅，胎质细白坚硬，釉色莹润泛黄，纹饰清晰流畅，装饰内容丰富。北宋时期其产品曾贡奉宫廷，对后世白瓷的生产影响深远。历史上有关定窑瓷器的文献记载很多，宋代苏轼《东坡杂志》、邵伯温《闻见录》、陆游《老学庵笔记》、周辉《清波杂志》、叶寘《坦斋笔衡》，元代刘祁《归潜志》、陶宗仪《辍耕录》，明代曹昭《格古要论》、申时行《大明会典》、张应文《清秘藏》、谷泰《博物要览》，清代《南窑笔记》、唐铨衡《文房肆考》、许之衡《饮流斋说瓷》等，这些书籍对定窑瓷器在造型、釉色、装饰风格及艺术特色等方面均有不同程度的描述。20世纪30年代，著名陶瓷专家叶麟趾先生在河北曲阳进行实地考察时，首次指出了定窑遗址的地理位置，为实地调查定窑遗址指明了方向。此后故宫博物院的冯先铭、李辉柄等多位专家也曾前往定窑遗址进行调查。20世纪50～80年代河北省文化局文物工作队、河北省文物研究所对定窑窑址进行了小规模发掘，对定窑的烧瓷历史及与邻近地区瓷窑的相互关系有了初步了解[2]。为了更全面地了解定窑各时期的生产面貌及烧造工艺特征，2009年经国家文物局批准，由河北省文物研究所、北京大学考古文博学院、曲阳县定窑遗址文物保管所组成的联合考古队，对定窑遗址进行了主动性的考古发掘，清理出不同时期的窑炉、作坊和灰坑等重要遗迹94处，并出土了大量窑具及各时期瓷器，其中发现带有“官”、“尚药局”、“尚食局”、“东宫”和“乔位”等款识的标本，为定窑瓷器的研究提供了可靠的实物依据及新的资料[3]。

二　故宫博物院收藏的宋代定窑瓷器基本特征

故宫博物院收藏的宋代定窑瓷器大多来源于清宫旧藏，也有20世纪五六十年代我院征集收购的。品种有碗、盘、洗、盒、执壶、梅瓶、双系罐、三足樽、盖缸、孩儿枕、盆、

1　秦大树：《早期白瓷的发展轨迹》，《中国古代白瓷国际学术研讨会论文集》，上海书画出版社，2005年。

2　中国硅酸盐学会编：《中国陶瓷史》，文物出版社，1982年。

3　秦大树：《定窑的历史地位及考古工作》，中国艺术博物馆编：《中国定窑》，中国华侨出版社，2012年。

盏托等，主要作日常生活、陈设用。其中以造型多样的盘、碗、洗最为多见，仅碗的造型就有笠式碗、花口碗、折腰碗、温碗等多种式样。器物胎体洁白细腻，釉色白中闪黄，光洁温润，釉面有垂浆泪痕，足墙处可见明显的指甲痕。器物口部多镶有金、银或铜口装饰，一方面有遮掩因覆烧而产生的芒口的作用，另一方面是显示使用者身份地位和富贵等级的标志[1]。此种工艺在唐、五代定窑瓷器中已使用，宋代以后较为普及，与文献中记载的“金装定器”相吻合。

定窑器物装饰工艺最具特色，深受世人青睐。许之衡的《饮流斋说瓷》中有“北定，其质极薄，其体极轻，有光素、凸花、划花、印花、暗花诸种，大抵有花者多，无花者少。花多作牡丹、萱草、飞凤、盘螭等形，源出秦镜，其妍细处几疑非人间所有，乃古瓷中最精丽之品也”的记载[2]。清乾隆皇帝在品评定窑印花蟠螭纹盘时也有“云中见龙爪,如有复如无”的诗句[3]。从故宫博物院收藏的宋定窑白瓷器装饰来看，主要以划花、刻花、印花技法为主，其装饰效果有明显的时代特征。划花装饰在宋代早期南北瓷窑中较为常见，其工艺是在未干的坯胎上用篦状的工具划出花纹，主要装饰于瓶、罐等器物的肩、腹部。刻花工艺与划花相同，只是花纹较之划花的线条略宽，并有深浅的变化，常见刻花与划花工艺并饰于器物之上，图案上下呼应，左右对称，纹饰布局富有变化，具有立体感。印花工艺成熟于北宋晚期至金代，先将纹饰刻在模具上，然后印于坯胎上，工艺操作简单，成品率较高，纹饰构图严谨，线条繁复精美，题材更加广泛，其装饰性和观赏性极强，形成了定窑瓷器独特的装饰风格。故宫博物院收藏的宋代定窑白釉盘、碗、洗等主要采用印花工艺，纹饰以对称的花卉图案最为丰富，纹饰清晰，层次分明。定窑瓷器上的印花题材除各种花卉纹外，还见有云龙纹、螭龙纹、莲鸭纹、双鱼纹、孔雀牡丹等，纹饰清晰生动，图案装饰效果极强。尤其是双鱼纹最具特色，多与各式花卉构成各种祥瑞图案，成为后世模仿的主要图案[4]。

定窑器物底足大多无款识，少量刻有“易定”、“官”、“尚食局”等铭文，另有三件定窑盘深受乾隆皇帝的喜爱，器物底部镌刻乾隆皇帝的御制诗文，为我们了解乾隆皇帝对定窑瓷器的鉴赏标准提供了实物资料。

1　王建保：《宋徽宗“弃定命汝”的背景因素探讨》，中国艺术博物馆编：《中国定窑》，中国华侨出版社2012年。

2　（民国）许之衡：《饮流斋说瓷》，山东画报出版社，2010年。

3　《清高宗御制诗四集》卷三〇“咏定窑盘子”，中国人民大学出版社，1993年。

4　杜会平、李静：《北宋静志寺和净众院塔基地宫出土定窑瓷器研究》，中国艺术博物馆编：《中国定窑》，中国华侨出版社，2012年。

三　康熙时期景德镇窑仿定窑白釉瓷器基本特征

故宫博物院收藏的康熙时期景德镇窑仿定窑白釉瓷器有20余件，大部分为景德镇官窑所仿，少量见有民窑制品，均未署年款。官窑仿品造型规整、做工考究、底足修整精细。釉色或白中泛黄，或粉白莹润。釉面有的匀净光润，有的凸凹不平。因其烧成温度比宋代定窑瓷器高，致使仿品釉面过于光亮，缺乏宋代定窑白瓷釉面柔和滋润的韵味，这是清代康熙时期仿定窑白瓷的显著特征之一。仿品主要见有两类器物，一类器物主要是在造型与装饰上极力摹仿宋定窑器物，但由于制作工艺有别于宋定窑器，致使仿品不可避免地带有明显的时代特征。此类器物以碗、盘、洗多见。纹饰较单一，主要见有海水双鱼牡丹纹，少量刻划云龙或螭龙纹等。另一类器物仅在胎体、釉色上模仿宋定窑白瓷，以陈设器居多，造型、纹饰为清代式样，胎体较轻呈浆胎状。尽管仿品釉面莹润匀净，纹饰精细繁复，做工较宋定窑更胜一筹，但花纹装饰不如定窑器生动自然。民窑仿宋定窑器，品种丰富，有日常用器、陈设器、文房用具和祭祀用器等。器物胎体或轻或重，胎质疏松，用手指扣敲发出的声音比较沉闷。釉色白中泛黄且有开片，装饰以刻、划花技法多见，线条刻划简单随意，纹饰内容丰富多样，见有蟠螭纹、夔龙纹、卷草纹、莲瓣纹、缠枝花纹等。以下遴选几件康熙时期景德镇窑仿定窑白釉瓷器，分别予以介绍。

图1. 清康熙　仿定窑白釉刻划花牡丹双鱼纹笠式碗

图2. 清康熙　仿定窑白釉刻划花牡丹双鱼纹笠式碗

碗，共有五件，仿宋定窑笠式碗造型。敞口，斜壁，小圈足。口部装饰有两种：

一种为青灰色砂口（图 1），这是为了追求宋代定窑碗口部特征；另一种口部满釉（图 2），外壁白釉无纹，釉面匀净光润。康熙时期景德镇窑仿定窑白釉碗上不见有宋定窑碗釉面常见的“泪痕”和指甲痕，碗内装饰工艺和布局也与宋定窑笠式碗（图 3）不同，宋定窑笠式碗多采用印花工艺，内壁口沿印一周回纹，内底凹脐内或印鱼纹或印花卉纹，脐外满印缠枝花卉或动物纹。纹饰布局繁密有致，纹饰清晰生动。康熙仿品均采用刻划花工艺，装饰构图分为三层，并隔以弦线。口沿处刻卷草纹，内底不见凹脐，只在双弦线圈内刻划海水双鱼纹，双圈外刻划缠枝牡丹纹，鱼纹较宋定窑鱼纹肥硕，具有康熙时期鱼纹特征。

图 3. 宋　定窑白釉印花缠枝海石榴纹笠式碗

图 4. 清康熙　仿定窑白釉刻花海水双鱼纹洗

洗，共有三件，二件口为折沿，一件直口。造型规整，口部分镶铜釦和青灰色砂口两种。釉面特征稍有不同，仿定窑白釉刻划花海水双鱼纹折沿洗（图 4），口沿镶铜口，釉色白中闪黄，外壁刻上下两组几何纹，内壁及底满刻海水双鱼纹，双鱼以头相对，位于盘心，四周波浪纹呈两两相对图案化布局。纹饰刻划清晰，但缺乏宋定窑器纹饰生动自然之感，略显生硬。仿定窑白釉划花折沿洗（图 5、图 6），有大小两件，造型及装饰风格一致，折沿，浅腹，圈足。均为青砂口。釉面莹白光亮有开片。内口沿均刻回纹一周，内底划花纹饰不同，一件内底双圈内划云龙纹，内壁划缠枝花纹。另一件洗内底双圈内划兰花纹，纹饰线条纤细流畅。

盘（图 7），只有一件，胎体略显厚重，青灰色砂口，釉色粉白莹润，釉面凹凸不匀且布满大小不一的开片。内底印有两条头尾相对的鱼纹，鱼纹略显生硬。

图 5. 清康熙　仿定窑白釉划花云龙纹折沿洗

图 6. 清康熙　仿定窑白釉划花花卉纹折沿洗

图 7. 清康熙　仿定窑白釉印花双鱼纹盘

白釉划花缠枝花纹玉壶春瓶（图 8），盘口，长颈，垂腹，圈足。口部为青灰色砂口，模仿宋定窑镶铜口特征。通体施白釉，釉色白中泛黄，釉面光亮且有细密开片纹，釉下划缠枝花卉纹，纹饰排列有致，花纹清晰流畅，具有明显的时代特征。

白釉刻花莲瓣纹长颈小瓶（图 9），小口，长颈，折肩，瘦底，圈足。胎体较轻。通体白釉细润，近底处刻两层莲瓣纹。剔刻莲瓣纹作为器物装饰图案在宋定窑器

图 8. 清康熙　仿定窑白釉划花缠枝花纹玉壶春瓶

图 9. 清康熙　仿定窑白釉刻花莲瓣纹长颈小瓶

图 10. 清康熙　仿定窑白釉刻花垂云纹小瓶

图 11. 清康熙　仿定窑白釉柳斗式水丞

中较为多见，一般多装饰于瓶、罐等器物近足处。北宋静志寺和净众院塔基地宫中出土的定窑瓷器中，刻莲瓣纹的就有白釉龙首莲瓣纹大净瓶、白釉莲瓣纹盖罐、白釉莲瓣纹长颈瓶等[1]，所刻莲瓣纹饱满肥硕，浮雕效果明显，立体感较强。此瓶造型小巧俊秀，釉面细润，但剔刻莲瓣花纹线条生硬缺乏立体感。

白釉刻花垂云纹小瓶（图 10），小口，长颈，扁圆腹，圈足。釉色呈牙白色，釉面光润。以刻花装饰，口沿下凸饰一道弦线，其下刻垂云纹一周。颈腹部三层纹饰，上、下两层分别刻如意云头纹，间以一周几何纹饰。此器造型规整，纹饰具有康熙时期瓷器特征。

白釉柳斗式水丞（图 11），仿宋定窑器，直口，镶铜口，鼓腹，平底。外壁满印柳条编织纹，形似柳斗。造型小巧秀雅。白釉微微泛黄，釉面匀净光洁。

白釉划花高足盘（图 12），撇口，浅腹，高足外撇。通体施白釉，釉面有开片。盘内划花装饰，口沿划卷草纹一周，内底划花卉纹，线条浅淡欠清晰。

白釉刻花三足洗（图 13），直口，鼓腹，下承以三足。外壁刻花装饰，口沿刻席纹一周，腹部刻双层如意云头纹。洗内釉面可见细密的针孔棕眼，为康熙瓷器典型特征。

四 康熙时期仿定窑白釉瓷器盛行的背景和原因

（一）康熙皇帝对于祭祀礼制活动的重视促使白釉瓷器大量出现

“国之大事，在祀与戎”。祭祀天地诸神和皇室祖先是中国历代王朝中重要的礼制活动。1644 年，满族入关定鼎燕京，建立了清王朝。清代宫廷把祭祀祖先山陵视为关乎天运之发祥、巩万代之金汤的大事。清代的各朝皇帝对祭祀活动都十分重视，清世祖顺治十年谕：“国家典祀，首重祭祀，每斋戒日必检束身心，竭诚致敬，不梢放逸。”康熙皇帝为实现其父世祖皇帝的遗愿，率王公大臣、八旗官兵到盛京地区拜祭永、福昭陵，不仅实现了先皇夙愿，也开创了清帝东巡谒陵祭祖的先例，并将谒陵大典逐步完善为程式化的固定仪式。乾隆二十四年绘制完成的《皇朝礼器图式》一书，共计 1300 幅图，它是乾隆皇帝钦定绘制的一部与清礼息息相关的器物图谱，是清代礼制的一个组成部分，其中《皇朝礼器图式》卷一之祭器部，进一步规范了清朝的祭祀用瓷。

按清朝定例，宫廷祭祀活动根据祭祀场所的不同，分为大祀、中祀、群祀，每年宫中

1 《江西通志》卷九三。

图 12. 清康熙　仿定窑白釉划花高足盘

图 13. 清康熙　仿定窑白釉刻花三足洗

都要花费大量时间、耗费巨资，举行各种祭祀活动。祭祀需用瓷器，瓷器作为祭祀用器，最早出现于南宋初年[1]，明代嘉靖九年对祭祀瓷器的颜色又作出了相应的厘定，“定四郊各陵瓷器，圜丘青色，方丘黄色，日坛赤色，月坛白色，行江西饶州府如式烧解”[2]。清初宫廷祭祀沿用明朝旧制，祭祀用大碗、盘、爵、罐[3]等。

白釉瓷器作为宫廷祭祀月坛的器物，在康熙时期景德镇窑大量烧造，同时也带动了其

1　王光尧：《清代瓷质祭礼器概论》，《故宫博物院院刊》2003 年第 2 期。

2　万历《明会典》。

3　万历《明会典》。

他白釉瓷器的烧制，尤其是对以生产白瓷而驰名的定窑器开始大量仿烧，其产品功用不仅用于祭祀，更多的是日常生活用器和陈设器等。

（二）景德镇制瓷工艺为仿定窑白瓷的烧制提供了必要的技术条件

康熙初年，清政府为了巩固自己的统治地位，制定了许多安抚民心的政策，特别是废除了明代以来的“匠籍”制度，减轻了对手工业工匠的盘剥和束缚[1]，使景德镇制瓷业得到突飞猛进的发展，官、民窑制瓷水平均达到巅峰时期但在器型、工艺以及装饰上，官、民窑有着明显的差别，具有自身的特色。从文献记载看，康熙官窑瓷器的烧造始自康熙十年，但大规模的烧造，还是在康熙二十年至二十七年间，此时为工部虞衡司郎中臧应选等奉旨驻厂督陶，景德镇御窑厂制瓷业取得了辉煌成就，历史上将这一时期的景德镇御窑称之为“臧窑”。《饶州府志》中详细记载了臧窑瓷器的特色，“陶器则有缸、盆、盂、盘、尊、瓶、罐、碟、钟、盏之类，而饰以夔、云、鸟、兽、鱼、水、花、草，或描、或雕、或暗花、或玲珑，诸巧俱备”。清代蓝浦撰《景德镇陶录》卷五《景德镇历代窑考·国朝》“康熙年臧窑”条中也有“厂器也。为督理官臧应选所造。土埴腻，质莹薄，诸色兼备，有蛇皮绿、鳝鱼黄、吉翠、黄斑点四种尤佳，其浇黄、浇紫、浇绿、吹红、吹青者亦美”的记载。由此可知，臧窑的主要成就体现在各种单色釉瓷器品种上。从故宫博物院收藏的康熙御窑单色釉瓷器看，品种繁多，不仅有当时创新品种，也有仿宋代定窑、哥窑瓷器等传统器物，仿品无论造型、纹饰与宋器极为相近，代表了康熙时期景德镇御窑厂高超的制瓷水平。

五　结语

定窑瓷器是中国陶瓷史上一个重要的瓷器品种，始烧于唐而盛于宋、金时期。白瓷一直是定窑的主流产品，造型古拙端庄，釉色柔和滋润，装饰技法与纹饰内容具有鲜明的时代特征，其产品在北宋和明清时期均为宫廷收藏和使用。自宋代以来，各地瓷窑仿烧定窑产品器层出不穷、未曾间断。从故宫博物院收藏的清代仿宋定窑器来看，仿品主要集中在康、雍、乾三朝。康熙景德镇窑仿宋代定窑白瓷，器物造型、装饰技法以及纹

1　耿宝昌：《明清瓷器鉴定》第185页，紫禁城出版社、香港两木出版社，1993年。

饰内容等方面基本上延续了宋定窑器的风格，但由于仿品与宋器在工艺、施釉及烧成温度上有所不同，因此不可避免地带有康熙本朝的制瓷特征，为雍正、乾隆时期仿定窑白釉瓷器的发展奠定了坚实的基础。

乾隆对定窑瓷器的认知与鉴赏

孙悦　故宫博物院

内容提要：在乾隆朝《活计档》、《贡档》等档案材料中，屡见有关定窑瓷器的记录，乾隆皇帝《御制诗集》中也收录咏定窑器的诗作32首。这些档案和诗文，记录了乾隆皇帝对定窑瓷器的收藏和认知过程，也反映了其对定窑的鉴赏观。乾隆皇帝本人的古物认知能力和鉴定水平代表了当时社会对于定窑瓷器的普遍认知，也影响了同时期及后世文物博物馆界对定窑瓷器的评价，对于今天的定窑研究亦有重要参考意义。

关键词：定窑　乾隆　御制诗　造办处活计档

大量考古材料和宋明以来的史料笔记等文献显示，定窑曾在宋、金时期烧造过宫廷用瓷。至迟在晚明时期，定窑便位列“五大名窑”之一而备受帝王珍赏，入藏宫廷内府[1]。清代以来，定窑一直是宫廷瓷器中的一项重要收藏。乾隆时期，由于皇帝对陶瓷类古物的热衷珍赏，大量宋元定窑古瓷入藏清宫，景德镇御窑厂的仿定之风也蔚然兴起。从现存的清宫《活计档》、《贡档》等档案材料可以看到定窑瓷器进入宫廷的流传经过和乾隆皇帝对这些瓷器的认知水平。在乾隆皇帝以定窑瓷器为歌咏对象的御制诗中，又可以看到其对定窑

1　明万历时人张应文所作《清秘藏》中提到“论窑器，必曰柴、汝、官、哥、定”，首次将定窑列为古代名窑序列。成书稍晚时期的《宣德鼎彝谱》卷一载：“内库所藏柴、汝、官、哥、均、定各窑器皿，款式典雅者，写图进呈。”是书名为“宣德”，实为明末所作，但不会晚于明崇祯时期。这说明在明代后期，定窑已经为皇家“内库所藏”。

的鉴赏品位。这些档案、诗文所透露的信息，代表了乾隆皇帝个人对定窑瓷器的鉴赏观，同时也影响了当时及后世对定窑瓷的看法，对今天的定窑研究亦不无裨益。

一　乾隆以前的清宫定窑瓷器收藏

已知的档案材料表明，康熙五十二年圣祖皇帝六旬万寿时，即有定窑瓷器作为贡品进入宫廷。这可被视作清廷主动接纳并收贮定窑瓷器的伊始。检视康熙五十六年编纂的《万寿盛典初集》，可以看到康熙皇帝六旬万寿的贡物之中，皇子及王公大臣共进贡瓷器 313 件[1]，其中定窑瓷器 14 件。具体名称及相关信息列表如下。

进贡人	身份	贡品名称	贡品年代	数量
弘曙	淳郡王长子	定窑盘	宋	2
皇十五子		定窑寿桃碗	不明	1
皇十六子		定窑升平有象瓶	不明	1
皇十七子		定窑西番瑞莲铙碗	不明	1
雍乾	和硕简亲王之子	定窑瓷盘一对	宋	2
温达、松柱、李光地、萧永藻、王掞、马良、傅尔呼纳、舒兰、巴格、阿尔法、绰奇、蔡升元、彭始抟、邹士璁、沈涵合进	内阁大学士	宋粉定窑花盒一对	宋	2
王道化	监造	定窑笔洗一件	宋	1
穆和伦、张鹏翮、塔进泰、王原祁、噶敏图、廖腾煃、施世纶合进	户部尚书、侍郎、仓场侍郎	定窑素花笔洗	宋	1

1　依据《万寿盛典初集》卷五十四至卷五十九之内容统计。

赫硕色、陈诜、二格、王思轼、冯忠、胡作梅合进	礼部尚书、侍郎	定窑乳耳炉	宋	2
		定窑双喜瓶	宋	
王鸿绪	经筵讲官户部尚书（原任）	定窑水池一面	宋	1

由上表可知，这些定窑瓷器造型以碗、盘、洗、瓶等日用器为主，体现了宋代定窑瓷器已作为古董珍品入藏清宫的事实。同时，其中也有如“升平有象瓶”之类的器物，显然不是宋代定窑瓷器造型。这说明，康熙时期亦有仿定器物作为贡品进入宫廷。

雍正朝《活计档》有关定窑的记录并不很多，只见零星散记。如雍正四年三月十三日“表作、砚作”所记：

> 员外郎海望持出……定窑胆瓶一件，定窑小罐一件，定窑三足圆水盛一件，定窑圆笔洗一件，定窑碗大小七件，定窑盘大小五件等等[1]。

对于这些瓷器的流向，雍正皇帝未有任何旨意。雍正四年三月十一日“杂活作”一条档案则记录到：

> 据圆明园来帖内称，乌和里达董显芳、一尔喜达五十四，笔贴式李禄送来……定窑碗大小七件，定窑盘大小五件……定窑三足圆水丞一件……定窑圆笔洗一件……以上通共二百零四件。说郎中保德传：着应配座收拾处配座收拾。记此。于三月二十一日将以上等项俱收拾完，郎中保德持去安在果郡王花园讫[2]。

由此条记录可知，宫中的定窑也作为赏赉之物赏赐给亲王大臣。可见，雍正皇帝对于定窑瓷器并不十分珍视，也无收藏品鉴的兴趣。他的收藏带有较大随意性，不成系统也未见规模。

到了乾隆朝，档案中有关定窑进贡、收藏、制作、鉴赏等信息愈加丰富，几乎每年都

1 《清宫内务府造办处档案汇编》1 册，第 734-736 页，人民出版社，2005 年。

2 《清宫内务府造办处档案汇编》2 册，第 339-341 页，人民出版社，2005 年。

有关于定窑入藏宫廷的记录。根据民国年间出版的《故宫物品点查报告》的统计可知，故宫共藏有定窑及仿定器物 259 件[1]。另据笔者对于乾隆《活计档》和《贡档》的不完全统计，乾隆朝通过进贡等方式入藏宫廷的定窑瓷器总数达 300 件以上。由此可以确知，流传至今的清宫旧藏定窑瓷器，大部分是在乾隆时期贮藏内府。

二　乾隆皇帝对定窑瓷器的认知

在乾隆朝《活计档》、《贡档》等档案材料中，屡见有关定窑瓷器的记录，内容涉及对宋明定窑古瓷的加工、清代定窑瓷器的仿制、对古定窑器进行认看鉴定等，不一而足。综合分析，以下几点内容对今天的定窑研究具有参考意义。

（一）辨析名称

鉴于定窑的广泛影响，自宋代开始，便有其他地方窑口对定窑瓷器进行仿烧，由此产生了诸如南定、新定、粉定、土定等名词。对这些名词的解释，历代文献表述各有不同，莫衷一是。

以粉定为例。《砚山斋杂记》载："彭窑，元时戗金匠彭均宝效古定器制，折腰样者甚佳，土脉细白者与定器相似，青口欠滋润，极松脆，称为'新定'。近景德仿者，用青田石粉为骨烧造，名为'粉定'。"[2] 此条文献明确说明，粉定是元明以后江西景德镇地区仿定窑的产品。而在乾隆十九年《贡档》中，有"御前侍卫三泰进宋粉定窑果洗"[3] 一条记录。同样，乾隆《御制诗》中也尝见有"粉定传宋制，尔时犹厌芒"[4]、"粉定出北宋，花瓷实鲜看"[5] 等诗句。表明乾隆皇帝认为"粉定"是宋代定窑。他进一步解释说："今时所见定窑皆白色，上者谓之粉定，次者谓之土定。"[6] 又，"东坡诗'定州花瓷琢红玉'。今定窑绝无红色者，

1　笔者对民国十四年（1925 年）清室善后委员会刊行的《故宫物品点查报告》中记录的定窑、仿定、粉定、土定等器物进行了逐一统计，数据恐难做到十分准确，但不会有太大出入。

2　（清）孙承泽：《砚山斋杂记》卷四，辑入《四库全书》子部，杂家类，杂品之属。

3　《清宫瓷器档案全集》卷四，第 175 页，中国画报出版社，2008 年。

4　《咏定窑碗》见乾隆《御制诗集》五集，卷八十六。

5　《咏定窑三羊方盂》见乾隆《御制诗集》四集，卷三十。

6　《咏定窑碗》见乾隆《御制诗集》五集，卷八十六。

故俗谓之粉定,而暗花者多则亦合花瓷之称矣”[1]。看来,乾隆皇帝是将“粉定”视为与“红定”类似的称谓，指的是宋代定窑白瓷中质地上乘的产品，并非《砚山斋杂记》中所指的元明仿定器物。

再如“土定”。按照乾隆皇帝“今时所见定窑皆白色，上者谓之粉定，次者谓之土定”的定义，土定是指定窑中质地较为粗糙的一类制品，犹如《格古要论》所说“质粗而色黄者”[2]。然而档案中记录的“土定”,又包含不同意思。试看有关“土定”的几条《活计档》:

> 乾隆九年九月二十一日，太监胡世杰交土定水盛一件，传旨：带进京[3]。
>
> 乾隆九年十二月初一日，七品首领萨木哈来说，太监胡世杰交土定窑碟子一件[4]。
>
> 乾隆九年十二月初二日，太监胡世杰交土定窑碟，冬青铙碗，紫金釉铙碗各一件。传旨：配架、座[5]。
>
> 乾隆十年十月二十日，太监如意交土定窑梅瓶一件。传旨：配栏杆座[6]。
>
> 乾隆十年十一月初二日，太监王保住来说，总管刘沧洲交足破土定窑文王鼎一件[7]。
>
> 乾隆十年十二月初四日，太监陈永德来说，太监胡世杰交土定窑碟子一件。传旨：着配匣，入乾清宫，入古次等。钦此。于十三年十一月二十七日太监王炳将土定窑碟子一件，配得匣持去讫[8]。

这些“土定”器物以实用器碟子为主，间有水盛等文房器，基本是宋元定窑瓷器的常见造型。然而，其中出现有“文王鼎”一件。明人高濂《遵生八笺》曰：“近如新烧文王鼎炉、兽面戟、耳彝炉，不减定人制法，可用乱真。”[9]这说明，文王鼎是明代新出现

1 《咏定窑凫莲盘》见乾隆《御制诗集》四集，卷三十一。
2 (明)曹昭:《格古要论》卷下，辑入《四库全书》子部，杂家类，杂品之属。
3 《清宫瓷器档案全集》卷二，第331页，中国画报出版社，2008年。
4 《清宫瓷器档案全集》卷二，第350页，中国画报出版社，2008年。
5 《清宫瓷器档案全集》卷二，第350页，中国画报出版社，2008年。
6 《清宫瓷器档案全集》卷二，第412页，中国画报出版社，2008年。
7 《清宫瓷器档案全集》卷二，第416页，中国画报出版社，2008年。
8 《清宫瓷器档案全集》卷二，第422页，中国画报出版社，2008年。
9 (明)高濂:《遵生八笔》卷十四，辑入《四库全书》子部，杂家类，杂品之属。

的仿定器物，并非宋代定窑。也就是说，乾隆时期所谓的“土定”，包括了宋、明两代定窑及仿定窑瓷器。

如此看来，乾隆对于“粉定”、“土定”之类的名词，并非只是一味遵从文献旧说，而是有自己的看法和认识。这种认识，影响了乾隆及以后很长时期博物界对于定窑瓷器的判断。

（二）认看等次

在造办处活计档中，可以看到多处乾隆对于新收入宫的定窑瓷器进行“认看”的记录。如：

乾隆三年九月二十二日，七品首领萨木哈、催总白世秀来说，太监毛团交定窑鼓式盒一件。传旨：着认看。钦此[1]。

乾隆八年十一月二十四，七品首领萨木哈来说，太监胡世杰交定窑拱花梅瓶一件……于本月二十五日七品首领萨木哈将定窑梅瓶一件并小花插一件认看得头等持进，交太监胡世杰呈进讫[2]。

乾隆八年十二月初八日，七品首领萨木哈来说，太监胡世杰交定瓷小瓶一件。传旨：认看等次。钦此[3]。

乾隆八年十二月二十一日，司库白世秀来说，太监胡世杰交……定窑水盛一件。传旨：着认看等次。钦此[4]。

乾隆九年十二月初一日，七品首领萨木哈来说，太监胡世杰交土定窑碟子一件。传旨：认看。钦此。于本月初二日七品首领萨木哈将土定窑碟子一件……据杨起云认看得俱系元瓷[5]。

乾隆九年十二月十一日，七品首领萨木哈来说，太监胡世杰交……定窑元盒一件……传旨：着认入得入不得多宝格。钦此[6]。

乾隆十年九月二十四日，司库白世秀来说，太监胡世杰交定窑筒子炉。传旨：

1 《清宫瓷器档案全集》卷一，第 338 页，中国画报出版社，2008 年。
2 《清宫瓷器档案全集》卷二，第 266 页，中国画报出版社，2008 年。
3 《清宫瓷器档案全集》卷二，第 270 页，中国画报出版社，2008 年。
4 《清宫瓷器档案全集》卷二，第 280 页，中国画报出版社，2008 年。
5 《清宫瓷器档案全集》卷二，第 350 页，中国画报出版社，2008 年。
6 《清宫瓷器档案全集》卷二，第 351 页，中国画报出版社，2008 年。

着认看等次。钦此[1]。

乾隆十年十一月初二日，太监来说，总管刘沧洲交……镶铜口定瓷圆碟一件，口缺，各随木座。传旨：认看等次[2]。

乾隆十年十一月初二日，太监王保住来说，总管刘沧洲交土定窑文王鼎一件，随木座嵌玉顶，足破一处。传旨：将伤足粘好，认看等次。钦此[3]。

从以上档案罗列可以看出，乾隆皇帝的“认看”主要包括两个方面：一是认看器物的真赝和年代，即鉴定其是宋代传世定窑还是明清仿定窑制品；二是认看等次。乾隆皇帝按照自己的鉴赏标准和审美意趣，对定窑瓷器进行人为的分类列等。这种等次划分，为当时民间收藏提供了重要指导和依据。

（三）加工改制

对于入藏宫廷的宋元古定器进行加工改制，是乾隆皇帝把玩定窑的又一重要内容。其中最常见的改动，是为器物制作囊匣，配备各种材质的座托、架子等辅助部件，为更好地保护和展示器物，这样做无可厚非。然而除此之外，乾隆皇帝还喜欢对传世古定窑瓷器进行一些修复或改造，使得器物在造型结构和使用功能上发生了一些变化。这种变化，容易造成后世对原器物性质的认知产生混乱。此类记录主要有以下几项。

1. 刻字

档案中乾隆皇帝下旨为定窑器物刻字的记录有：

乾隆八年十一月初七日，七品首领萨木哈来说，太监胡世杰、张玉交定窑渣斗一件，足破，上原刻“官”字。传旨，将足破处磨好做旧，底上仍刻做一“官”字。钦此[4]。

乾隆十二年七月二十日……太监胡世杰交来定瓷枕一件。传旨：将枕底磨平，

---

1 《清宫瓷器档案全集》卷二，第408页，中国画报出版社，2008年。

2 《清宫瓷器档案全集》卷二，第415页，中国画报出版社，2008年。

3 《清宫瓷器档案全集》卷二，第416页，中国画报出版社，2008年。

4 《清宫瓷器档案全集》卷二，第257页，中国画报出版社，2008年。

钦此。于本月二十八日将磨得瓷枕一件呈览。奉旨：交朱彩刻字。钦此[1]。

乾隆十八年十二月初三日，员外郎白世秀来说，总管潘凤、太监张永泰交定窑镶铜口碟一件、定窑镶铜口暗花碟一件、定窑镶铜口拱花碟一件……传旨：配座，得时头等刻“甲”字，二等刻“乙”字[2]。

三条档案显示的刻字目的各不相同。第一条是修复传世定窑，将底部刻“官”字款，属于修补做旧范畴。第三条是在器物底部或器物座、匣等处刻名“甲、乙、丙、丁”等字样，标注器物等级。这种等级的标注，逐渐成为后世收藏界对定窑器物的判断标准。第二条档案提到的“朱彩刻瓷枕”事，极有可能是乾隆皇帝命将御制诗文镌刻于瓷枕底部。这类带有“御制题诗”的瓷器被后世收藏界捧为珍品，远远超出了其应有的历史和文物价值。民国时期的古董收藏领域，就常常热衷于炒作带乾隆皇帝御制诗的瓷器，甚至一度出现为抬高器物价格而伪造御制诗刻于古瓷之上的行为[3]。

2．装胆

档案中，乾隆皇帝下旨为定窑器加装铜胆的记录有：

乾隆十年三月二十五日，司库白世秀来说，太监胡世杰交定窑东升一件，锡胆。传旨：着配铜镀金胆，其旧胆有用处用。钦此[4]。

其中提到的“东升”，暂不能确定为何种造型。但从清宫《陈设档》中屡屡出现的“白玉东升”，“汉玉东升”[5]等字样来看，可能是一种以玉质为主的陈设器。此条档案中下旨为东升配装铜镀金胆，则是要将此器作为花瓶使用。北方冬季严寒，于瓷器内加饰铜胆，在铜胆内注水插花，可以防止瓷器炸裂，从而起到保护瓷器的作用。这种做法首见于明代，乾隆朝频繁使用。今日所见清宫旧藏定窑类器物中，虽不能对应出“定窑东升”为何物，但北京故宫博物院所藏的明代仿定窑白釉花觚和台北故宫博物院所藏清代白瓷洗，其中都

1 《清宫瓷器档案全集》卷三，第137页，中国画报出版社，2008年。

2 《清宫瓷器档案全集》卷四，第151页，中国画报出版社，2008年。

3 孙瀛洲《瓷器辨伪举例》一文中曾提到民国时期古董市场有添加伪刻乾隆御制诗以抬高文物价格的做法。见《文物》1963年第6期。

4 《清宫瓷器档案全集》卷二，第386页，中国画报出版社，2008年。

5 检索嘉庆七年重华宫、翠云馆等处陈设档，可见汉玉东升、白玉东升记录多条。

有铜胆装饰。可见，乾隆为定窑瓷器加装铜胆的做法较为普遍。

3. 镶口

乾隆六年六月初三日，司库刘山久、白世秀来说，太监高玉等交定瓷瓶一件。传旨：镶口配座。钦此[6]。

因定窑瓷器采用覆烧工艺，致使器物口部不可施釉，形成所谓“芒口”。自宋代以来，便有在器物口部包镶金银的做法，谓之“金釦”、“银釦”。定窑瓷器也素以加饰“金、银釦”者为贵。这条档案则说明，有些宋元定窑瓷器的“金铜釦”并非古来已有，而是乾隆时期补镶的。

三　乾隆皇帝对定窑瓷器的赏鉴

乾隆皇帝曾创作大量以陶瓷器物为歌咏对象的御制诗，据统计在200首以上[7]。这其中，歌咏定窑瓷器的诗作有32首之多。通过这些诗句内容并结合档案材料，可以体会乾隆皇帝对定窑瓷器的鉴赏品位。

（一）鉴赏标准和依据

乾隆皇帝在歌咏定窑瓷器的御制诗中征引的古籍主要有《老学庵笔记》、《闻见前录》、《格古要论》、《遵生八笺》诸书，这些对于定窑瓷器的零星记载，是乾隆品评定窑的主要文献依据。由此可以看出，乾隆皇帝对于定窑器的鉴赏基本还是沿袭了宋明以来博物家的主流鉴赏观。

至于其鉴赏标准，可以参看档案中乾隆皇帝对所藏定窑器物进行的等次划分。

清宫内府对于瓷器类古物的等次划分，主要有古上等、古次等、时做上等、时做次等多个等级。顾名思义，“古”即是前朝器物，“时做”是指本朝制作的器物。定窑作为宋代“五大名窑”之一，传世定窑及明代仿定窑瓷器，一般都被列入“古上等”、“古次等”之列。如：

6 《清宫瓷器档案全集》卷二，第86页，中国画报出版社，2008年。

7 高晓然：《乾隆御制诗瓷器考论》，《故宫学刊》总第七辑，紫禁城出版社，2011年。

乾隆九年正月二十一日……太监胡世杰交定窑拱花水丞一件，随木座……传旨：将水丞配文锦匣，入乾清宫头等[1]。

乾隆十年四月十二日，太监李福来说，太监胡世杰交……定窑撇口盅二件，木座……传旨：配文锦匣入乾清宫，入古上等[2]。

乾隆十年十二月初四日，太监陈永德来说，太监胡世杰交土定窑碟子一件。传旨：着配匣，入乾清宫，入古次等。钦此。于十三年十一月二十七日太监王炳将土定窑碟子一件，配得匣持去讫[3]。

乾隆十四年四月二十七日，司库白世秀、达子来说，太监胡世杰交……定窑拱花葵瓣碗二件，定窑拱花铙碗一件，传旨：……俱入乾清宫次等[4]。

需要说明的是，乾隆皇帝对于自己比较中意的器物，一般放入乾清宫库房。上述档案中记录的归入“古上等”，“古次等”的器物大都在乾清宫贮存，显示出乾隆皇帝对这些器物的珍视度。

此外，“多宝格”与“百什件”，也是乾隆皇帝划分瓷器级别的两个等次。乾隆九年十一月二十日记录到：“……于乾隆十年正月初五日，七品首领萨木哈将定窑瓜式壶一件，认看得平常，入不得多宝格，持进交太监胡世杰呈览。奉旨：既入不得多宝格，仍入百什件内。”[5] 由此可知，多宝格的等级要高于百什件。

明确了这种分别，再来看归入“多宝格”或“百什件”的几件器物：

乾隆三年七月二十一，七品首领萨木哈、催总白世秀来说，太监毛团交定窑暗花盅十件……传旨：将定窑暗花盅挑选齐全，好的入多宝阁[6]。

乾隆九年八月初十日……太监胡世杰交……定瓷碟一件。传旨：入百什件明装[7]。

---

1 《清宫瓷器档案全集》卷二，第 308 页，中国画报出版社，2008 年。
2 《清宫瓷器档案全集》卷二，第 393 页，中国画报出版社，2008 年。
3 《清宫瓷器档案全集》卷二，第 422 页，中国画报出版社，2008 年。
4 《清宫瓷器档案全集》卷三，第 239 页，中国画报出版社，2008 年。
5 《清宫内务府造办处档案汇编》12 册，第 593 页，人民出版社，2005 年。
6 《清宫瓷器档案全集》卷一，第 325 页，中国画报出版社，2008 年。
7 《清宫瓷器档案全集》卷二，第 328 页，中国画报出版社，2008 年。

乾隆九年八月二十三日……太监胡世杰交……定瓷绳式水盛一件。传旨：入百什件内[1]。

乾隆九年十一月二十五日，七品首领萨木哈将做得清玩阁屉子内装交出添配古玩等件持进，交太监胡世杰呈览。奉旨:将此屉内定窑壶不必装，另配一件。其定窑壶认看入多宝阁[2]。

乾隆十一年二月二十七……太监胡世杰交定窑镶铜口元洗一件，定窑镶铜口碗一件。传旨：入格子用[3]。

乾隆十三年四月二十七……太监胡世杰交……定窑单耳洗。传旨：入百什件用[4]。

乾隆十三年五月二十九……总管刘沧洲交定窑小梅瓶一件……传旨：着装入百什件[5]。

乾隆十八年十二月初十，员外郎白世秀来说，太监胡世杰交定窑镶铜口铙碗一件……传旨：着配座架子入多宝格[6]。

乾隆十八年十二月十六……太监胡世杰交定窑鼓式炉一件，木座……传旨：俱入百什件[7]。

以上述所引的这些档案可以看出，无论入多宝格还是入百什件的器物，都为小件，且无囊匣。这可能是为乾隆皇帝随时提取把玩方便考虑。

将两种分类方式结合起来看,能够得入“古上等”或“多宝格”的器物有定窑拱花水盛、定窑撇口盅、定窑暗花盅、定窑镶铜口铙碗、定窑洗、定窑碗等。这些器物都是宋代传世品,仿定瓷绝无入选之例。另外,“镶铜口铙碗”得以入选,则是遵循了宋代以来定窑以镶“金银釦”为贵的传统。这说明在乾隆皇帝看来，定窑之中只有宋代定窑瓷器真品才配列入最高等次。

1 《清宫瓷器档案全集》卷二，第 329 页，中国画报出版社，2008 年。
2 《清宫瓷器档案全集》卷二，第 348 页，中国画报出版社，2008 年。
3 《清宫瓷器档案全集》卷三，第 44 页，中国画报出版社，2008 年。
4 《清宫瓷器档案全集》卷三，第 185 页，中国画报出版社，2008 年。
5 《清宫瓷器档案全集》卷三，第 190 页，中国画报出版社，2008 年。
6 《清宫瓷器档案全集》卷四，第 156 页，中国画报出版社，2008 年。
7 《清宫瓷器档案全集》卷四，第 156 页，中国画报出版社，2008 年。

（二）鉴赏方式

如前文所述，乾隆皇帝曾制作多宝格将自己中意的瓷器集中放置，以便随时陈设把玩。在乾隆五十一年的一条《活计档》中，可以清楚地看到其下旨制作包括“定窑暗花糖锣洗、定窑拱花圆盘、钧窑海棠式盘、定窑平足洗、定窑里拱花菊瓣洗、哥窑葵瓣洗、定窑里拱龙四寸圆洗、哥窑葵花式洗、官窑铜口糖锣洗、定窑葵花式平足小笔洗”[1]等10件器物的多宝格。同时，乾隆还编纂有《埏埴流光》和《珍陶萃美》图册[2]，这两本图册所绘文物可与多宝格所贮得器物对照呼应。也就是说，乾隆皇帝为自己珍赏的瓷器制作多宝格并出版藏品《图录》，是其特有的鉴赏方式。

此外，在古陶瓷上题刻诗句，也是乾隆皇帝独创的鉴赏古物之法。乾隆皇帝所作32首咏定窑瓷器诗，大半镌刻于器物之上。统计北京故宫博物院、台北故宫博物院、英国大维德基金会、美国弗利尔美术馆等馆藏定窑器，共搜集刻有乾隆御题诗的定窑器物16件（具体统计信息见附表）。从这些题诗内容来看，乾隆皇帝对于定窑的鉴定水平较为肤浅，甚至在个别器物年代、窑口等问题上出现了不同程度的误判。

比如，北京故宫博物院和台北故宫博物院各藏有一件白釉印花天禄流云方洗，器上所刻御制诗明确将其视为宋代定窑，今看则应为明代仿定窑制品。又如故宫博物院所藏珍珠地划花腰圆枕、美国弗利尔美术馆所藏刻乾隆题诗枕，两器物同刻乾隆三十三年所作《定窑磁枕》一诗，而以今日鉴定标准来看，这两器物应为磁州窑制品。

乾隆皇帝这两个鉴定“失误”，恰反映了两方面问题。其一，误将明代仿定制品定为宋代，说明乾隆本人对于定窑的鉴定水平尚属有限，难以作出准确判断。其二，将磁州窑产品视作定窑，则说明乾隆时期对于定窑的认知可能与今日存在偏差。磁州窑、定窑两者窑址位置相近，在烧造工艺和技术上相互影响甚大，磁州窑在宋代也创烧了一定数量的仿定器，其质量佳者甚至超过定窑，这也是《格古要论》所谓磁州窑“素者价高于定器”[3]的原因。或许在乾隆时期，磁州窑仿定制品即被理所当然地视为广义上的“定窑”。

1　乾隆五十一年十一月十一日，广木作。

2　参考余佩瑾《乾隆皇帝的古陶瓷鉴赏》一文。见《得佳趣——乾隆皇帝的陶瓷品味》图录，台北故宫博物院，2012年。

3　（明）王佐：《新增格古要论》卷七。

（三）鉴赏目的

乾隆皇帝笃嗜古物的性情，与传统意义上圣明君主应具备的勤政、俭约的德行并不相符。为此，乾隆皇帝在题于器物上的御制诗中为自己反复辩解，力求表达其鉴赏古物的崇高追求。具体到咏定窑器的御制诗，至少可以从中分析出以下两点鉴赏目的。

其一，追慕先贤，志做明君。

宋徽宗嗜好书画、李后主耽于诗词，这都是帝王玩物丧志最终亡国的典型。为消除这种影响，乾隆皇帝在诗中屡屡表达出收藏鉴赏并非玩物丧志的观点。如《咏定窑睡孩儿枕》[1]一诗：

北定出精陶，曲肱代枕高。
锦绷围处妥，绣榻卧还牢。
彼此同一梦，蝶庄且自豪。
警眠常送响，底用掷签劳。

诗中自注："《吴越备史》载，武肃王钱镠在军未尝睡，每用圆木作枕，熟睡则欹。名曰'警枕'。而陈武帝尝敕鸡人投铜签阶石之上，令枪然有声，以警宵眠。此枕动摇则内有声，或亦警枕之类欤。"其中连用吴越王钱镠和南朝陈武帝两位帝王的典故，一再警示自己要勤于政务，表达了乾隆对为君之道的省思。随后，在《再咏定窑瓷枕》一诗中，乾隆又写到"梦旦吾何敢，宵衣置五更"[2]，进一步强调自己的勤政思想。

其二，以瓷寓道，神交古人。

乾隆在数首歌咏定窑瓷枕的诗中，都表露有与古人"神交"的意象。如《白瓷枕》：

枕石不如流，漱流不如石。
瓷枕坚且洁，堪赠如兹客。
既质玉之质，复白雪之白。
磨涅不磷缁，拂拭多光泽。

---

1 见乾隆《御制诗集》四集，卷十三。
2 见乾隆《御制诗集》四集，卷二。

恍挹神仙人，精神益内积。
岂伴窈窕女，粉黛污颜色。
可荐床之东，亦宜牖以北。
张氏榴应羞，钱家石岂特。
虚堂夏午闲，松涛泛幽席。
揭此梦羲皇，古风如可即。

诗中表达了乾隆皇帝与伏羲等圣贤梦中相见的渴望。在另外几首咏定窑“瓷枕”题材的诗中，乾隆也多以梦境入诗。如《定窑瓷枕》诗“治犹逊虞夏，敢曰梦华胥”[1]，《咏定窑娃娃》诗“蘧蘧与栩栩，饶语笑南华”[2]，《定窑磁枕》诗“至人无梦方宜陈，小哉邯郸漫云云”[3] 等语句，则表露了诗人与南华仙人（庄子）梦中相笑、与黄帝梦游华胥之国、看透世事如“黄粱一梦”等道家思想。

四 余论

乾隆皇帝对于定窑瓷器的收藏、加工、改制、仿烧、鉴赏等活动，对当时的古物收藏界和瓷器烧造业影响甚大。

首先，清宫内府收藏的定窑瓷器数量在乾隆朝出现激增。康熙六旬万寿盛典时，有14 件定窑入藏内府，这是目前仅见的康熙一朝有关定窑瓷器的收藏总数。雍正时期，档案中对于定窑只见零星记载，其收藏数量不会太多。到了乾隆时，几乎每年都有定窑瓷器进贡，且有逐年增多之势。乾隆朝《贡档》显示，乾隆三年仅有 2 件定窑瓷器进贡，而乾隆十五年，则有 26 件定窑进贡入宫 [4]。可见，定窑瓷器受到宫廷的珍视和追捧，是在乾隆时期形成。

其次，景德镇御窑厂所制仿定窑瓷器风格在乾隆朝发生转变。故宫博物院现存清代仿定窑器物，以康雍乾三朝遗存为主。康熙时期的仿定窑瓷器共 29 件，造型为碗、洗、瓶、

1 见乾隆《御制诗集》三集，卷六十六。
2 见乾隆《御制诗集》四集，卷三十四。
3 见乾隆《御制诗集》三集，卷七十四。
4 依据《清宫瓷器档案全集》卷一第 284 页，卷三第 271-351 页之内容统计。

水丞、尊、盒、盘等数种，都是依据宋瓷样式而仿。雍正朝 10 件，造型为盘、瓶、碗、缸、盒、笔洗等数种，基本沿袭了康熙时期的风格。乾隆朝仿定瓷器 21 件，其中除传统的盒、盘等造型外，还出现了天鸡尊、鸠耳尊、壁瓶等新造型，在造型、釉色上，都体现了乾隆朝独有的创新之处。

在鉴赏方面，乾隆皇帝对传世定窑瓷器进行了集中整理，对历史上含混不清的定窑名词进行了重新厘定，对宋元明清历代定窑及仿定窑制品进行了等级划分。当然，在这样的鉴定过程中，乾隆皇帝出现了一些误判之处。需要说明的是，这是在定窑遗址尚未被发现、相关文献记载缺失疏漏的情况下出现的失误，有些还是因时代原因造成的认知差异，并非错误。今天的研究者，不应因此而苛求乾隆皇帝的鉴赏水平。相反，乾隆皇帝的一些鉴藏标准和鉴定评语，影响甚至指导了晚清民国陶瓷界对定窑瓷器的普遍认知，这种认知为今天的定窑研究提供了极有价值的重要参考。

附表：馆藏题刻乾隆御制诗定窑瓷器一览[1]

序号	藏品名称	时代	馆藏地点	御制诗内容	器底所刻纪年	御制诗收录时间	备注
1	定窑白瓷盘口瓶	北宋	台北故宫博物院	**咏定窑瓶子** 北定州陶佳制多，白如脂玉未经磨。空传紫色及黑色，那辨宣和与政和。不琢花纹敦素后，独称质品轶文过。丹泉周冶兹真否，望古徒教兴罣哦。	乾隆三十八年（1773 年）	乾隆三十八年（1773 年）	故瓷 17728《故宫物品点查报告》为吕 1849-6 号。原存养心殿。

1　本表格主要依据余佩瑾主编、台北故宫博物院 2012 年出版《得佳趣——乾隆皇帝的陶瓷品味》图录 238-262 页之表格整理改制，部分内容有所补充。

序号	藏品名称	时代	馆藏地点	御制诗内容	器底所刻纪年	御制诗收录时间	备注
2	定窑白瓷刻花牡丹纹碟	北宋	台北故宫博物院	**咏定窑盘子** 传是定州造， 定州今实无。 彭陶宁可比， 苏咏信非诬。 穆若精神足， 郁然花叶扶。 和阗玉易琢， 获此却难乎。	乾隆三十八年（1773 年）	乾隆三十八年（1773 年）	故瓷 9826《故宫物品点查报告》为菜 687-1。原存三友轩。
3	定窑白瓷孩儿枕	北宋	台北故宫博物院	**咏定窑睡孩儿枕** 北定出精陶， 曲肱代枕高。 锦绷围处妥， 绣榻卧还牢。 彼此同一梦， 蝶庄且自豪。 警眠常送响， 底用掷签劳。	乾隆三十八年（1773 年）	乾隆三十八年（1773 年）	故瓷 4923《故宫物品点查报告》为 526 号。原存咸福宫。
4	白瓷复式洗	清	台北故宫博物院	**咏定窑素鍑** 形如汉素鍑， 应是釜之属。 釜当受炊爨， 越器那堪燠。 二瓯俯仰合， 颇类博古箓（叶）。 有名乃乏实， 烹鱼用不足。 稍胜髯翁诗， 白也非红玉。	乾隆四十五年（1780 年）	乾隆四十五年（1780 年）	故瓷 4056《故宫物品点查报告》金 248-80。原存永寿宫。
5	白瓷瓶	清	台北故宫博物院	**咏定窑小瓶** 定州粉色厌光芒， 特建官窑珍异常。 此日小瓶同致贵， 中庸廿九注来详。	乾隆四十六年（1781 年）	乾隆四十六年（1781 年）	故瓷 17729《故宫物品点查报告》吕 1847-59。原存养心殿。

序号	藏品名称	时代	馆藏地点	御制诗内容	器底所刻纪年	御制诗收录时间	备注
6	白瓷印花天禄流云方洗	明	台北故宫博物院	**咏定窑海兽洗** 海马瀛羊舞浪中，扶桑想见涌曦红。不为玩器为盂洗，淳朴犹余慕古风。	无	乾隆四十一年（1776年）	故瓷17732《故宫物品点查报告》金2043。原存永寿宫。
7	白瓷印花天禄流云方洗	明	北京故宫博物院	**咏定窑海兽洗** 海马瀛羊舞浪中，扶桑想见涌曦红。不为玩器为盂洗，淳朴犹余慕古风。	无	乾隆四十一年（1776年）	故143124
8	定窑白釉碗	金	北京故宫博物院	**古玉碗托子配以定瓷碗适然成咏** 谓碗古所无，托子何从来。谓托后世器，古玉非今材。又谓碗即盂，大小异等侪。说文及方言，初无一定兮。然而内府中，四五见其佳。玉胥三代上，承碗实所谐。椀托两未离，祇一留吟裁。其余甆配之，亦足供清陪。兹托子古玉，玉碗别久乖。不可无碗置，定窑选一枚。碗足托子孔，圜枘合以皆。有如离而聚，是理难穷推。五字纪颠末，丰城别寄怀。	乾隆五十五年（1790年）	乾隆五十五年（1790年）	故143081

<table>
<tr><th>序号</th><th>藏品名称</th><th>时代</th><th>馆藏地点</th><th>御制诗内容</th><th>器底所刻纪年</th><th>御制诗收录时间</th><th>备注</th></tr>
<tr><td>9</td><td>珍珠地划花腰圆枕</td><td>北宋</td><td>北京故宫博物院</td><td rowspan="2">定窑磁枕
磁中定州犹椎轮，
丹青弗藉傅色纷。
懿兹方枕质朴淳，
蛤粉为釉铺以匀。
铅气火气净且沦，
粹然古貌如道人。
通灵一穴堪眠云，
信能忘忧能怡神。
至人无梦方宜陈，
小哉邯郸漫云云。</td><td>乾隆三十三年（1768 年）</td><td rowspan="2">乾隆三十二年（1767 年）</td><td>故 143 144。总 三九一号。原存外廷洪宪馆。</td></tr>
<tr><td>10</td><td>磁州窑刻乾隆题诗枕</td><td>宋</td><td>美国弗利尔美术馆</td><td>乾隆三十三年（1768 年）</td><td></td></tr>
<tr><td>11</td><td>白瓷印花天禄流云方洗</td><td>明</td><td>台北故宫博物院</td><td rowspan="2">咏定窑三羊方盂
粉定出北宋，
花瓷实鲜看。
非红宁紫夺，
惟白得初完。
坤二形堪表，
乾三义具观。
因思切已戒，
敢忘作君难。</td><td>乾隆四十年（1775 年）</td><td rowspan="2">乾隆四十年（1775 年）</td><td>故瓷17 731 金 280-69。原存永寿宫。</td></tr>
<tr><td>12</td><td>白瓷印花天禄流云方洗</td><td>明</td><td>北京故宫博物院</td><td>乾隆四十年（1775 年）</td><td>新 118057</td></tr>
<tr><td>13</td><td>白瓷洗</td><td>明</td><td>大英博物馆</td><td>咏定窑三羊洗
中矩自成方，
三羊义寓阳。
佳哉开泰运，
久矣息寒芒。
物每重于后，
品知那有常。
一时聊寄兴，
五字亦成章。</td><td>乾隆四十一年（1776 年）</td><td>乾隆四十一年（1776 年）</td><td>PDF109</td></tr>
</table>

序号	藏品名称	时代	馆藏地点	御制诗内容	器底所刻纪年	御制诗收录时间	备注
14	白瓷碗	12 世纪 北宋一金	大英 博物馆	**咏定甆碗** 簇粉堆花双凤麳， 色惟殷尚朴无奇。 侵寻朱氏宣成代， 遂有精描五采施。	乾隆四十二年 （1777 年）	乾隆四十七年 （1782 年）	PDF108
15	米色青瓷 贯耳壶	清	大英 博物馆	**咏定窑瓶** 素瓶一握穆而淳， 火气全消神气匀。 不少永宣增绘事， 应知大辂此椎轮。	嘉庆二年 （1797 年）	乾隆五十二年 （1787 年）	PDF A86
16	定窑系白 瓷划花如 意枕	北宋一金	台北故宫 博物院	**白瓷枕** 枕石不如流， 漱流不如石。 瓷枕坚且洁， 堪赠如兹客。 既质玉之质， 复白雪之白。 磨涅不磷缁， 拂拭多光泽。 恍揾神仙人， 精神盎内积。 岂伴窈窕女， 粉黛污颜色。 可荐床之东， 亦宜牖以北。 张氏榴应羞， 钱家石岂特。 虚堂夏午闲， 松涛泛幽席。 揭此梦羲皇， 古风如可即。	乾隆十一年 （1746 年）	乾隆十一年 （1746 年）	故瓷17426 雨943。原存重华宫。

| 四 |

定窑瓷器的科学检测

定窑细白瓷胎釉化学组成时代演进的研究

崔剑锋　秦大树　韩立森　高美京　李鑫　黄信　北京大学考古文博学院

内容提要：通过激光剥蚀 ICP-AES 分析了定窑 2009 年考古发掘出土的具有明确地层的 69 件细白瓷片。样品的时代分别为五代、北宋中期和金代。结果表明不同时代的细白瓷具有自己的化学成分特征，可以通过成分分析加以区分。早期定窑细白瓷瓷胎的配方为高岭土和一定量的作为助熔剂的钙质原料。到了北宋晚期和金代，钙质原料被含钾的原料所代替。釉的配方呈现了和胎配方一致的变化趋势。通过对胎釉化学成分的讨论，得出了胎釉的基础配方。

关键词：定窑　细白瓷　化学分析　胎釉配方

一　前言

定窑是中国古代最著名的白瓷窑之一，它所生产的优质细白瓷外观精良、工艺精湛。新中国成立后，文物工作者分别在 1965 年、1987 年和 2009 年对定窑遗址进行了三次科学的考古发掘。2009 年，由北京大学考古文博学院和河北省文物考古研究所联合对定窑遗址进行的考古发掘，出土了总重达到数吨的从晚唐至元代的不同时期细白瓷片，同时还发现了数座窑炉和大量未经使用的制瓷原料[1]。

1　韩立森、秦大树、黄信、刘未：《定窑遗址考古发掘取得重要成果》，《中国文物报》2010 年 1 月 22 日。

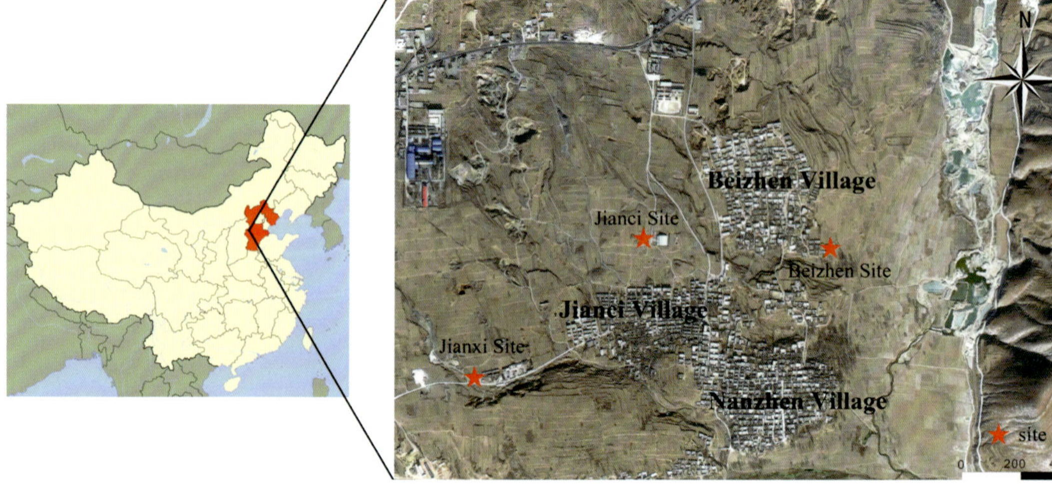

图 1. 2009 年定窑发掘涧磁 – 北镇区卫星图（右侧照片来自 Google earth）

2009 年的考古调查和发掘表明定窑核心区有两处。其中位于曲阳县涧磁村和北镇村的涧磁—北镇区的时代从中晚唐一直到金代，属于定窑从初创到最为繁荣时期的窑址（图 1）。而位于该区东面约 8 千米的燕川—野北区，则主要发现了金代晚期到元代的遗址，从发现情况看，这里已经不再有定窑辉煌时期的景象，主要以生产民用粗瓷为主。

在定窑遗址被发现后的几十年里，很多研究者使用科学测试方法对出土的瓷片进行分析并推算出定窑细白瓷胎釉的可能配方[1]。通常认为，定窑细白瓷胎主要使用高岭土类瓷土制成，釉则是一种黏土加入白云石（钙镁碳酸盐）后形成的镁灰釉[2]。

需要指出的是，以往对定窑瓷片的测试分析皆是基于地表采集的样品，缺乏明确的时代背景，因此大部分结果对于定窑的认识都不分时代，即认为定窑的原料配方不随着时代演进而发生变化。本文则根据 2009 年考古发掘时明确地层出土的标本进行化学分析，以期发现定窑在其发展历史中是否存在随着时代变化而发生技术变化的规律。

1　张进、刘木锁、刘可栋:《定窑工艺技术的研究与仿制》,《陶瓷研究与职业教育》1983 年第 4 期;李国桢、郭演仪 :《历代定窑白瓷的研究》,《硅酸盐学报》, 1983 年第 3 期 ; 李国桢、郭演仪 :《中国名瓷工艺基础》第 95-96 页, 上海科学技术出版社, 1988 年。

2　李家治编著 :《中国科学技术史 · 陶瓷卷》第 143 页, 科学出版社, 1998 年。

二　样品和分析方法

我们从涧磁—北镇区发掘的样品中选择了明确地层出土的 69 片细白瓷残片（参见表 1），使用激光剥蚀电感耦合等离子体原子发射光谱（LA-ICP-AES）对胎和釉进行了化学成分分析。

表 1　分析样品简表

样品号前缀	出土单位	发掘地点	年代
BZ-FD	北镇区 T5	北镇区	五代
JC-NSD	涧磁 B 区 T1	涧磁区	北宋
JX-JD	涧西区 T1	涧磁西区	金代

LA-ICP-AES 是一种较为先进的无损化学分析手段，它采用激光剥蚀进行样品获取，剥蚀的样品量极少，基本不为肉眼所见，是一种近无损的分析手段。同时 ICP-AES 具有分析元素多、检出限低、精确度高等优点。可以同时获得 70 个元素的含量，其检出限仅为 ppm。我们曾用这种技术分析过唐三彩、新石器时代彩陶等，获得了这些器物的工艺和产地信息[1]。

本文所用 ICP-AES 为美国 LEEMAN-LABS 公司的 Prodigy 型 ICP，激光剥蚀系统为美国 NEW-WAVE 公司的 UP266MARCO 型激光器，分析所用的校正方法对于胎体的化学组成，采用了硅做内标、多个地质标样做外标的方法；而釉则采用单一玻璃标样作为外标、测试后对数据进行归一化处理的方法。

三　分析结果

（一）胎体的分析结果

表 2 为胎的分析结果。表 3 列出了胎体主次量元素的平均值和标准偏差。从分析结果

1　Cui J.F.，Rehen Th.，Lei Y.，Cheng X.L.，Jiang J.，Wu X.H.，2010，*Western technical traditions of pottery making in Tang Dynasty China: Chemical evidence from the Liquanfang Kiln Site, Xi' an*.Journal of Archaeological Science, Vol.37, 1502-1509; 崔剑锋、吴小红、杨颖亮：《四川茂县新石器遗址陶器的成分分析及来源研究》，《文物》2011 年第 2 期。

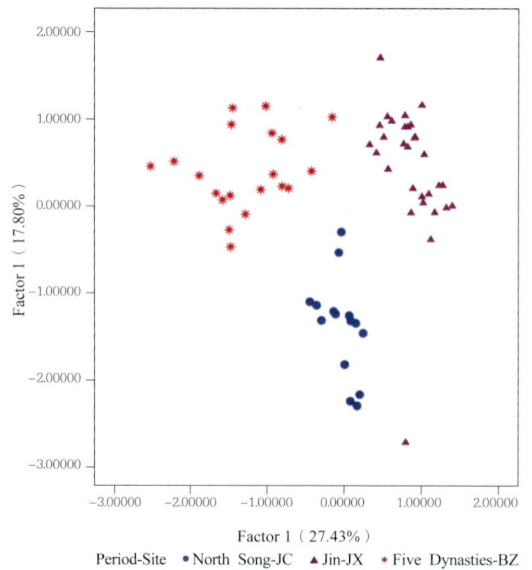

图 2. 定窑瓷胎多元统计分析结果散点图

可看出，所有白瓷胎体的 Al_2O_3 含量都超过 25%，这说明胎体的主要配方是耐火的沉积高岭土类黏土，这是中国古代北方白瓷制胎所用的最主要黏土类型[1]。需要指出的是，从分析结果看，虽然大体成分一致，但是不同时代的白瓷胎体的次量、微量元素仍有差别。这说明白瓷胎体的配方发生了变化，或者用于制胎的原料产地随时代发生了改变。

对胎体数据进行了多元统计分析，获得了两个主成分，并对这两个主成分绘图，参见图 2。同时对一些可能相关的主量元素绘制二元图，结果参见图 3。

从这些图中，我们可以看到，定窑瓷器胎体的化学成分随着时代发展发生了轻微的变化，虽然变化可能并不大，但可以对定窑不同时代的样品进行明确的区分。

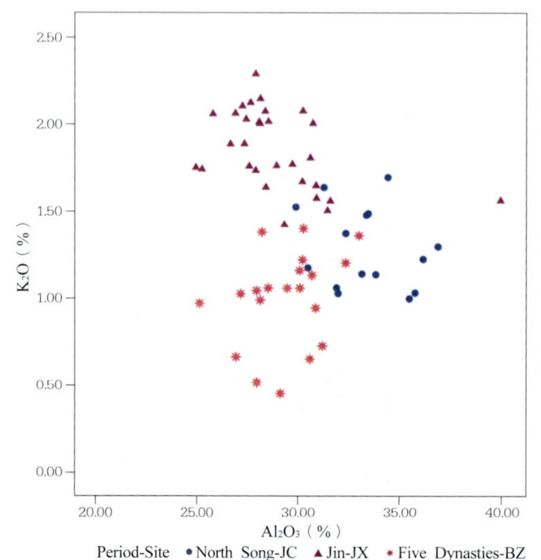

图 3-1. 胎体部分主量元素关系散点图 Al_2O_3-K_2O

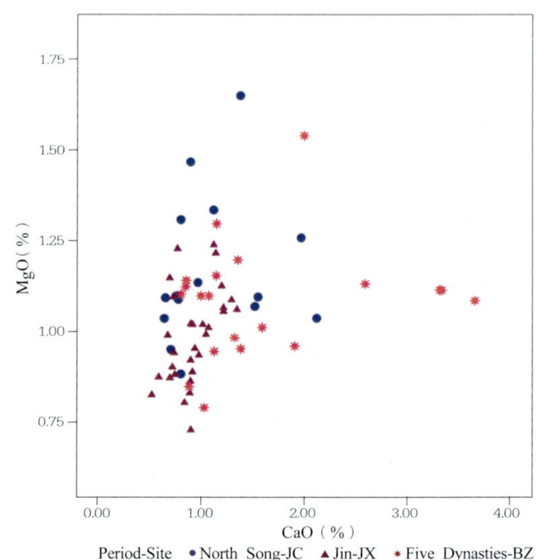

图 3-2. 胎体部分主量元素关系散点图 CaO-MgO

1 张福康：《中国古代陶瓷的科学》第 67-81 页，上海人民美术出版社，2000 年。

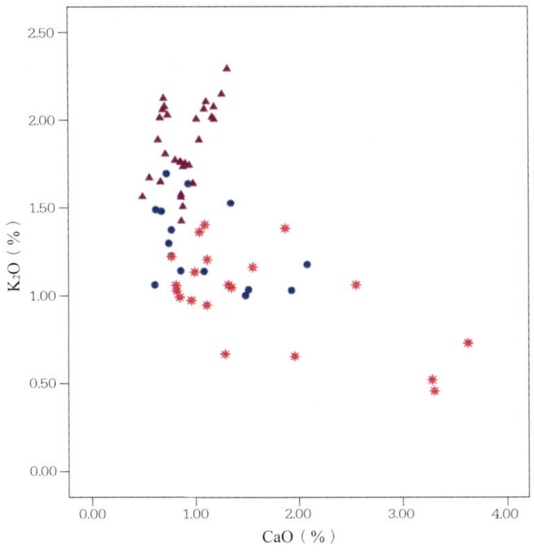

图 3-3. 胎体部分主量元素关系散点图 CaO-K_2O

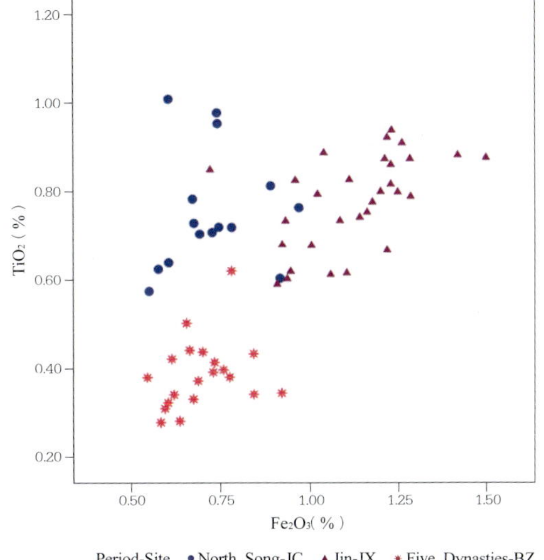

图 3-4. 胎体部分主量元素关系散点图 TiO_2- Fe_2O_3

表 2 定窑样品胎体成分结果

（SiO_2-MnO 为重量百分比 wt%，其余为 ug/g）

Sample ID	SiO_2	Al_2O_3	Fe_2O_3	MgO	CaO	Na_2O	K_2O	TiO_2	P_2O_5	MnO	Cu	Zn	Y	Zr	Sr	Ba	Co	Ni	Sc
BZ-FD-01	67.31	28.11	0.84	0.85	0.86	0.60	1.00	0.44	0.04	0.02	22	61	7	121	144	520	22	0	6
BZ-FD-02	68.06	26.93	0.78	0.98	1.29	0.66	0.68	0.62	0.02	0.02	45	94	41	325	124	303	19	35	15
BZ-FD-03	64.94	30.02	0.58	1.01	1.56	0.44	1.17	0.28	0.04	0.03	23	54	5	261	128	418	24	61	5
BZ-FD-04	62.37	32.26	0.73	1.29	1.12	0.62	1.21	0.40	0.02	0.02	18	47	6	111	207	671	11	18	6
BZ-FD-05	65.02	30.17	0.67	1.10	0.78	0.70	1.23	0.34	0.01	0.01	17	28	4	103	218	503	13	14	5
BZ-FD-06	65.99	28.49	0.77	1.19	1.32	0.77	1.07	0.39	0.02	0.02	28	32	11	155	213	902	23	20	9
BZ-FD-07	70.40	25.14	0.60	1.09	0.97	0.48	0.98	0.33	0.03	0.03	17	40	4	132	187	476	13	15	4
BZ-FD-08	64.40	30.63	0.73	0.79	1.00	0.89	1.14	0.42	0.03	0.02	22	50	18	192	138	425	19	27	8
BZ-FD-09	62.03	32.90	0.92	1.09	1.05	0.29	1.37	0.35	0.02	0.01	15	51	11	135	140	1456	14	9	8
BZ-FD-10	68.29	27.16	0.63	1.14	0.83	0.63	1.03	0.29	0.02	0.03	22	21	9	1170	134	899	20	8	5
BZ-FD-11	65.11	27.94	0.61	1.11	3.27	1.00	0.53	0.43	0.07	0.03	30	47	8	155	192	481	18	13	5

Sample ID	SiO_2	Al_2O_3	Fe_2O_3	MgO	CaO	Na_2O	K_2O	TiO_2	P_2O_5	MnO	Cu	Zn	Y	Zr	Sr	Ba	Co	Ni	Sc
BZ-FD-12	63.99	30.80	0.84	1.15	1.12	0.80	0.95	0.35	0.02	0.01	22	29	6	119	242	835	15	6	6
BZ-FD-13	66.25	28.19	0.76	0.96	1.87	0.19	1.38	0.40	0.02	0.03	20	62	3	187	138	416	47	0	5
BZ-FD-14	66.08	29.41	0.59	1.12	0.82	0.60	1.07	0.32	0.04	0.02	25	24	5	218	189	529	11	0	5
BZ-FD-15	67.59	27.93	0.54	0.95	1.35	0.19	1.05	0.39	0.05	0.01	27	76	17	148	109	243	24	39	9
BZ-FD-16	63.99	30.52	0.70	1.53	1.96	0.19	0.66	0.44	0.03	0.02	38	42	19	147	135	682	18	13	9
BZ-FD-17	64.06	29.08	0.66	1.11	3.29	0.89	0.47	0.45	0.04	0.01	44	47	4	77	196	427	33	4	7
BZ-FD-18	63.54	30.04	0.62	1.13	2.55	0.72	1.07	0.35	0.02	0.04	24	66	4	172	144	346	35	22	5
BZ-FD-19	61.93	31.13	0.65	1.08	3.61	0.35	0.74	0.51	0.03	0.02	33	29	22	233	163	530	18	10	18
BZ-FD-20	65.01	30.21	0.69	0.94	1.10	0.28	1.41	0.38	0.02	0.01	15	25	6	136	146	546	8	9	7
JC-NSD-02	61.56	33.35	0.74	1.09	0.63	0.42	1.49	0.72	0.03	0.02	15	29	20	366	89	155	27	25	23
JC-NSD-04	63.37	31.21	0.60	1.13	0.94	0.47	1.64	0.64	0.04	0.03	18	20	16	216	93	277	24	28	17
JC-NSD-05	59.22	35.36	0.74	1.07	1.49	0.15	1.01	0.97	0.03	0.01	23	31	29	585	105	204	31	26	30
JC-NSD-06	63.08	32.26	0.55	0.88	0.78	0.50	1.38	0.58	0.02	0.02	20	0	23	310	90	237	15	9	19
JC-NSD-07	59.12	36.03	0.67	1.30	0.77	0.14	1.23	0.73	0.03	0.02	17	68	29	350	111	183	20	19	19
JC-NSD-08	63.41	30.42	0.60	1.03	2.08	0.26	1.18	1.00	0.03	0.02	24	0	46	372	104	244	30	23	21
JC-NSD-09	63.15	31.81	0.69	1.03	0.62	0.93	1.07	0.70	0.02	0.02	11	26	21	556	91	130	20	43	22
JC-NSD-11	63.95	29.84	0.92	1.64	1.35	0.17	1.53	0.61	0.04	0.03	16	63	23	292	98	114	16	31	15
JC-NSD-12	66.27	28.98	0.61	0.75	0.80	0.48	1.58	0.53	0.03	0.01	17	32	13	157	29	238	1	13	12
JC-NSD-13	61.76	31.89	0.89	1.25	1.93	0.43	1.04	0.81	0.03	0.01	18	11	31	466	108	398	31	19	26
JC-NSD-14	61.01	33.71	0.78	1.33	1.09	0.22	1.14	0.72	0.04	0.01	19	62	18	252	104	229	23	17	14
JC-NSD-16	61.53	33.04	0.97	1.46	0.87	0.22	1.15	0.76	0.03	0.02	10	48	21	321	107	206	30	23	15
JC-NSD-17	62.09	33.26	0.57	0.95	0.68	0.33	1.48	0.63	0.04	0.01	12	9	16	245	89	241	29	21	18
JC-NSD-18	67.34	27.45	0.59	0.90	0.94	0.54	1.56	0.68	0.02	0.03	21	38	18	246	37	268	9	27	20
JC-NSD-19	66.15	28.95	0.61	0.77	0.89	0.50	1.59	0.55	0.03	0.02	31	43	13	171	31	237	4	24	13

Sample ID	SiO_2	Al_2O_3	Fe_2O_3	MgO	CaO	Na_2O	K_2O	TiO_2	P_2O_5	MnO	Cu	Zn	Y	Zr	Sr	Ba	Co	Ni	Sc
JC-NSD-20	58.87	35.64	0.74	1.09	1.52	0.15	1.04	0.95	0.03	0.02	20	46	28	496	106	181	27	26	29
JC-NSD-21	58.39	36.75	0.67	1.09	0.75	0.27	1.30	0.78	0.02	0.03	12	20	18	336	95	210	28	25	21
JC-NSD-22	60.36	34.31	0.73	1.09	0.73	0.38	1.70	0.71	0.03	0.02	15	28	19	356	93	214	21	28	22
JC-NSD-23	66.20	28.47	0.56	0.91	0.98	0.42	1.89	0.58	0.04	0.03	30	50	20	192	34	354	0	25	22
JX-JD-01	65.36	28.34	0.95	1.06	1.19	0.41	2.07	0.62	0.04	0.03	21	45	30	268	68	437	9	41	16
JX-JD-02	62.71	31.51	1.42	0.86	0.87	0.18	1.56	0.88	0.05	0.01	26	82	33	278	93	594	19	37	19
JX-JD-03	65.49	28.11	0.91	1.08	1.26	0.41	2.14	0.59	0.04	0.03	23	51	30	379	67	2110	28	44	17
JX-JD-04	62.79	31.37	1.50	0.89	0.89	0.18	1.51	0.87	0.06	0.01	24	36	27	268	97	619	24	22	18
JX-JD-05	55.60	39.76	0.72	0.82	0.50	0.18	1.57	0.85	0.04	0.02	34	32	30	379	38	138	15	64	22
JX-JD-06	63.37	30.84	1.25	1.02	0.87	0.27	1.58	0.80	0.04	0.02	12	48	24	269	80	559	18	27	17
JX-JD-07	68.46	25.81	0.93	0.90	0.70	0.41	2.06	0.73	0.04	0.02	14	51	27	242	73	350	21	25	17
JX-JD-08	69.15	25.27	0.92	0.93	0.95	0.36	1.74	0.68	0.04	0.02	11	33	26	222	74	342	8	36	17
JX-JD-09	64.60	29.67	1.21	0.80	0.81	0.25	1.77	0.87	0.05	0.01	22	40	31	289	94	438	15	32	21
JX-JD-10	65.44	29.27	1.04	0.73	0.87	0.33	1.43	0.88	0.06	0.01	11	33	38	306	92	401	16	34	22
JX-JD-11	66.63	26.90	1.10	1.23	1.09	0.37	2.06	0.62	0.03	0.03	20	47	34	459	71	811	12	26	17
JX-JD-12	69.33	24.96	0.96	0.95	0.91	0.31	1.75	0.82	0.03	0.02	18	26	27	209	76	329	20	28	16
JX-JD-13	65.60	28.37	1.29	1.02	0.99	0.31	1.64	0.79	0.04	0.02	17	72	31	310	78	861	17	49	16
JX-JD-14	66.18	27.88	1.11	1.02	0.89	0.36	1.74	0.83	0.06	0.02	15	14	25	356	80	947	10	29	18
JX-JD-15	65.12	28.50	1.00	1.12	1.17	0.40	2.01	0.68	0.04	0.03	21	39	36	376	76	426	20	36	18
JX-JD-16	66.30	27.24	1.06	1.21	1.11	0.37	2.10	0.61	0.02	0.03	19	39	28	258	71	508	13	20	16
JX-JD-17	65.49	27.88	0.94	1.06	1.31	0.43	2.29	0.60	0.04	0.03	24	58	29	306	70	315	18	26	18
JX-JD-18	66.93	27.34	1.18	0.99	0.65	0.25	1.89	0.78	0.04	0.02	22	45	29	231	90	461	19	23	18
JX-JD-19	66.64	27.57	1.23	0.92	0.87	0.20	1.76	0.81	0.05	0.01	22	57	31	275	111	942	18	35	19
JX-JD-20	64.36	30.16	1.26	0.87	0.57	0.20	1.67	0.91	0.05	0.01	24	28	31	297	94	529	20	30	22

Sample ID	SiO_2	Al_2O_3	Fe_2O_3	MgO	CaO	Na_2O	K_2O	TiO_2	P_2O_5	MnO	Cu	Zn	Y	Zr	Sr	Ba	Co	Ni	Sc
JX-JD-21	63.69	30.18	1.28	0.94	0.71	0.24	2.07	0.87	0.05	0.02	25	47	33	303	81	566	14	25	22
JX-JD-22	63.74	30.54	1.22	0.88	0.72	0.18	1.81	0.92	0.06	0.01	24	54	33	306	75	413	13	27	23
JX-JD-23	67.30	26.66	1.09	1.01	1.04	0.28	1.89	0.73	0.05	0.02	24	30	27	268	89	564	25	26	19
JX-JD-24	65.62	28.89	1.02	0.83	0.86	0.23	1.76	0.79	0.04	0.02	27	27	32	319	74	394	17	46	18
JX-JD-25	62.99	30.67	1.23	0.99	1.02	0.24	2.00	0.86	0.04	0.01	35	54	31	301	79	537	12	52	21
JX-JD-26	65.92	28.04	1.16	1.14	0.67	0.30	2.01	0.75	0.04	0.02	21	58	31	227	92	508	16	26	20
JX-JD-27	63.60	30.82	1.23	0.87 v	0.67	0.22	1.65	0.93	0.05	0.01	23	10	29	268	92	511	12	36	23
JX-JD-28	66.26	27.64	1.22	1.09	0.70	0.30	2.12	0.67	0.04	0.02	18	63	24	219	84	485	11	22	17
JX-JD-29	66.37	27.42	1.20	1.22	0.74	0.22	2.03	0.80	0.04	0.02	21	53	25	249	85	571	19	24	19
JX-JD-30	65.50	28.08	1.14	1.05	1.19	0.30	2.00	0.74	0.05	0.02	25	47	31	436	96	661	15	31	19

表 3 胎体主次量元素的平均值和标准偏差

	金代（30）		北宋（19）		五代（20）	
	平均值	标准偏差	平均值	标准偏差	平均值	标准偏差
SiO_2	65.22	2.50	61.39	1.84	65.32	2.22
Al_2O_3	28.86	2.70	33.26	2.07	29.35	1.89
Fe_2O_3	1.13	0.17	0.73	0.13	0.70	0.10
MgO	0.98	0.13	1.16	0.20	1.08	0.16
CaO	0.89	0.21	1.08	0.48	1.58	0.90
Na_2O	0.29	0.08	0.34	0.20	0.56	0.25
K_2O	1.86	0.22	1.29	0.23	1.01	0.27
TiO_2	0.78	0.10	0.75	0.13	0.39	0.08
P_2O_5	0.04	40	0.03	26	0.03	64

	金代（30）		北宋（19）		五代（20）	
MnO	0.02	48	0.02	44	0.02	69
Ba	578	342	215	67	580	275
Sr	81	13	99	8	164	38

（二）釉的分析结果

表 4 为釉的分析结果，表 5 是釉层主、次量元素的平均成分和标准偏差。分析结果表明釉中的 Al_2O_3 含量相对较高（通常高于 17%），这说明釉的耐火度较高，熔融温度并不会太低。根据以前学者利用热膨胀仪测定，认为定窑细白瓷的烧成温度可达 1300℃以上[1]；但也有学者认为，热膨胀仪测定的结果是快速升温的情况（通常 4~6 小时可升到 1400℃），而古代焙烧瓷器的时候至少要焙烧 24 小时以上，增加加热时间会降低烧成温度，所以定窑瓷器的实际烧成温度要略低于测量的结果[2]。

釉的分析结果表明和以前的学者分析的一致，釉中 MgO 含量通常在 2% 左右，高者可达 4%。因此定窑瓷器的釉是一种镁灰釉，这种釉是北方白瓷的一种特点，最近我们分析了邢窑和巩义窑白瓷的釉，结果也证明两者 MgO 含量比较高[3]。

图 4 是釉中依据不同氧化物绘制的二元图。

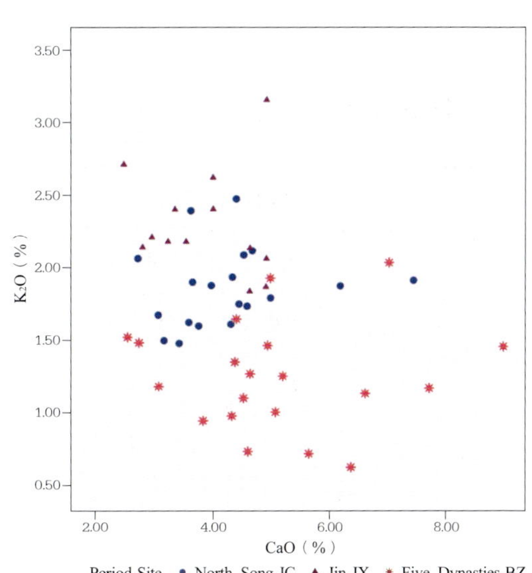

图 4-1. 釉层部分主量元素关系散点图 CaO-K_2O

1 李国桢、郭演仪：《中国名瓷工艺基础》第 88 页，上海科学技术出版社，1988 年。

2 ShuiJ.S.1989. *Characteristic firing schedule for coal-fired matou kilns*, in Li J.Z.and Chen X.Q., eds..Proceeding of 1989 International Symposium on Ancient Ceramics.Shanghai, PP471-475.

3 崔剑锋、秦大树、李鑫：《定窑、邢窑和巩义窑部分白瓷的成份分析及比较研究》，《文物保护与考古科学》2012 年第 4 期。

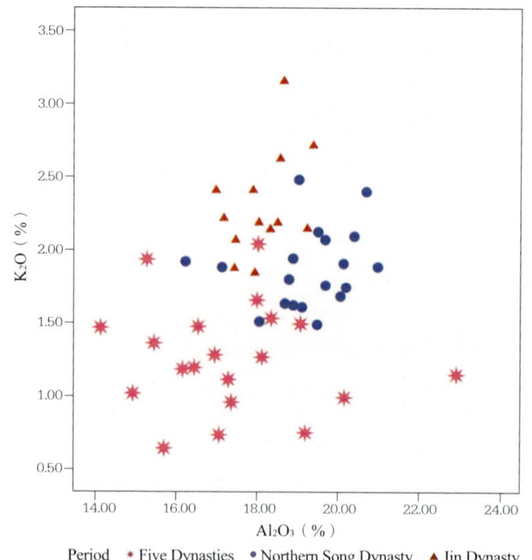

图 4-2. 釉层部分主量元素关系散点图 Al_2O3-K_2O

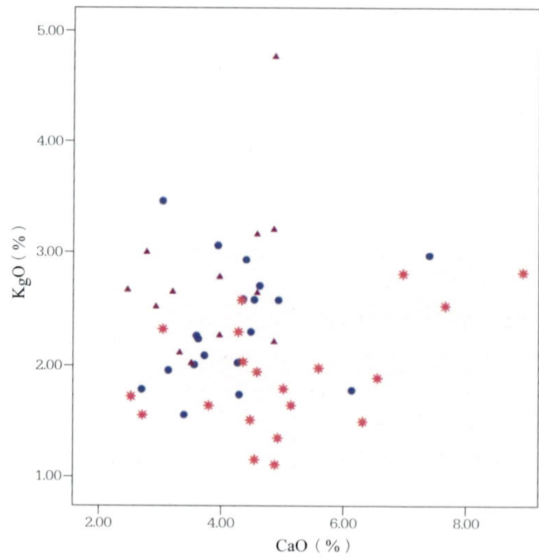

图 4-3. 釉层部分主量元素关系散点图 CaO-MgO

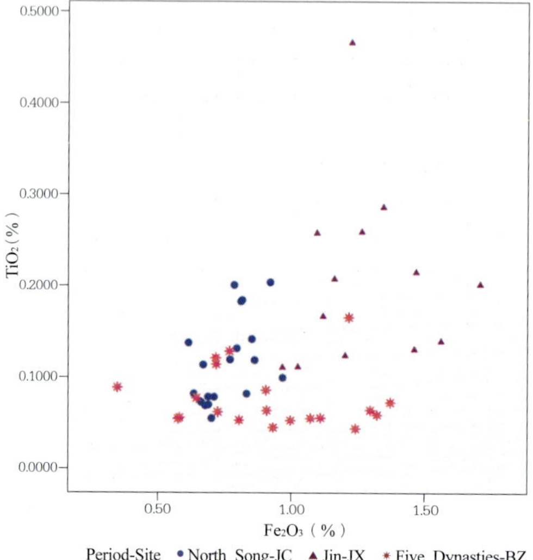

图 4-4. 釉层部分主量元素关系散点图 TiO_2- Fe_2O_3

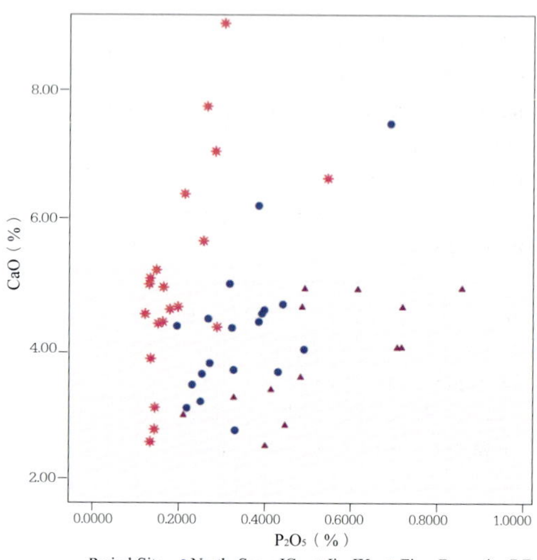

图 4-5. 釉层部分主量元素关系散点图 $CaO-P_2O_5$

表 4 定窑样品胎体成分结果

（SiO_2—MnO 为重量百分比 wt%，其余为 ug/g）

Sample ID	SiO_2	Al_2O_3	Fe_2O_3	MgO	CaO	Na_2O	K_2O	TiO_2	P_2O_5	MnO	Cu	Zn	Zr	Sr	Ba	Co	Ni
BZ-FD-01-Y	64.19	22.92	1.19	1.93	6.62	1.08	1.14	0.17	0.55	0.05	44	127	139	224	552	5	31
BZ-FD-02-Y	73.69	17.37	0.98	1.68	3.86	1.12	0.95	0.05	0.14	0.03	31	4	257	111	313	32	61
BZ-FD-04-Y	69.95	16.17	1.09	2.56	7.72	0.79	1.18	0.06	0.27	0.05	20	47	120	256	842	0	38
BZ-FD-05-Y	74.25	15.46	0.57	2.62	4.39	1.00	1.36	0.06	0.16	0.03	15	69	41	294	256	31	40
BZ-FD-06-Y	72.57	19.08	0.76	1.60	2.77	1.26	1.49	0.13	0.15	0.02	36	38	109	221	876	23	51
BZ-FD-07-Y	73.68	17.30	0.71	1.55	4.54	0.67	1.11	0.12	0.13	0.03	11	206	109	277	584	49	66
BZ-FD-08-Y	72.06	16.96	1.34	1.98	4.65	1.31	1.28	0.07	0.20	0.03	26	139	141	168	234	11	84
BZ-FD-09-Y	71.84	18.01	0.92	2.07	4.42	0.73	1.65	0.05	0.17	0.05	24	28	119	133	275	5	39
BZ-FD-09-Y	70.32	14.13	1.21	2.86	8.99	0.41	1.46	0.04	0.31	0.09	35	63	58	170	798	26	39
BZ-FD-10-Y	74.72	16.45	0.89	2.36	3.10	0.89	1.19	0.06	0.15	0.03	27	81	136	132	376	0	83
BZ-FD-11-Y	71.92	19.20	0.35	1.20	4.61	1.55	0.74	0.09	0.18	0.01	21	54	96	181	389	19	56
BZ-FD-12-Y	73.06	18.36	0.89	1.76	2.58	1.41	1.53	0.09	0.14	0.03	84	0	63	268	718	2	56
BZ-FD-13-Y	67.85	18.04	1.29	2.85	7.03	0.36	2.04	0.06	0.29	0.08	26	76	215	173	319	11	34
BZ-FD-14-Y	74.97	14.93	1.05	1.83	5.08	0.74	1.01	0.06	0.14	0.03	14	89	32	238	404	21	87
BZ-FD-15-Y	72.38	18.14	0.64	1.68	5.21	0.28	1.26	0.08	0.15	0.04	23	153	93	131	295	23	53
BZ-FD-16-Y	70.45	20.17	0.71	2.33	4.34	0.43	0.99	0.11	0.29	0.02	60	42	104	137	634	12	31
BZ-FD-17-Y	72.99	15.71	1.27	1.54	6.38	1.06	0.64	0.06	0.22	0.03	18	4	113	180	407	5	95
BZ-FD-18-Y	73.76	16.55	0.79	1.16	4.95	0.94	1.47	0.05	0.17	0.04	16	68	86	115	299	26	52
BZ-FD-19-Y	73.05	17.07	0.58	2.01	5.66	0.46	0.73	0.06	0.26	0.02	32	29	46	120	234	24	66
BZ-FD-20-Y	74.82	15.28	0.72	1.39	4.99	0.42	1.93	0.06	0.14	0.10	13	114	0	142	429	39	46
JC-NSD-04-Y	68.76	19.52	0.69	2.74	4.69	0.80	2.12	0.06	0.44	0.03	39	72	315	86	230	20	50

Sample ID	SiO_2	Al_2O_3	Fe_2O_3	MgO	CaO	Na_2O	K_2O	TiO_2	P_2O_5	MnO	Cu	Zn	Zr	Sr	Ba	Co	Ni
JC-NSD-05-Y	72.58	18.70	0.68	2.04	3.62	0.31	1.63	0.07	0.26	0.03	25	0	31	86	189	0	78
JC-NSD-06-Y	69.13	19.70	0.66	2.98	4.46	0.84	1.75	0.07	0.27	0.05	41	26	196	90	199	15	16
JC-NSD-07-Y	68.03	21.00	0.77	3.10	4.00	0.34	1.88	0.20	0.49	0.04	20	69	202	147	272	76	65
JC-NSD-08-Y	71.48	18.90	0.66	1.78	4.35	0.46	1.94	0.11	0.20	0.03	34	21	98	82	365	17	53
JC-NSD-09-Y	72.29	18.07	0.67	1.99	3.20	1.75	1.50	0.07	0.26	0.04	19	0	530	75	149	9	72
JC-NSD-11-Y	68.81	20.42	0.78	2.33	4.54	0.30	2.09	0.13	0.40	0.05	33	132	99	92	141	0	72
JC-NSD-12-Y	71.30	19.69	0.80	1.82	2.75	0.88	2.07	0.18	0.33	0.04	15	34	152	72	294	53	81
JC-NSD-13-Y	71.61	19.49	0.90	1.60	3.45	0.77	1.48	0.20	0.24	0.02	13	6	0	81	719	0	275
JC-NSD-14-Y	68.86	20.21	0.85	2.62	4.60	0.45	1.74	0.12	0.40	0.02	28	94	167	110	311	25	50
JC-NSD-15-Y	70.56	18.90	0.63	2.06	4.32	1.39	1.62	0.08	0.33	0.05	9	12	116	70	166	8	36
JC-NSD-16-Y	69.70	20.07	0.95	3.49	3.09	0.52	1.68	0.10	0.22	0.02	13	110	265	107	262	25	70
JC-NSD-17-Y	68.91	20.71	0.61	2.30	3.65	0.69	2.40	0.14	0.43	0.03	23	85	157	82	252	19	29
JC-NSD-18-Y	69.50	18.80	0.76	2.61	5.00	0.93	1.80	0.12	0.32	0.03	23	49	200	110	239	33	36
JC-NSD-19-Y	69.69	20.15	0.80	2.27	3.68	0.85	1.90	0.18	0.33	0.05	22	48	235	85	215	23	44
JC-NSD-20-Y	71.82	19.12	0.68	2.12	3.78	0.35	1.60	0.08	0.28	0.03	23	80	0	89	222	0	89
JC-NSD-21-Y	71.02	17.13	0.84	1.82	6.20	0.43	1.88	0.14	0.39	0.05	15	95	274	115	275	11	53
JC-NSD-22-Y	68.92	16.23	0.82	3.01	7.45	0.60	1.92	0.08	0.69	0.12	41	112	107	158	315	45	21
JC-NSD-23-Y	69.41	19.04	0.70	2.62	4.42	0.65	2.48	0.08	0.39	0.08	42	57	276	99	222	0	0
JX-JD-18-Y	70.21	19.39	1.23	2.71	2.52	0.38	2.71	0.26	0.40	0.02	32	70	154	171	841	13	23
JX-JD-19-Y	69.53	17.96	1.52	3.20	4.64	0.26	1.84	0.14	0.72	0.03	45	97	249	214	560	29	43
JX-JD-20-Y	70.27	19.25	1.43	3.04	2.83	0.30	2.14	0.13	0.45	0.02	36	42	86	155	677	12	40
JX-JD-21-Y	72.59	16.98	1.31	2.15	3.38	0.27	2.41	0.29	0.42	0.03	26	99	123	146	804	29	54
JX-JD-22-Y	65.05	18.66	1.66	4.78	4.93	0.40	3.16	0.20	0.86	0.03	73	187	177	196	1121	26	39

Sample ID	SiO_2	Al_2O_3	Fe_2O_3	MgO	CaO	Na_2O	K_2O	TiO_2	P_2O_5	MnO	Cu	Zn	Zr	Sr	Ba	Co	Ni
JX-JD-23-Y	71.27	18.52	1.07	2.06	3.57	0.39	2.18	0.26	0.49	0.03	33	76	379	159	558	24	38
JX-JD-24-Y	71.80	18.05	1.01	2.69	3.26	0.33	2.19	0.11	0.33	0.04	49	101	82	146	783	35	40
JX-JD-25-Y	70.15	17.44	1.17	3.24	4.92	0.30	1.87	0.12	0.62	0.02	32	107	74	148	426	21	61
JX-JD-26-Y	70.68	17.47	1.43	2.25	4.93	0.31	2.07	0.21	0.50	0.03	21	77	169	170	574	27	45
JX-JD-27-Y	73.32	17.18	0.95	2.56	2.99	0.33	2.21	0.11	0.21	0.02	39	40	67	160	417	17	25
JX-JD-28-Y	69.28	18.58	1.14	2.82	4.03	0.43	2.62	0.21	0.71	0.03	40	90	153	191	773	12	23
JX-JD-29-Y	69.92	18.33	1.09	2.68	4.65	0.28	2.14	0.17	0.49	0.03	34	46	107	157	1454	18	44
JX-JD-30-Y	70.34	17.91	1.20	2.30	4.03	0.40	2.41	0.46	0.72	0.04	43	69	365	175	647	27	59

表 5 釉层主次量元素的平均值和标准偏差

	金代（13）		北宋（19）		五代（20）	
	平均值	标准偏差	平均值	平均值	标准偏差	平均值
SiO_2	70.34	1.98	70.13	1.39	72.13	2.61
Al_2O_3	18.13	0.75	19.25	1.19	17.37	2.02
Fe_2O_3	1.25	0.21	0.75	0.10	0.90	0.27
MgO	2.81	0.70	2.39	0.52	1.95	0.51
CaO	3.90	0.86	4.28	1.10	5.09	1.62
Na_2O	0.34	0.06	0.70	0.38	0.85	0.38
K_2O	2.30	0.36	1.87	0.27	1.26	0.37
TiO_2	0.21	0.10	0.12	0.05	0.08	0.03
P_2O_5	0.53	0.18	0.35	0.12	0.21	0.10
MnO	0.03	0.01	0.04	0.02	0.04	0.02

四 结果讨论

（一）胎的成分

成分分析结果表明，胎体的化学组成无论是主、次量元素还是微量元素都随时代不同而有差别。这证实了不同时代定窑在制作白瓷胎方面可能选择了不同原料，或者是微调了胎体的配方。从本次分析结果看，北宋中晚期的瓷胎中 Al_2O_3 平均含量最高，这表明北宋时期胎中黏土的比例可能最多。而作为黏土的补充的助熔剂氧化物的总含量则在五代的样品中最高，这一点说明五代时期烧成温度可能在不同时代里是最低的，这对应了五代时使用柴窑，而北宋末期至金代定窑开始使用煤做燃料，烧成温度会比柴窑提高一些。

以前的学者依据原料调查的结果，认为定窑的黏土原料主要是其周边所产的“灵山白矸”以及“紫木节”。这两种都是优质的煤系高岭土，赋存于定窑周边地区，特别和其周边的煤矿所伴生[1]。所包含的高岭石含量很高，助熔剂氧化物含量则较低，具有很高的耐火度。因此若以这种黏土配制胎土，一定要另外加入助熔剂，如张进等认为除了黏土之外，胎中还要加入石英和长石来降低成瓷温度，但这种看法仅是推测。

我们的分析结果表明，胎中助熔剂的种类随着时代变化发生了变化。很多学者都注意到定窑白瓷的胎中碱土金属氧化物含量较高，一般认为这是由于胎的配方中加入了含钙镁的物质如白云石引起的。但是，从胎体 CaO—MgO 的图上可以看出，二者虽然具有相关性，但是其比例并不符合白云石中 CaO 和 MgO 的比例，这表明白云石可能不是胎体中 Ca 和 Mg 的来源。

五代的样品胎体含有很高的 CaO，部分甚至超过 3%，一些甚至达到了釉中 CaO 的含量水平，这说明这时期含有 Ca 的原料被作为胎体配方的一部分。胎体中 CaO 的含量到了北宋则有一定的下降，到了金代则都降低到 1% 以下，这种含量水平已经接近“灵山白矸”或“紫木节”等黏土中 CaO 的含量水平。这一点则说明从北宋时期开始，钙质原料作为胎体配方的量有所下降，而到了金代可能并不使用钙质原料作为胎体的助熔剂。

与 CaO 相反，胎体中 K_2O 的含量水平则随着时代的发展有所增加。五代时期，胎体中 K_2O 的含量仅为 1% 左右，且不同的瓷胎中含量水平比较接近；而到了金代，胎体中

1 张进、刘木锁、刘可栋：《定窑工艺技术的研究与仿制》，《陶瓷研究与职业教育》1983 年第 4 期。

K_2O 平均含量增加到 1.9%，大约增加了一倍。胎体 Al_2O_3—K_2O 关系图显示，二者在金代呈现明显的反相关趋势，说明二者来源不一致，Al_2O_3 代表了黏土，K_2O 则代表了助熔剂。说明金代有含 K_2O 的原料被加入配方。而五代和北宋，特别是五代，其 K_2O 含量水平接近，在胎体 Al_2O_3—K_2O 关系图上，部分出现负相关的趋势，这一点则表明这时期仅有部分加入了含 K_2O 的原料。综上所述，早期定窑胎体配方中可能以钙质原料作为助熔剂，而到了金代钙质原料逐渐被一种含钾氧化物的原料所代替。

从我们的分析还可以看出，胎体中呈色氧化物 TiO_2 和 Fe_2O_3 的含量随着时代也发生变化。五代时期这两个氧化物的含量相当低，TiO_2 仅为 0.39，Fe_2O_3 为 0.7%；而到了金代二者含量几乎都翻了一倍，TiO_2 达到 0.78%，Fe_2O_3 达到 1.13%。这一点则和不同时代的细白瓷的外观相对应，五代为定窑瓷器白度最高的时期，到了北宋末和金代，则出现了所谓“象牙白”的偏黄色调。尽管大部分学者都认为这种颜色的变化是由于以煤为燃料所致，但胎体中杂质含量的提高是其根本原因。虽然大多数学者都认为灵山白矸和紫木节是定窑制胎的主要原料，但是从现有分析结果看，灵山白矸和紫木节中都含有很高的 TiO_2，含量高达 2% 以上。虽然一些学者主张通过仔细的淘洗可以降低 TiO_2 的含量[1]，但是其他学者则通过实验证实黏土中 TiO_2 的存在方式非常细小，通常的淘洗根本无法去除其中的 TiO_2[2]。这说明古代定窑烧瓷所采黏土的质量可能远较现代的粘土矿为优，即使是外观偏黄的金代定窑白瓷，也能获得比现在更优质的瓷土。而到了金代末期和元代，定窑中心东移至燕川至野北，而且再烧造不出早期那样的精细白瓷，其中一个重要原因可能是到了金代末期，类似的优质瓷土被开采殆尽。

和 Al_2O_3 相似，在 TiO_2—K_2O 关系图上，二者也呈现负相关关系，这也说明含钾的原料是独立于黏土之外的第二种胎体原料配方。根据我们最近的分析，这种含钾的原料是一种富含钾钠长石的岩石类原料。我们认为，定窑这种胎料配方属于早期的“二元配方”或“多元配方”，而该种配方技术应该和邢窑白瓷烧造有密切关系[3]。

1　李国桢、郭演仪：《中国名瓷工艺基础》第 96 页，上海科学技术出版社，1988 年。

2　Lawrence W.G.，1982，*Ceramic Science for the Potter*，Chilton Books，1982.

3　崔剑锋、秦大树、李鑫：《定窑、邢窑和巩义窑部分白瓷的成份分析及比较研究》，《文物保护与考古科学》2012 年第 4 期。

（二）釉的化学成分

根据以前学者的研究，制胎黏土、石英与含钙镁的材料（白云石）共同组成了定窑细白瓷的釉料配方。然而，我们的研究却并不支持这个配方。

首先，从各种氧化物的关系图上，我们可以看出很多氧化物之间的关系趋势和胎体化学成分的相类似。但也有一些氧化物之间和胎体的情况相反。其次，统计分析结果和胎体的也很相类，可以根据釉层的成分区分时代。这说明，与胎的配方一样，釉的配方也随着时代发展有一定的发展变化。

由于白瓷釉中 Al_2O_3 含量较高，致使大多研究者都认为制胎黏土是釉配方的一种原料。但是釉中 TiO_2 的含量非常低，五代时期的样品平均含量仅为 0.08%，北宋和金代的也仅为 0.12% 和 0.21%，而釉中的 Fe_2O_3 含量水平则与胎体中的接近。如果加入黏土作为主要原料，在 Fe_2O_3 含量水平接近的情况下，TiO_2 的含量也应接近，但釉中几乎不含有 TiO_2，这说明即使加入黏土，其量也非常少。同时，从釉层 Al_2O_3—K_2O 关系图可以看出，二者呈现良好的正相关趋势，这和胎体的情况正好相反。说明二者的来源一致，即原料中既有较高的 Al_2O_3，也含有较高的 K_2O，而这和胎体黏土情况也不相同。根据以前学者的研究，定窑周边沉积高岭土中 K_2O 的含量非常低，通常仅 0.4% 左右。综上所述，定窑釉的配料中可能并不像以前学者推测的那样，认为加入了制胎黏土。

釉的化学分析结果表明，五代定窑白瓷中 CaO 的平均含量最高，而 K_2O 含量最低；金代则相反。但是五代的样品 CaO 的涨落幅度较大，最低的仅为 2.5%，最高的达到 9%。早期 CaO 含量高、K_2O 含量低，到了晚期则呈现相反趋势，与胎体中这两种氧化物随时代的变化趋势一致。这一点也说明，早期釉层中以钙质原料作为主要的助熔剂配方，但是到了晚期钙质原料的比例可能下降，而某种含钾的原料作为重要的配方比例得到提升。

之前的学者认为，白云石是定窑白釉中助熔剂的最主要原料，是 CaO 和 MgO 的共同来源。但是从釉层 MgO 和 CaO 关系图上可以看到，二者并不呈现正相关，反而是有负相关的趋势。因此，我们认为二者的来源可能不同，白云石可能也不是定窑釉的主要配料。

实际上，从釉中分析到一定含量的 P_2O_5，这表明草木灰可能是 CaO 的主要来源。柯玫瑰（R.Kerr）和伍德（N.Wood）曾经指出[1]，尽管定窑瓷釉中 P_2O_5 含量只有 0.2%~0.3%，

1　Kerr R.，Wood N.，2004，*Science and Civilisationin China*，Vol.5，*Chemistry and Chemical Technology*，*PartXII*：*Ceramic Technology*.Cambridge University Press.p543.

但相对于其中很低含量的 CaO，草木仍是灰被使用的重要证据。这从 CaO 同 P_2O_5 的关系图上同样可以看出，不同时代的瓷片釉层中这两种氧化物呈现正相关特征，说明二者至少部分来源一致。然而二者平均含量随着时代的变化则出现反相关的趋势，即五代时期 CaO 的平均含量最高，而 P_2O_5 的平均含量却最低；金代则相反。这一点说明五代和北宋早期除了草木灰外还有别的无机灰料被使用。这类似于后世景德镇的所谓釉灰的情况，即通过草木燃料煅烧石灰形成二者混合的灰料。说明早在五代时候，定窑窑工可能已经发明了釉灰技术。在此之前，磁州窑就发现过北宋时期装有釉灰的类似的原料缸[1]，而定窑的发现可能将这种技术的时代提前到五代。然而到了金代，虽然釉中 CaO 的含量大大下降，说明釉中灰的用量较低，但是 P_2O_5 的含量却大幅度增加，这说明此时加入的灰可能只是草木灰。无论如何，草木灰是釉料配方之一。

根据我们对定窑出土原料的化学分析，我们认为釉料中最主要的是一种 Al_2O_3 含量在 20% 左右、K_2O 含量在 5% 左右的岩石类原料，其所含 TiO_2 含量很低。根据 X 射线衍射物相分析，证明这种原料富含石英、长石和蒙脱石（含 Mg 的矿物）。这种岩石类原料为釉提供了大部分的 Al_2O_3、K_2O 和 MgO。

综上所述，定窑釉料配方主要由富含长石的岩石类原料、钙质原料（草木灰以及无机灰料）两种原料所组成。这两种原料的配比随着时代的发展有一定变化，其中五代时期灰料的比例较高，而金代则有一定的下降。

五　结语

通过对定窑瓷器胎、釉的化学成分分析，以及不同成分组合之间相关性的讨论，可以较清晰的观察到不同时代胎和釉的原料配方。

定窑细白瓷的胎釉配方虽然总体上看比较一致，但随着时代变化却发生细微变化。因此通过成分分析可以区分不同时代的定窑细白瓷。

对于制胎原料来说，早期（晚唐五代至北宋早期）定窑采用沉积高岭土、富含钾的岩石类原料和灰料按照一定比例配置。其中加入灰料配胎的情况比较特殊，可能受到了邢窑胎料配方的影响。而到了北宋末期至金代，胎料配方中的富含钾的岩石类原料的配比大大

1　秦大树：《釉灰新证》，《考古》2001 年第 10 期。

提升，灰料可能不再被作为胎料的一种配方被加入到原料当中。同时，胎中杂质元素 Fe 和 Ti 的含量随着时代的发展而不断提高，说明随着优质瓷土逐渐被开采，到金代末期，可能已经被开采殆尽。

定窑釉料配方的变化规律大体与胎料的变化相似，都是灰料的比例不断下降，而富含钾类的岩石类原料的比例不断提高。但根据分析结果可以看到并不像以前学者认为的那样，黏土在胎、釉的配方中都有使用，而只使用在胎的配方使用中。一种富含长石的岩石则是胎、釉配方中都使用的重要原料。

（致谢：本文受到国家文物局指南针计划资助，项目批准号：20100301。河北文物考古研究所韩立森所长、黄信老师提供了分析所需样品，英国威斯敏斯特大学 Nigel Wood 教授在写作过程中给予了无私指导，作者在此深表感谢！）

定窑遗址考古出土制釉原料的探析[1]

康葆强 贾翠 丁银忠 李合 段鸿莺 苗建民
故宫博物院，古陶瓷保护研究国家文物局重点科研基地
秦大树 北京大学考古文博学院

内容提要：定窑是宋代五大名窑之一，是北方地区制作白瓷的重要窑口。2009 ~ 2010 年定窑考古发掘出土了一系列制瓷原料。本文利用 X 射线荧光波谱法、X 射线衍射法和 Rietveld 全谱拟合物相定量法分析了窑址出土的与制釉相关原料的化学成分和物相组成。结果表明定窑最晚在北宋晚期就使用了“釉灰加釉石”的配釉工艺，与文献记载南宋景德镇和明代龙泉地区相近；定窑釉灰应由石灰和柏木混烧制成；定窑“釉石”的主要物相为长石和石英，含少量白云母、蒙脱石和高岭石。在“釉石”原料的加工处理过程中可能掺入了少量的高岭土。

关键词：定窑 制釉原料 硅质原料 钙质原料

定窑位于河北省曲阳县境内，是宋代五大名窑之一。根据冯先铭先生的研究，定窑白瓷始烧于唐而终于元，长久以来被认为是北方白瓷的典型代表[2]。自 20 世纪 60 年代和 80 年代两次考古发掘之后，2009 ~ 2010 年河北省文物研究所和北京大学对定窑进行联合发掘，出土了大量晚唐、五代、宋代、金元时期的瓷片和窑具，还在作坊区、灰坑等处发掘出土了岩石、灰白色粉末、灰色团块、白灰浆块、灰料、黑色颗粒物等。考古人员根据这

1 本工作得到国家“指南针计划”（20100301）资助；国家文物局课题（编号 20080217）资助；古陶瓷科研基地课题（编号：GBJ201104）资助。

2 2009 年定窑考古官方博客。

些材料的出土地点、层位以及外观等，初步判断为古代的制瓷原料。

关于定窑白瓷的制瓷原料研究，自 20 世纪 80 年代已开展了相关科技分析工作。但是因缺少从窑址出土的制瓷原料，研究工作多围绕定瓷残片和遗址周围采集的原料开展，对定窑白瓷的原料研究取得了以下一些认识：定瓷胎体的主要原料为当地的灵山砂石，它们的主要物相为高岭石；灵山砂石属于黑褐色硬质黏土岩，分布于灵山煤矿一带，是煤的夹层[1]。李国桢等认为定瓷釉的组成属于 $MgO\text{-}CaO\text{-}Al_2O_3\text{-}SiO_2$ 系统，从釉的成分推断，定瓷釉料中可能使用了一定量的白云石质灰岩或其他一些镁质原料[2]。崔剑锋等[3]发现釉中 P_2O_5 与 MnO 含量呈正比关系，因此认为釉料中加入了草木灰；釉的化学成分中 TiO_2 含量很低，认为釉料中没有加入制胎的黏土；釉的原料为含一定助熔成分的硅质原料加钙质原料，草木灰应是提供 CaO 的原料之一。上述研究成果为定窑考古出土制瓷原料的属性判定提供了线索。

与上述工作相比，本文直接对定窑出土的制瓷原料开展工作，能够直观地获得釉料的矿物及烧失量等前所未有的原料信息，并能够对釉料配方得到更加清晰的认识。研究方法包括化学成分分析、矿物组成分析和高温加热实验。结合古代制瓷文献及传统制瓷工艺，探讨定瓷的釉料组成。

一　研究对象

研究样品包括岩石块、灰白色粉末、灰色团块、白灰浆块、灰料和黑色颗粒物，具体见表一。岩石块的编号为 YS-1 ~ YS-3，外观上比较致密。YS-1 和 YS-3 为白色，外观分别见图 1 左侧和右侧。YS-2 为黄绿色，新鲜断面有黑色条纹，见图 1 中间样品。三个岩石样品所属年

图 1. 岩石样品：左边：YS-1
中间：YS-2 右边：YS-3

1　张进、刘木锁、刘可栋：《定窑工艺技术的研究与仿制》，《河北陶瓷》1983 年第 4 期。

2　李国桢、郭演仪：《历代定窑白瓷的研究》，《中国古陶瓷研究》第 147 页，科学出版社，1981 年。

3　Jianfeng ui，Nigel Wood，Dashu Qin，Lijun Zhou，Mikyung Ko，Xin Li，*Chemical analysis of white porcelains from the Ding Kiln site*，Hebei Province，China，Journal of Archaeological Science，39（2012）.

图 2. 灰白色粉末样品 HF-2

图 3. 灰色团块样品 HTK-1

图 4. 白灰浆块样品 BH-1

图 5. 黑色颗粒样品 HKL-1

代不详。灰白色粉末样品编号为 HF-1 ~ HF-3，为白色粉末和黑色粉末的混合物，两类粉末物的粒径小于 0.4 毫米，粒度均匀。HF-2 的照片见图 2。经目测，黑色粉末约占总体的 15%。从灰白色粉末样品 HF-1 和 HF-2 中手工仔细挑拣的黑色粉末物取样，编号为 HFM-HF-1 和 HFM-HF-2。HF-1 和 HF-2 出土于涧磁 B 区的灰坑内，属北宋早期。HF-3 出土于涧磁 B 区灰坑内缸的底部，属北宋晚期。灰色团块样品编号为 HTK-1，系粒径从细粉末至 1 厘米左右的胶结块。HTK-1 也出土于涧磁 B 区灰坑内缸的底部，属北宋晚期。胶结块的基体颜色为灰色，胶结有黑色和白色颗粒物，样品照片见图 3。白灰浆块样品 1 个，编号为 BH-1，为大小不等的白色块状物（样品照片见图 4），出自涧磁 B 区灰坑的缸内，时代为北宋晚期。灰料样品 1 个，编号为 HL-1，质地轻，呈灰黑色粉末，夹杂少量黑色木炭屑，出土于涧磁 B 区灰坑的匣钵内，时代为北宋晚期。黑色颗粒物样品 1 个，编号为 HKL-1，为 1 ~ 4 毫米大小不等的黑色颗粒物（样品照片见图 5），出土于涧磁 B 区的灰坑内，所属年代不详。推测与当地出产的黑褐色硬质黏土岩有关。

从外观上看，岩石块、黑色颗粒样品应属于未经处理或初步粉碎的原料，其化学成分和矿物组成或可以更多地反映其地质信息。灰白色粉末、灰色团块、白灰浆块及灰料样品则可能是经过粉碎、研磨、混合以及加热处理地产物，比较其与岩石样品理化性质差异，可以获得制瓷工艺方面地信息。

表一　定窑出土制釉相关原料基本信息和测试信息

编号	类型	原编号	时代	外观	WDXRF	XRD	Rietveld 全谱拟合
YS-1	岩石	09JCCT4（2）c caiyang19	不详	白色岩石，硬度大于 YS-3，小于 YS-2	√	√	√
YS-2	岩石	09JCBT3H2 yuanliaoshi	不详	黄绿色岩石，在 3 个岩石样品中硬度最大，夹杂黑色条带	√	√	√
YS-3	岩石	09JCCT1（6）shiying	不详	白色岩石，在 3 个岩石样品中硬度最小	√	√	×
H-YS-2	黑色粉末	09JCBT3H2 yuanliaoshi	不详	岩石样品 YS-2 中的黑色条带物	×	√	×
HF-1	灰白色粉末	09JCBT10H2-BSZ	北宋早期	白色粉末和黑色粉末的混合物，粒径小于 0.4 毫米	√	√	×
HF-2	灰白色粉末	09JCBT10H4-BSZ	北宋早期	白色粉末和黑色粉末的混合物，粒径小于 0.4 毫米	√	√	√
HF-3	灰白色粉末	09JCBT1H3-GD-BSW	北宋晚期	白色粉末和黑色粉末的混合物，粒径小于 0.4 毫米	√	√	√
HFM-HF-1	灰白色粉末样品中的黑色粉末	09JCBT10H2-BSZ	北宋早期	从灰白色粉末 HF-1 中挑出的黑色粉末	×	√	×

HFM-HF-2	灰白色粉末样品中的黑色粉末	09JCBT10H4-BSZ	北宋早期	从灰白色粉末HF-2中挑出的黑色粉末	×	√	×
HTK-1	灰色团块	09JCBT1H2-BSW	北宋晚期	颗粒大小不等的灰色胶结团块，团块中夹杂黑色和白色颗粒	√	√	√
BH-1	白灰浆块	09JCBT1H3-GDB-BSW	北宋晚期	白色灰浆状，质地软	√	√	×
HL-1	灰料	09JCBT1H3-huiliao-BSW	北宋晚期	灰色轻质粉末，夹杂白色颗粒物，并有少量黑色木炭屑	√	√	×
HKL-1	黑色颗粒	09JCBT3H3	不详	粒度大小不等的黑色颗粒物，硬度低于3个岩石样品	√	√	×

注：1.WDXRF：波长色散X荧光分析；XRD：X射线衍射分析；Rietveld全谱拟合：X射线衍射物相定量分析。
2.√表示做过分析；×表示未做分析。

二　研究方法

各种原料样品的元素组成采用波长色散X荧光法测量。岩石、灰白色粉末、灰色团块和黑色颗粒样品用熔片法制样，具体过程及方法准确度和精密度见文献[1]。白灰浆块和灰料样品用粉末压片法制样，利用仪器自带的IQ法进行定量分析。

1　段鸿莺、梁国立、苗建民：《WDXRF对古代建筑琉璃构件胎体主次量元素定量分析方法研究》，《古陶瓷科学技术国际讨论会论文集》，上海科学技术文献出版社，2009年。

各种原料样品的物相组成采用 X 射线衍射法进行分析，所用仪器为日本理学 Rigaku 2550PC。实验条件为：管压 40kV，管流 100mA，2θ=3 ~ 90°，步长 0.02°，扫描速度 8°/分钟，用铝样品槽背压法制样。黑色粉末样品 H-YS-2、HFM-HF-1 和 HFM-HF-2，因样品量较少，撒在单晶硅样品板上进行测量。

本文还对岩石样品 YS-1、YS-2，灰白色粉末样品 HF-2、HF-3，灰色团块样品 HTK-1 进行了 X 射线衍射全谱定量分析法。实验条件为：管压 40kV，管流 300mA，2θ=3 ~ 90°，步长 0.02°，步进时间 1 秒。利用美国 MDI 公司 Jade9.0 软件的 WPF 软件包进行全谱拟合定量分析。

为了观察原料样品的受热性能，利用模具把灰白色粉末和灰色团块样品粉末压成圆柱，置于刚玉垫片上进行了高温加热实验。使用德国 Nabertherm 公司 HT40/16 型高温电炉，从室温加热至 1300℃，升温速率约 10℃/分钟，在 1300℃下保温 1 小时。

三　分析结果

（一）元素分析结果

表二为各种出土原料的化学成分测量结果，并列出文献中古代定瓷釉、定瓷胎体的成分平均值[1]以及两种现代木灰的元素组成[2]。岩石、灰白色粉末和灰色团块样品的烧失量低于 7%，白灰浆块和灰料的烧失量较大，在 30 ~ 50% 之间。黑色颗粒样品的烧失量约 15%。将这些原料的化学成分作烧失量校正后归一也列于表二中（见表二中带有★号的数据）。以下对去掉烧失量的数据进行讨论。岩石样品的 SiO_2 含量在 74 ~ 76% 之间，Al_2O_3 含量在 14 ~ 16% 之间。灰白色粉末样品的 SiO_2 含量在 79 ~ 80% 之间，Al_2O_3 含量在 10 ~ 12% 之间。本文把岩石、灰白色粉末和灰色团块样品统称为硅质原料。如表二，定瓷釉 SiO_2 含量在 70 ~ 73% 之间，Al_2O_3 含量在 17 ~ 20% 之间，SiO_2 与 Al_2O_3 含量与定瓷釉的成份比较接近。可以看出，硅质原料与古代定瓷釉的化学成分相比总体上比较接近，SiO_2 含量偏高，Al_2O_3

1　Jianfeng Cui，Nigel Wood，Dashu Qin，Lijun Zhou，Mikyung Ko，Xin Li，*Chemical analysis of white porcelains from the Ding Kiln site,* Hebei Province，China，Journal of Archaeological Science，39（2012），p822，p824.

2　罗宏杰、李家治、高力明：《中国古瓷中钙系釉类型划分标准及其在瓷釉研究中的应用。《1992 年古陶瓷科学技术国际研讨会论文集》第 86 页，上海古陶瓷科学技术研究会。

表二 定窑出土制釉相关原料与古代定瓷胎和釉、现代木灰的化学成分比较（wt%）

编号	Na_2O	MgO	Al_2O_3	SiO_2	P_2O_5	K_2O	CaO	TiO_2	MnO	Fe_2O_3	烧失量	总和
YS-1	2.22	0.56	13.72	69.61	0.01	5.14	0.39	0.03	0.00	0.36	4.19	96.23
YS-2	3.6	0.5	13.68	71.92	0.02	3.76	0.57	0.03	0.05	0.56	3.19	97.88
YS-3	0.15	0.71	14.3	68.58	0.01	6.70	0.69	0.03	0.00	0.45	5.93	97.55
HF-1	1.28	0.37	10.35	75.01	0.02	4.60	1.83	0.04	0.03	0.50	3.86	97.87
HF-2	1.42	0.37	11.02	72.4	0.01	4.11	1.73	0.06	0.03	0.44	4.61	96.2
HF-3	0.81	0.35	9.85	73.33	0.07	4.39	2.14	0.07	0.03	0.74	4.33	96.11
HTK-1	2.84	0.72	15.62	66.23	0.03	3.00	1.46	0.11	0.06	0.62	6.54	97.21
YS-1 ★	2.41	0.61	14.91	75.63	0.01	5.59	0.42	0.03	0.00	0.40		
YS-2 ★	3.81	0.53	14.44	75.95	0.03	3.97	0.60	0.03	0.05	0.59		
YS-3 ★	0.16	0.78	15.61	74.85	0.01	7.31	0.75	0.04	0.00	0.49		
HF-1 ★	1.36	0.39	11.01	79.78	0.02	4.89	1.95	0.04	0.03	0.53		
HF-2 ★	1.55	0.40	12.03	79.05	0.02	4.49	1.89	0.06	0.03	0.48		
HF-3 ★	0.88	0.38	10.73	79.90	0.08	4.78	2.33	0.08	0.03	0.80		
HTK-1 ★	3.13	0.79	17.22	73.04	0.03	3.30	1.61	0.12	0.07	0.68		
定窑五代釉（20）	0.85	1.95	17.37	72.13	0.21	1.26	5.09	0.08	0.04	0.90		
定窑北宋釉（19）	0.70	2.39	19.25	70.13	0.35	1.87	4.28	0.12	0.04	0.75		
定窑金代釉（13）	0.34	2.81	18.13	70.34	0.53	2.30	3.90	0.21	0.03	1.25		
定窑五代胎体（20）	0.56	1.08	29.35	65.32	0.03	1.01	1.58	0.39	0.02	0.70		
定窑北宋胎体（19）	0.34	1.16	33.26	61.39	0.03	1.29	1.08	0.75	0.02	0.73		
定窑金代胎体（30）	0.29	0.98	28.86	65.22	0.04	1.86	0.89	0.78	0.02	1.13		
BH-1	0.03	0.32	0.99	3.31	0.19	0.09	52.39	0.04	0.01	0.35	42.13	99.85
HL-1	0.19	1.29	5.21	16.00	1.09	0.82	37.98	0.30	0.13	1.44	35.33	99.78

编号	Na_2O	MgO	Al_2O_3	SiO_2	P_2O_5	K_2O	CaO	TiO_2	MnO	Fe_2O_3	烧失量	总和
BH-1 ★	0.05	0.55	1.72	5.73	0.33	0.16	90.77	0.07	0.02	0.61		
HL-1 ★	0.29	2.00	8.08	24.83	1.69	1.27	58.93	0.47	0.20	2.23		
松树灰（中国）	3.77	4.45	9.71	24.35	2.78	8.98	39.73	0	2.74	3.41		
松树灰（日本高田）	4.11	6.76	9.02	21.35	2.93	10.31	40.17	0	1.04	2.89		
HKL-1	0.04	0.10	34.71	42.65	0.03	0.13	0.17	0.66	0.00	0.25	14.74	93.47
HKL-1 ★	0.05	0.12	44.08	54.17	0.03	0.16	0.21	0.84	0.00	0.32		

注：带星号的样品表示已对烧失量作校正归一后的数据。

含量偏低。

硅质原料中的 Na_2O 含量 0.16% ~ 3.81%，K_2O 含量 3.30% ~ 7.31%，Fe_2O_3 含量 0.4% ~ 0.8%，TiO_2 含量基本都低于 0.1%（个别样品 TiO_2 含量达到 0.12%）。定瓷釉中 Na_2O 含量为 0.34% ~ 0.85%，K_2O 含量 1.26% ~ 2.30%，Fe_2O_3 含量 0.75% ~ 1.25%，TiO_2 含量 0.08% ~ 0.21%。可以发现，硅质原料的 Na_2O 和 K_2O 含量基本上都高于定瓷釉，而 Fe_2O_3 和 TiO_2 基本上低于定瓷釉。硅质原料样品中的 CaO、MgO、P_2O_5 与古代定瓷釉相比含量偏低，说明还不是配制好待用的釉料。

白灰浆块的 CaO 含量达到 90%，含少量的 SiO_2 和 Al_2O_3，其他氧化物都低于 1%。灰料中的 CaO 含量为 58.9%，SiO_2 为 24.8%，Al_2O_3 为 8.08%，Na_2O 和 K_2O 含量比白色浆块高。需要注意的是灰料中 P_2O_5 的含量，达到 1.69%，推测可能与植物灰有关。白灰浆块和灰料统称为钙质原料。

（二）物相分析结果

通过表三可以看出，岩石样品分为两类，第一类包括 YS-1 和 YS-2，物相组成为石英、微斜长石、钠长石、白云母、蒙脱石和高岭石。第二类 YS-3 不含钠长石和白云母。

灰白色粉末和灰色团块样品的物相组成除了出现方解石以外，与第一类岩石样品一致。对灰白色粉末样品 HF-1 和 HF-2 中的黑色粉末用工具分离，得到样品 HFM-HF-1、HFM-HF-2 经 X 射线衍射分析表明：黑色粉末的主要物相为高岭石。石英和长石等物相应为混

表三　定窑出土制釉相关原料的物相组成

样品编号	类型	物相组成
YS-1	岩石	石英，微斜长石，钠长石，白云母，蒙脱石，高岭石
YS-2	岩石	石英，微斜长石，钠长石，白云母，蒙脱石，高岭石
YS-3	岩石	石英，微斜长石，蒙脱石，高岭石
HF-1	灰白色粉末	石英，微斜长石，钠长石，高岭石，白云母，方解石，蒙脱石
HF-2	灰白色粉末	石英，微斜长石，钠长石，高岭石，白云母，方解石，蒙脱石
HF-3	灰白色粉末	石英，微斜长石，钠长石，高岭石，白云母，方解石，蒙脱石
HTK-1	灰色团块	石英，微斜长石，钠长石，高岭石，白云母，方解石，蒙脱石
BH-1	白灰浆块	方解石，石英
HL-1	灰料	方解石，石英，钠长石，微斜长石
HFM-HF-1	灰白色粉末样品中的黑色粉末	高岭石，石英，钠长石，微斜长石，方解石
HFM-HF-2	灰白色粉末样品中的黑色粉末	高岭石，石英，钠长石，微斜长石
HKL-1	黑色颗粒	高岭石，锐钛矿

入地少量白色粉末的成分。

硅质原料样品中都检出蒙脱石。因蒙脱石与绿泥石、高岭石的衍射峰位比较相近，所以对样品中是否的确存在蒙脱石利用甘油饱和法进一步鉴定，发现在定向片上黏土矿物的（001）反射 d ≈ 15 Å 衍射峰在甘油饱和以后变为 d ≈ 18 Å，为蒙脱石的特征[1]。

白灰浆块和灰料的主要物相为方解石，灰料中还含少量的长石。黑色颗粒样品 HKL 1 的主要物相为高岭石，少量锐钛矿，属于黏土质原料。

1　叶大年、金成伟：《X 射线粉末法及其在岩石学中的应用》第 215 页，科学出版社，1984 年。

表四　硅质原料样品的全谱拟合物相定量分析结果（wt%）

样品编号	石英	微斜长石	钠长石	白云母	蒙脱石	高岭石	方解石
YS-1	29.3	38.7	20.0	4.8	4.6	2.6	-
YS-2	28.3	28.9	32.7	6.9	2.1	1.0	-
HF-2	40.0	30.6	11.5	2.1	2.8	11.5	1.5
HF-3	44.7	35.1	6.3	2.0	2.0	9.1	2.4
HTK-1	23.4	21.9	26.8	6.2	5.0	14.5	2.1

注：- 表示未检测出方解石。

为了搞清楚硅质原料各种矿物的含量，对岩石样品 YS-1、YS-2，灰白色粉末样品 HF-2、HF-3 和灰色团块样品 HTK-1 进行了全谱拟合物相定量分析，结果见表四。从分析结果来看，岩石样品的矿物组成以长石和石英为主，占总量的近 90%，另含少量白云母、蒙脱石和高岭石，与景德镇制釉用的瓷石不同（景德镇制釉用瓷石含 30% ~ 40% 绢云母，其余为石英和少量的长石[1]）。灰白色粉末样品的矿物组成也以长石和石英为主，但石英含量比岩石的高约 10%，钠长石含量比岩石的低约 20%，高岭石含量比岩石的高约 10%。灰色团块样品的高岭石含量最高，达到 14.5%。

（三）高温加热实验

根据古代定瓷的烧成温度约在 1300℃左右[2]，对两种硅质原料样品加热至 1300℃保温 1 小时，观察加热后样品的颜色和耐热性能。四个样品烧后颜色为牙黄色，其中 HF-3 的颜色略深，可能与含较高的 Fe_2O_3 有关。四个样品烧后变为有光泽的硬度很高的玻璃柱，与下面的刚玉垫片黏结在一起。其中 HTK-1 仍保持棱角，说明耐火度最高；HF-3 棱角变圆，但还未达到半球点温度，接近变形点温度；HF-1、HF-2 烧后变化最大，接近半球点温度，见图 6。

1　李家治：《中国科学技术史陶瓷卷》第 322 页，科学出版社，1998 年。

2　张进、刘木锁、刘可栋：《定窑工艺技术的研究与仿制》，《河北陶瓷》1983 年第 4 期；李国桢、郭演仪：《历代定窑白瓷的研究》，《中国古陶瓷研究》第 147 页，科学出版社，1981 年。

图 6. 灰白色粉末和灰色团块样品加热至 1300℃下保温 1 小时后的外观
（从左至右依次为 HF-1，HF-2，HF-3，HTK-1）

四　分析结果讨论

（一）“釉灰加釉石”配釉与定窑制釉的关系

根据定窑出土各种原料的化学成分分析，与古代定瓷釉成分相近的硅质原料可作为定瓷釉的主要原料，钙质原料可作为釉的助熔成分。关于类似的制釉工艺，史料记载较早的为南宋的《陶记》[1]:“攸山、山槎灰之制釉者取之，而制之之法，则石垩炼灰，杂以槎叶木柿火而毁之，必剂以岭背釉泥，而后用之。”该文献描述了当时景德镇地区釉料是由釉灰加釉石配制而成[2]。明代《菽园杂记》记载了龙泉瓷釉的制作方法:“釉则取诸山中，蓄木叶，烧炼成灰，并白石末澄取细者，合而为釉。”据考证[3]，该条文献前面的“釉”指石灰石（石灰石蓄木叶烧炼成的灰即为釉灰，笔者注），说明龙泉瓷的釉料为釉灰加白石末。因《陶记》中的“釉泥”和《菽园杂记》中的“白石末”都属于配釉用的土石质原料，因此统称为“釉石”。景德镇和龙泉配釉的方式可称为“釉灰加釉石”。

李家治、周仁等考证景德镇的岭背釉泥和龙泉的白石末都是指当地产的风化较浅的瓷石原料，以景德镇屋柱槽釉石为例，其矿物组成为 30% ~ 40% 的绢云母，其余为石英

1　蒋祈 :《陶记》，康熙浮梁县志。
2　李家治 :《中国科学技术史陶瓷卷》第 322 页，科学出版社，1998 年。
3　周仁、郭演仪、万慕义 :《龙泉青瓷原料的研究》，《中国古陶瓷研究论文集》第 157 页，轻工业出版社，1983 年。

和少量长石[1]。定窑硅质原料中岩石样品的物相组成，反映了配釉原始矿料信息。前述定窑岩石的物相含量分析表明，含约 60% 长石，约 30% 石英，含一定量的白云母，少量蒙脱石和高岭石。该类岩石可能并不适合直接与钙质原料配比作为定瓷的釉料。长石含有 10% ~ 15% 的 K_2O 或 Na_2O，这两种氧化物的膨胀系数都很大，所以如果釉的配方中使用较多长石容易产生纹片[2]。同属于硅质原料的灰白色粉末各种物相的比例与岩石样品相比有一定差异，灰白色粉末样品的石英含量较高，钠长石含量降低，高岭石含量较高（见表四）。从性能上来讲，钠长石含量降低导致 Na_2O 含量下降有利于降低釉的膨胀系数，提高胎釉间的膨胀匹配性能。因此，灰白色粉末应比岩石更适合作为制釉原料。其中一个灰白色粉末样品 HF-3 出土于缸底，可能是经淘洗或沉淀处理的原料，更接近待用的釉料。

根据景德镇釉灰的传统制备工艺[3]，定窑钙质原料应与釉灰制备有关。定窑白灰浆块的化学成分为较纯的 CaO，物相组成为方解石。其疏松的外观和较软的质地，说明可能是煅烧石灰类原料得到的石灰，推测与景德镇传统釉灰工艺制备中的煅烧石灰石的产物相近。灰料中的木炭屑经中国社会科学院考古研究所王树芝鉴定为侧柏，说明灰料可能是柏木灰或含有柏木灰。使用柏木灰做釉灰在古文献中未见记载[4]。这一鉴定结果丰富了对古代制釉用植物灰种类的认识，也为研究古代定瓷的釉料配方奠定了基础。因发表的文献中未见柏木灰的数据，在表二中列出松木灰和松树灰的成分与定窑灰料作比较，可以看出定窑灰料的 CaO 含量较高，P_2O_5 和 MgO 含量较低，Na_2O 和 K_2O 含量也较低。从古代釉灰使用的记载来看，有用水淘洗处理的工艺[5]。灰料的淘洗可以降低其中的 Na_2O 和 K_2O[6]。因此，如果定窑灰料曾经过淘洗，其所含 Na_2O 和 K_2O 会降低。对于灰料 CaO 偏高与 P_2O_5、MgO 偏低，说明该灰料样品可能为松柏灰和石灰的混合物。通过理论计算可以看出，白灰浆块

1　李家治：《中国科学技术史陶瓷卷》第 322 页，科学出版社，1998 年。

2　张福康：《中国古陶瓷的科学》第 64 页，上海人民美术出版社，2000 年。

3　张福康：《中国古陶瓷的科学》第 19 页，上海人民美术出版社，2000 年。“将石灰石块置于石灰窑中烧成石灰，再用适量的水使之水解成氢氧化钙，然后再和凤尾草或狼鸡草相间迭叠并反复几次煅烧，所得之物即为釉灰。”

4　秦大树：《釉灰新证》，《考古》2001 年第 10 期。关于景德镇使用植物灰的情况，有南宋的《陶记》记载的“槎叶、木柿”，明代《天工开物》记载的“桃竹叶灰”、清代《陶冶图书》记载的“凤尾草”、清代《南窑笔记》记载的“蕨”。

5　（清）《南窑笔记》记载：釉灰出乐平，在景德镇南百四十里，以青白石和凤尾草制炼，用水淘细而成，调和成浆，按器种类，以为加减，盛之缸内。

6　Robert Tichane，Ash Glazes，Krause Publications.1998.p60

表五　以白灰浆块和松树灰配制的釉灰与定窑灰料 HL-1 比较（wt%）

编号	Na_2O	MgO	Al_2O_3	SiO_2	P_2O_5	K_2O	CaO	TiO_2	MnO	Fe_2O_3	总和
40%BH-1 ★	0.02	0.22	0.69	2.29	0.13	0.06	36.31	0.03	0.01	0.24	40.00
60% 松树灰（中国）	2.26	2.67	5.83	14.61	1.67	5.39	23.84	0.00	1.64	2.05	59.95
40%BH-1*+60% 松树灰（中国）	2.28	2.89	6.51	16.90	1.80	5.45	60.15	0.03	1.65	2.29	99.96
HL-1 ★	0.29	2.00	8.08	24.83	1.69	1.27	58.93	0.47	0.20	2.23	100.00

注：松树灰（中国）的成分数据见表二。

BH-1* 与松树灰（中国）的比例为 4：6 时，其 CaO、P_2O_5 和 MgO 含量与定窑灰料接近。但是在 Na_2O、K_2O、SiO_2、Al_2O_3、TiO_2 含量上有一定差异。理解配置的釉灰中 Na_2O 和 K_2O 含量较高，如上面讨论可通过淘洗处理降低；SiO_2、Al_2O_3 和 TiO_2 含量偏高可能与因为出土灰料中掺有土壤成分。理论配置釉灰成分见表五。

综上，定窑出土的钙质原料与“釉灰”制作有关，硅质原料为与“釉石”相关的原料，因此定窑配釉也使用了“釉灰加釉石”的方式，与景德镇和龙泉地区相近。但定窑使用的“釉石”与景德镇和龙泉地区的“釉石”矿物特征不同。灰白色粉末样品（HF-3），灰料（HL-1）和白灰浆块（BH-1）出土于北宋晚期的同一个灰坑内，表明这种配釉工艺可能在定窑北宋晚期就已存在，从而把“釉石加釉灰”的配釉工艺提前到北宋晚期。

（二）关于定窑釉料中掺入高岭土的讨论

因为定窑胎和釉中 TiO_2 含量相差较大，一般认为制釉的原料没有掺入制胎用的高岭土原料[1]。但是在此次定窑考古发掘出土的3个灰白色粉末样品中均发现了黑色高岭土粉末，说明可能并非偶然混入。因此有必要对上述观点重新思考。

从前述分析可见，灰白色粉末与岩石样品的化学成分和物相种类总体上相近，因此可

1　Jianfeng Cui，Nigel Wood，Dashu Qin，Lijun Zhou，Mikyung Ko，Xin Li，Chemical analysis of white porcelains from the Ding Kiln site，Hebei Province，China，Journal of Archaeological Science，39（2012）.

表六　以灰白色粉末、高岭土原料和灰料配制定瓷釉料（wt%）

编号	Na_2O	MgO	Al_2O_3	SiO_2	P_2O_5	K_2O	CaO	TiO_2	MnO	Fe_2O_3
70% HF-3*	0.62	0.27	7.51	55.93	0.06	3.35	1.63	0.06	0.02	0.56
20%HKL-1*	0.01	0.02	8.82	10.83	0.01	0.03	0.04	0.17	0.00	0.06
10%HL-1*	0.03	0.20	0.81	2.48	0.17	0.13	5.89	0.05	0.02	0.22
70% HF-3*+20%HKL-1*+10%HL-1*	0.66	0.49	17.14	69.24	0.24	3.51	7.56	0.28	0.04	0.84
定瓷釉的平均化学成分	0.63	2.38	18.25	70.87	0.36	1.81	4.42	0.14	0.04	0.97

注：定瓷釉的平均化学成分根据表二中数据计算平均值。

判定应灰白色粉末主要由岩石类原料加工处理而成。根据岩石样品的物相定量分析结果来看，岩石样品仅含 1% ~ 3% 的高岭石，不足以提供灰白色粉末中较高的约 10% 的高岭石含量（见表四）。而从岩石、灰白色粉末与定瓷釉的 Al_2O_3 含量相比偏低来看（见表二），在岩石和灰白色粉末中掺入 Al_2O_3 含量较高的高岭土可以补充 Al_2O_3 含量的不足。表六为加合 70% 的灰白色粉末 HF-3*，20% 的黑色颗粒 HKL-1* 和 10% 的灰料 HL-1* 得到的配方。该配方除了 MgO 含量偏低，K_2O、CaO 含量偏高，其他氧化物都与定瓷釉的平均化学成分比较接近。与定窑存在密切联系和广泛相互影响的磁州窑[1]，其黑褐彩瓷釉料配方的理论计算结果也表明，需在釉料中掺入一定量的高岭土原料[2]。

五　结论

本文对 2009 ~ 2010 年曲阳定窑遗址出土的岩石、灰白色粉末、灰色团块、白灰浆块、灰料和黑色颗粒样品进行了化学成分分析、X 射线衍射法、全谱拟合物相定量分析及部分

1　秦大树：《论磁州窑与定窑的联系和相互影响》，《故宫博物院院刊》1999 年第 4 期。

2　陈尧成、郭演仪、刘立忠：《磁州窑黑褐彩瓷用原料研究》，《景德镇陶瓷学院学报》，第 9 卷，第 1 期，1988 年。

样品的高温加热实验，参考古代文献中制釉的相关记载以及景德镇传统釉灰制备工艺，得到以下结论：

定窑考古出土的岩石、灰白色粉末、灰色团块属于硅质原料，硅质原料的主要物相组成为长石和石英；白灰浆块和灰料属于钙质原料；黑色颗粒样品为高岭土原料，它们为定窑制釉用的原料。

硅质原料中的岩石为原矿料；灰白色粉末和灰色团块为岩石类原料经过粉碎、研磨、淘洗和沉淀，等处理过程可能掺入一定量高岭土。

定窑灰料中残留的木炭屑经鉴定为柏木。通过理论配比 40% 的定窑出土白灰浆块和 60% 的松树灰可以得到定窑灰料的成分。定窑的釉灰工艺至少在北宋晚期就存在，比南宋《陶记》记载的景德镇地区的釉灰工艺年代早。

定窑的制釉工艺包括“釉石”和“釉灰”的制备两部分。经理论计算，70% 的灰白色粉末，20% 的高岭土原料和 10% 灰料的配比与古代定瓷釉的成分接近。

（致谢：感谢北京大学考古文博学院崔剑锋、刘未和李鑫在取样过程中给予的帮助；感谢北京大学考古文博学院陈铁梅教授对文稿提出的修改意见；感谢英国威斯敏斯特大学 Nigel Wood 教授提供的建议。）

“故宫博物院定窑学术研讨会”小结

吕成龙　故宫博物院古陶瓷研究中心秘书长

各位代表：

由故宫博物院古陶瓷研究中心主办的“定窑学术研讨会”，经过两天的紧张运作，即将结束。

应邀参加本次研讨会的正式代表共计 88 人，列席代表 20 余人。代表们分别来自中国、美国、德国、韩国、日本等。会议共收到论文 32 篇。

9 月 18 日上午 8:30 ~ 10:30，代表们参观了在故宫博物院延禧宫举办的“洁白恬静——故宫博物院定窑瓷器展”，11 : 00 参加了在故宫博物院建福宫敬胜斋举行的研讨会开幕式。故宫博物院副院长陈丽华女士出席开幕式并代表故宫博物院发表了热情洋溢的讲话，对代表们的到来表示热烈欢迎和衷心感谢。

9 月 18 日下午和 19 日全天，代表们齐聚敬胜斋进行了学术演讲和讨论。大会共安排六场发言，主题分别为“定窑的发现与研究”、“各地出土和收藏的定窑瓷器”、“定窑瓷器的影响”、“定窑瓷器的科学检测”等。共有 27 位代表宣讲了论文。

代表们围绕定窑烧瓷的历史、定窑遗址被发现、确认、调查、发掘的经过、定窑瓷器的品种、定窑瓷器“芒口”的意义、唐至金元时期定窑与其他瓷窑的关系、产品的辨别、定窑瓷器的艺术特色及对其他瓷窑的影响、国内外考古发掘出土定窑瓷器、馆藏定窑瓷器、定窑瓷器上的铭文、定窑白瓷及制瓷原料的科技检测分析等问题和内容畅所欲言，进行了热烈而深入的探讨。有的从宏观上综论、有的从微观方面进行深入探讨，提出很多富有见地的新观点、新认识，纠正了以往的一些错误的或片面的看法，与大家共同分享了各自的

图 1. 与会代表参观“洁白恬静——故宫博物院定窑瓷器展”（吕成龙摄）

研究成果，有力地推动了定窑研究的深入开展。会议达到了预期的效果。相信本次盛会一定会被作为光彩的一页而载入定窑研究的史册。

本次学术活动的举办得到了很多单位和部门的大力支持。在此，我谨代表故宫博物院古陶瓷研究中心，向为举办“洁白恬静——故宫博物院定窑瓷器展”慷慨借予展品的河北省文物研究所、西安博物院、湖南省博物馆、临安市文物馆等兄弟单位表示最诚挚的谢意！

衷心感谢河北省曲阳县定窑研究室对本次学术研讨会的支持！

故宫博物院办公室、计划财务处、资料信息中心、故宫出版社、行政服务中心、保卫处、展览部、工程管理处等部门为本次学术活动提供了大力协助和支持，在此，一并向它们表示真诚感谢！

故宫博物院古陶瓷研究中心今后将继续致力于中国陶瓷发展史上一些亟待解决的重大课题的研究，希望各位代表持续予以关注，也希望得到代表们的鼎力支持。

本次会议由于发言的代表较多，因此没能安排充分的提问和讨论，这让人感到有些遗

图 2. 学术研讨会现场（吕成龙摄）

憾。另外，我们的工作肯定还存在不少欠缺，对各位代表肯定有照顾不周的地方，我在这里向大家表示歉意，请大家多多谅解！

各位代表，本次研讨会即将履行完各项议程，会后代表们或将继续在京参观，或将踏上返回的路程。在此，谨祝各位代表在京期间生活愉快！返程顺利、平安！

谢谢！

2012 年 9 月 19 日